Heinrich Zeissberg

Blüte der nationalen Dynastien

Heinrich Zeissberg

Blüte der nationalen Dynastien

ISBN/EAN: 9783743673342

Hergestellt in Europa, USA, Kanada, Australien, Japan

Cover: Foto ©ninafisch / pixelio.de

Weitere Bücher finden Sie auf **www.hansebooks.com**

Blüthe der nationalen Dynastien

(Babenberger — Premysliden — Arpaden)

in den

österreichischen,
böhmischen und ungarischen Ländern

vom J. 1000 bis 1276.

Von

Dr. Heinrich Zeißberg,

k. k. ö. o. Professor an der Universität zu Lemberg.

Wien, 1866.
Im Commissions-Verlage von Prandel & Ewald.
—
Druck der k. k. Hof- und Staatsdruckerei.

Herausgegeben vom Vereine zur Verbreitung von Druckschriften für Volksbildung (Volksschriftenverein).

———

Inhalt.

IV. Der Mongolensturm.

V. Erster Versuch an der Ostgrenze des deutschen Reiches eine deutsch-slavische Macht zu begründen.

1.

Die römisch-deutsche Reichshoheit und der slavisch-magyarische Osten.

1.

Herkunft der Babenberger — Leopold I. der Erlauchte von Oesterreich.

Nahe der Stelle, wo sich die Regnitz in den Main ergießt, erheben sich die ehrwürdigen Reste eines Schlosses, das man die Altenburg oder Babenberg nennt; durch Schluchten führt der romantische Weg aus dem Thale zu den alten Wartthürmen hinan, von denen man eine entzückende Fernsicht genießt. Im neunten Jahrhundert lag die Burg an der Grenze des Volk-feld-Gau's und wurde von jenem Geschlechte der Babenber-ger beherrscht, das im Thale reich begütert mit Graf Adalbert 906 eine traurige Katastrophe erlitt.

Die Macht dieses Hauses hatte Graf Heinrich begründet, der 886 vor Paris im Kampf gegen die Normannen erlegen war. Sein Sohn Adalbert leitete die fränkische Mark gegen die Böhmen. Eifersüchtig gegen das Babenbergische Haus begünstigte König Arnulf ein ihm verwandtes Geschlecht, die Konradiner, wie man sie später genannt hat. Die Feindschaft beider Häuser brach in helle Flammen aus, als Ludwig, das schwache Kind, auf dem ostfränkischen Throne saß, der ganz von dem sagenberühmten Hatto, Erzbischofe von Mainz, geleitet wurde und dessen Neigung zu den Konradinern theilte. Es kam zu offener Fehde. Schon waren in ihr zwei Söhne Heinrich's umgekommen, aber der dritte der Brüder, Adalbert, schlug Konrad, das Haupt der feindlichen Familie, in einer Schlacht, in der Konrad den Tod fand. Aber auch Adalbert erlag der ungleichen Macht seines Königs und wurde vor seiner Burg enthauptet. Indeß lebte Adalbert nicht blos im Liede fort, wenn anders Otto, der Bischof von Freisingen, selbst ein Babenberger, Recht hat, der Leopold und dessen Bruder Berchthold von jenem Ahnherrn herleitet. Leopold I., genannt der Erlauchte, erscheint seit 976 als Graf in der Ostmark oder, wie sie 996 zum ersten Male genannt wird, der Mark Ostarrichi, d. i. Oesterreich; daneben besaß er den Donaugau, d. i. jene Grafschaft, in welcher Regensburg, die Hauptstadt des Landes Bayern lag, und den Traungau, der westlich an die Mark stieß. Sein Bruder erhielt am Böhmerwalde eine neugebildete Mark, welche man die auf dem Nordgau nannte. Solche Marken bestanden überall dort, wo das Reich sich endet und wendet; ihr Zweck war Schutz gegen außen, im vorliegenden Falle gegen Ungarn und Böhmen, und Stütze für weiteres Vordringen deutscher Macht.

So blühte das babenbergische Haus in zwei Linien fort, die enge zusammenhielten und durch die Bande der Verwandtschaft mit anderen mächtigen Familien verknüpft waren. Leopold I. hatte vier Söhne, von denen ihm zwei in der Verwaltung der Ostmark folgten; der dritte, Poppo, starb 1047 als Erzbischof von Trier; der vierte, Ernst, erwarb nach manchen wechselvollen Schicksalen Schwaben, dessen letzt verstorbener Herzog († 1012) Bruder von Ernst's Gemahlin Gisela war. Ernst starb

schon 1015 eines jähen Todes: auf der Jagd traf ihn der Fehl-
schuß eines seiner Dienstmannen. Gisela erlangte vom Kaiser
leicht, daß derselbe ihren Erstgebornen, den kleinen Ernst, mit dem
Herzogthum belehnte. Dies ist der unglückliche Ernst, der, zum
blühenden Jüngling herangewachsen, gegen seinen königlichen
Stiefvater Konrad II. um die burgundische Königskrone focht,
auf die er näheren Anspruch zu haben glaubte, und der vom Kaiser
begnadigt, von neuem nach dem Schwert griff, um, von dem Reiche
geächtet, von der Kirche gebannt, von der eigenen Mutter aufgegeben, mit seinem Freunde Wernher von Kiburg und fast allen
seinen Genossen nach heldenkühnem Kampfe zu fallen (17. August 1030). Sein Untergang gleicht dem seines Ahnherrn Adalbert, und gleich diesem lebte sein Name im Liede fort. Man
schenkte dem Schicksal des unglücklichen Babenbergers viel
Theilnahme, und schon im zwölften Jahrhundert bittet Graf Berchthold von Andechs den Abt von Tegernsee, ihm das „deutsche
Buch vom Herzog Ernst" zu senden.

Ernst starb kinderlos; sein Bruder Hermann IV. folgte ihm
im Herzogthume. Auch dieser starb im blühenden Mannesalter
auf der Rückkehr aus Italien, wohin er den Kaiser begleitet hatte,
unbeerbt (1038). Neunzehn Jahre später erlosch die nordgauische
Linie der Babenberger (1057) und die von ihr verwaltete Mark,
die bei den freundlichen Beziehungen Böhmens zum deutschen
Reiche ohnedies ihre Wichtigkeit verloren hatte, löste sich völlig
auf. Wer vor kurzem von den Marken Ungarns und Böhmens
gegen die burgundische und französische Grenze ritt, zog überall
durch babenbergisches Land; nun war der Name auf die Ostmark eingeschränkt, reiste aber gerade hier in Folge der Ungarn-
kriege und der Reichsverhältnisse erhöhter Macht entgegen.

Schon dem Stifter der österreichischen Linie gaben dessen
wilde Nachbarn gegen Osten zu schaffen. Einer späten Ueber-

lieferung zufolge wurde Melk, das durch seine Lage die
Donau beherrschte und eine ungarische Grenzveste war, von
Leopold dem Erlauchten erstürmt. Gewiß ist, daß in jenen
Gegenden Kämpfe stattfanden, in denen es dem Markgrafen
gelang, sein Gebiet bis zum Wiener Walde, der alten Grenze
Pannoniens, auszudehnen und dauernd zu behaupten; Melk
wurde seitdem der Wohnsitz der babenbergischen Markgrafen.

Leopold der Erlauchte starb eines jähen Todes. Berchthold's des Nordgauers Sohn, der Markgraf Heinrich, lud seinen
Oheim auf die St. Kiliansmesse des Jahres 994 nach Würzburg, mit dessen Bischofe er nach längerer Fehde sich versöhnte.
Hier wurde Leopold, als er morgens mit den Rittern der Kampf-
spiele pflog, von einem Pfeile getroffen, der seinem Neffen
vermeint war. Dies war am 8. Juli; zwei Tage darnach verschied er. Sein Verwandter, Bischof Thietmar von Merseburg,
erzählt dies und fügt hinzu: „es sei niemand verständiger und
besser gewesen als er". Ihm folgte sein Sohn Heinrich I. und
nach dessen kinderlosem Tode († 1018) Adalbert I., der
Siegreiche.

2.

König Stephan I., der Heilige, von Ungarn.

Vermuthlich im Jahre 995 folgte dem Gejsa sein Sohn
Waic auf dem ungarischen Throne. Er war noch Heide; aber seine
Braut Gisela bewog ihn, nicht nur selbst noch vor der Vermälung zum Christenthum überzutreten, sondern auch zu geloben,
sein Land für den wahren Glauben zu erobern. Otto III. hob
den Fürsten aus der Taufe, in welcher er den Namen Stephan
empfing, beschenkte ihn mit einer Lanze, in der sich Splitter von

den Kreuznägeln des Heilands und von dem Speere des heiligen Mauritius befanden, und gab ihm das Recht, sie nach kaiserlicher Sitte überall zu tragen. Gisela war die Tochter des
Herzogs Heinrich II. von Bayern und Gisela's von Burgund.
Sie wuchs mit ihren Geschwistern unter der Aufsicht des heiligen Wolfgang heran, der, wie sein Biograph erzählt, wenn
die Kinder kamen, um seinen Segen zu empfangen, deren
Zukunft ahnend, Heinrich (den Heiligen), der später den deutschen Thron bestieg, König, dessen Bruder Bruno Bischof,
Brigitta Aebtissin und Gisela Königin nannte. Dem Gemal
stand Gisela, eine treue Gefährtin, hilfreich bei seinem großen
Werke zur Seite.

Leider ist Stephan's Herrschergestalt zum Theile in Schatten gehüllt. Wir mögen seine Bedeutung für Ungarns ganze
Zukunft ahnen; aber ein lebensvolles und doch treues Bild von
ihm zu geben, vermögen wir nimmer mehr. Stephan begann
mit der Errichtung von Bisthümern, deren Zahl und Namen uns unbekannt sind, und setzte über sie alle Gran, zu
dessen Erzbischof er einen Genossen des heiligen Adalbert, den
Anastasius oder Astricus, erhob. Diesen Astricus sandte er nach
Rom an den Papst Sylvester II., den er bat, die von ihm gestifteten Bisthümer zu bestätigen und die Errichtung neuer zu
gestatten. Sylvester brach, so wird erzählt, in die begeisterten
Worte aus: „Ich bin der apostolische Vater, aber ein Apostel
verdient der mit Recht genannt zu werden, der ein so großes
Volk bekehrt hat!" Es war im Jahre 1000, als er Stephan
seinen Segen und eine Krone sandte, und zugleich alle Einrichtungen guthieß, die jener getroffen. Die Krone des heiligen Stephan' hat im Rechtsleben Ungarns eine tiefere
Bedeutung gewonnen, indem man in ihr den Ausfluß alles
Rechtes erblickte. Die gegenwärtig noch vorhandene Krone

besteht aus zwei offenbar erst später zusammengefügten Theilen, dem einfachen runden goldenen Reif mit den großen unge- schliffenen Saphiren und dem auf dem Reife ruhenden Doppel- bogen, über dessen Durchkreuzungspunct sich ein lose befestigtes Kreuz erhebt. Unter den Bildchen des Reifes befinden sich außer griechischen Heiligen der byzantinische Kaiser Michael Du- kas, Constantin sein Sohn und König Geisa I. von Ungarn, worüber die Inschriften keinen Zweifel gestatten; dieser Theil der Krone stammt somit aus späterer Zeit und ist, wie es scheint, ein griechisches Kunstwerk und Geschenk. Dagegen dürfte der mit lateinischen Inschriften versehene Doppelbogen von der Krone Stephan's stammen. Mit dieser Krone wurden in der Folge nur Könige geschmückt; die Königin trug eine andere, und mit jener wurde nur deren rechte Achsel berührt. Maria The- resia und vor ihr Ludwig's des Großen Tochter machten hievon eine Ausnahme; aber sie nannten sich daher im Amtsstyle nicht „Königin", sondern „König".

Die Krone und mit ihr das den Magyaren bisher fremde Königthum gaben Stephan erhöhtes Selbstbewußtsein. Jetzt erst wagte er es gegen die aufrührischen Großen seines Reiches, denen diese kirchliche und staatliche Neuerung ungelegen kam, zu kämpfen. Als Stephan noch Herzog war, belagerte einer seiner Grafen das feste Weszprim, wo der Heide Kupa lag, und tödtete ihn im Gefechte in jenem Thale, das noch heutzutage „Thal des Todes" heißt. Sage und Geschichte mischen sich in der Erzäh- lung von diesen Kämpfen. Stephan ließ Kupa's Leiche vierthei- len und sendete einen Theil nach Gran, den zweiten nach Raab, den dritten nach Siebenbürgen, den letzten in die Stadt des ge- fallenen Kupa. Zum Andenken an diesen Sieg baute Gisela hier eine Kirche. Einmal, so erzählt die Sage, mangelten der Königin während des Baues der Kirche die Geldmittel. Nachsinnend,

auf welche Art es ihr möglich wäre, weiter zu bauen, senkte sie
die Augen zu Boden. Und wie sie so niedersah, fiel ihr Blick
auf das überaus reiche kostbare Pelzkleid, das sie eben trug.
„Wozu den Prunk für den verweslichen Leib?" lispelte sie vor
sich hin, nahm das Kleid und weihte das dafür gelöste Geld zum
Weiterbau. Noch gegenwärtig knüpft sich an Weszprim das Andenken an Ungarns erste Königin und bis in die jüngste Zeit
galt der Bischof der Stadt als Kanzler der Königin von Ungarn.
Von jener Kirche hat sich ein Rest erhalten, die Gisela-Capelle
mit merkwürdigen, dem 12. oder 13. Jahrhundert angehören-
den Wandgemälden.

Stephan vertrieb den Gylas Prokui, dann besiegte er
Achtum, den Fürsten von Csanád, dessen Haupt man ihm zu
Füßen legte, er aber auf einen Thurm stecken ließ. Der grie-
chische Abt und seine Mönche mußten Csanád verlassen und die
Stadt wurde nach abendländischer Weise zum Sitz eines Bischofs
erkoren. Um 1008 war Stephan vollständig Herr des Landes.

Der wunderbar rasche Sieg, den Stephan über die unbot-
mäßigen Elemente seines Reiches errang, erklärt sich nur durch die
Menge der Fremden, die auf seine Aufforderung von allen
Seiten und namentlich aus Deutschland in das menschenleere
Land als fleißige Colonisten zogen. War es doch Stephan, der
seinem Sohne an das Herz legen ließ, wie ein Theil der königlichen Pflicht in dem den Fremdlingen verliehenen Schutz bestände,
um dieselben in das Land zu locken. Durch die Ankunft der
Aeneaden sei Rom so groß geworden; mit den Fremden kämen
fremde Sprache und Sitte, fremde Denkmäler und fremde
Waffen zu dessen Vortheil in das Land. „Schwach und ge-
brechlich", sagte er, „ist ein Reich, das nur eine Sprache und
eine Sitte hat". Darum stand er denn auch mit allen Völkern
in Verbindung. An seinem Hofe leben die Söhne des angel-

sächsischen Königs Edmund Eisenseite, nach dessen Ermordung
der Däne Knut zum König von England war erhoben worden.
An seiner Tafel begegnen wir dem Eremiten Günther, der durch
sein Gebet bewirkt, daß der gebratene Pfau davon fliegt, von
dem er gegen sein Gelübde hätte essen sollen. Mit dem Papste
steht König Stephan auch späterhin in vielfachen Beziehungen.
Zu Rom gründet er eine Kirche des heiligen Stephan für zwölf
reguläre Chorherren und verbindet damit ein Hospiz zur Auf-
nahme ungarischer Wallfahrer. In Jerusalem gründet er ein
Nonnenkloster und stattet es mit Feldern und Weinbergen aus.
Constantinopel läßt er mit einer prächtigen Kirche schmücken.
Seine Schwester vermält er mit Otto, dem Sohne des Dogen von
Venedig, Peter Urseolo, und kaum gibt es einen bedeutenden
Mann in der Kirche, mit dem er nicht in Verbindung steht. Zu
St. Peter in Salzburg, zu Clugny in Burgund und zu Monte
Cassino bei Neapel kennt man ihn wohl. Wie günstig war die
Aufnahme, die nun die Pilger fanden, wenn sie durch Ungarn
nach dem Morgenlande zogen, während sie noch kurz zuvor vor
dem bloßen Namen der Magyaren gezittert! Kam dann einer
von der weiten Pilgerreise zurück, so wurde er nicht satt, die
Milde des Ungarnkönigs zu loben.

Von den Fremden, die Stephan's Reich betraten, fesselt
vor allem einer unsere Aufmerksamkeit. Es ist dies Gerhard,
der Venetianer. Obgleich zum Abt des Klosters St. Gior-
gio in seiner Vaterstadt gewählt, zieht er es dennoch vor, in das
Morgenland zu pilgern. Er schifft sich ein, wird aber vom
Sturm an die dalmatinische Küste verschlagen, wo er die Fastenzeit in einem dem heiligen Martin geweihten Kloster zubringt.
Der Abt dieses Klosters räth ihm von der weiteren Reise ab.
„Siehe", sagt er, „Du willst nach Jerusalem, um den Saracenen und Juden zu predigen. Wie werden sie Dich wohl auf-

nehmen, nachdem sie die Apostel nicht aufgenommen? Leidest
Du aber Schiffbruch, so ertrinkst Du sammt Deiner Gelehrsam-
keit, sintemalen Du kein Jonas bist, um drei Tage im Bauche
eines Wallfisches zu bleiben". Er räth ihm, lieber hier zu bleiben und den Ungarn zu predigen; denn kein Volk der Erde bedürfe der Predigt mehr als sie. Gerhard packt seinen Bücher-
vorrath auf Esel und tritt die Reise nach Ungarn an. In Fünfkirchen lernt ihn der Bischof Maurus kennen, der ihn an des
Königs Hof bringt. Stephan verleiht ihm das neugestiftete Bisthum Csanád, wo Gerhard den gewünschten Wirkungskreis findet.
So groß ist das Gedränge derer, die die Taufe zu empfangen
wünschen, daß sich die Täuflinge Lebensmittel mitnehmen und
nur Nachts den Priestern Ruhe gönnen. Bald gründet er eine
Schule. Doch ist auch hier der Andrang so groß, daß ein Schul-
gehilfe mit Büchern, und zwar ein Deutscher, verschrieben werden muß. Im Uebrigen ist Gerhard eine sehr heitere Natur.
Der Wein, den er beim Gottesdienste benöthigt, muß von
bester Sorte sein und vor dem Genusse in Eisbehältern gekühlt
werden; „denn", pflegt er zu sagen, „was um des Glaubens
willen empfangen wird, muß auch angenehm munden". Auf seinen mancherlei Reisen durch das Land bedient er sich eines kleinen Wagens, auf dem er sitzt und seine Bücher schreibt. Gegen
seine Diener ist er oft heftig und läßt sie züchtigen; nachher
reut es ihn, sie so behandelt zu haben, und er bittet sie um Vergebung; weshalb denn auch die Diener bisweilen den Schuldigen, statt ihn zu geiseln, mit Hahnenblut bestreichen. Er freut
sich der ihm fremden Klänge eines ungarischen Volksliedes, mit
dem sich die Magd seines Wirthes die saure Arbeit der Hand-
mühle verkürzt. Diesem heiteren weltklugen Manne vertraute
auch Stephan die Erziehung seines Sohnes Emmerich an, einen
Schritt, den er niemals bereute.

Mit seinen Nachbarn lebte Stephan in Frieden. Nur einmal wurde derselbe gestört, als sein Schwager Kaiser Heinrich II. starb und Konrad II. den deutschen Thron bestieg. An Gründen hiezu fehlte es nicht. Stephan hatte nach des polnischen Boleslav Chrobry Tode alle seine früheren Besitzungen wieder gewonnen, überdies einen großen Theil Mährens, den man als deutsches Lehen zu betrachten pflegte — ein Verhältniß, in das einzutreten Stephan nicht Willens war. Der Kaiser sandte 1027 den Bischof Wernher von Straßburg als Brautwerber für seinen Sohn an den griechischen Hof. Stephan versagte ihm beharrlich den Durchzug. Wernher mußte den Weg über Venedig nehmen und gelangte erst nach einer sehr gefahrvollen Seefahrt an sein Ziel, wo er 1028 starb. Damit zerschlug sich auch jenes Heiratsproject, das dem Könige Stephan hätte verderblich werden können. Aber die Spannung zwischen dem Kaiser und den Ungarn dauerte fort; in der Ostmark wurde es wieder lebendig und nachdem Konrad einen plötzlich entstandenen Krieg mit dem Polenfürsten Mieczislav II. beendet, erschien er an der ungarischen Grenze 1030. Besonders thätig für den Kaiser zeigte sich der junge Böhmenfürst Břetislav, der schon im vorangehenden Jahre in Mähren einfiel, in Blitzesschnelle das Land eroberte und bis an die Gran siegreich vordrang.

Nicht ohne Besorgniß sah Stephan dem nahenden Sturm entgegen. Fasten und Gebete ordnete er im ganzen Reiche an, das er dem Schutze der heiligen Maria empfahl. Der Kaiser zog im Sommer mit dem Heere die Donau hinab, und kam bis an die Mündung der Raab. Der Weg führte durch dichte unzugängliche Waldungen; öfters wurde der Marsch durch Sümpfe und breite Ströme gehemmt; nirgends fand man bebaute Gegenden und in kurzer Frist brach in der gewaltigen

Heeresmasse, die den Kaiser begleitete, eine furchtbare Hungersnoth aus. Unüberwindliche Schwierigkeiten umgaben das Heer
auf allen Seiten, ehe es noch des Feindes ansichtig wurde.
Obgleich Břetislav von Mähren aus siegreich vorgedrungen
war, brachte dies bei solcher Lage der Dinge wenig Trost. Das
deutsche Heer trat den Rückzug an; das Unternehmen war gescheitert. Die Ungarn schrieben ihre Rettung der heiligen Maria
zu: „im Lager der Deutschen sei an einem bestimmten Tage vor
jedem der Anführer ein Bote erschienen mit dem Vorgeben, der
Kaiser befehle den Rückzug". Stephan überschätzte die Bedeutung
dieses Sieges nicht. Vielmehr stellte er Konrad's Sohne, dem
jungen Könige Heinrich III. Friedensanträge, die dieser annahm
und sein Vater nachträglich bestätigte. Denn schon im Jahre 1033
reiste Heinrich nach Ungarn, um den Vertrag zu befestigen.

Den Frieden, der seitdem seinem Reiche zu Theil ward,
benützte Stephan dazu, um die Einrichtungen, die er getroffen,
mehr und mehr zu befestigen. Noch einmal wurde der König
hart geprüft. Unter Gerhard's Leitung blühte Emmerich, sein
Sohn, zum hoffnungsvollen Jüngling heran; da zerriß ihn auf
der Jagd ein Eber, den letzten von Stephan's Söhnen. Er ernannte daher den Sohn seiner Schwester und des Dogen Otto
Urseolo, der seines tapferen und weisen Großvaters Peter
Namen trug, zu seinem Nachfolger. Dabei überging Stephan
vier männliche Sprossen des Arpaden-Hauses: Wazul's Söhne
Andreas, Bela und Leventha und einen Brudersohn. Die Großen huldigten dem Peter, während, wie es scheint, die Arpaden
schon damals das Reich verließen.

Stephan starb am 15. August 1038, am Tage der Himmelfahrt Mariens, der er sein Volk und sich selbst empfahl.
Ihr hatte er auch in seiner Residenz Stuhlweißenburg eine
prächtige Kirche gebaut, in der man den herrlichen Marmor-

boden, die reich gezierten Wände, die mit Gold, Silber und Edelsteinen geschmückten Gemälde, Gewänder und Gefäße bewundern mußte. In dieser Kirche wurde er begraben. Die Ungarn feierten das Andenken an ihren ersten König jährlich am 20. August; im Jahre 1687 verlegte Papst Innocenz XI. dieses Fest auf den 2. September, zur Erinnerung an die Wiedereroberung Ofens von den Türken.

Die herrliche Kirche zu Stuhlweißenburg besteht nicht mehr. Die Türken haben sie in die Luft gesprengt und nur zwei Ueberreste von Granitsäulen vor der Stadt und am Marktplatze sollen von jener Kirche stammen. Dauernder ist das Denkmal, das sich Stephan in seinen Gesetzen errichtet hat. Es war eine gewaltige Aufgabe, die er sich stellte: sein Volk nomadischem Treiben zu entwöhnen, zu versittlichen und das äußerlich aufgezwungene Christenthum in die Herzen zu vertiefen, um allen Forderungen desselben in Recht und Sitte Eingang zu verschaffen. Stephan hat diese Aufgabe glänzend erfüllt. In seinen Gesetzen, wie in allem, schwebte ihm Deutschland als Vorbild vor. Unter seinen Gesetzen finden sich Bestimmungen fränkischer Capitularien und Beschlüsse deutscher Synoden. Dem Könige steht ein Rath zur Seite. Die königliche Macht ist der bei den Deutschen vorgefundenen nachgebildet. Auf Kosten des Geschlechtsverbandes unterstützt sie das freieste Verfügungsrecht über den Besitz und eine Eintheilung des Landes nach Gauen, an deren Spitze Grafen sich befinden. Sie sollen die Bischöfe unterstützen, auf die Sonntagsfeier ein wachsames Auge haben, Criminaljustiz für den König üben. Kein Graf oder Gefolgsmann soll es wagen, einen freien Mann zu knechten, bei Strafe des Wehrgeldes desselben; kein Graf solle es wagen, gewaltsam in ein fremdes Haus einzudringen, bei Todesstrafe. Witwen und Waisen genießen des Königs Schutz.

Auf Landesverrath, auf eine gegen des Königs Leben gerichtete Verschwörung steht der Tod, vor dem selbst die Flucht des Missethäters in die Kirche keine Rettung gibt. Auf königlichen Befehl haben durch das ganze Reich je 10 Dorfschaften eine Kirche zu bauen, mit Feld, Knechten und Vieh für den Pfarrer auszustatten, den der Bischof stellen und mit den nöthigen Büchern, der König mit Kleidern und Decken versehen wird.

Nur eine Segnung sollte Ungarn von seinem ersten g r o ß e n Könige nicht empfangen: über die Nachfolge hat er keine schriftlichen Bestimmungen getroffen und der Mangel einer Erbfolgeordnung hat das Reich in viele verhängnißvolle Kriege gestürzt.

3.

Boleslav der Kühne von Polen — Bretislav I., „der böhmische Achilles".

Herzog Boleslav II. von Böhmen hatte drei Söhne: der entartete Boleslav III. Rothhaar, bisher sein Mitregent, folgte ihm in der Regierung; Jaromir und Udalrich wurden versorgt. Boleslav III. wurde bei dem ganzen Volke nur zu bald verhaßt und, argwöhnisch gegen seine jüngeren Brüder, die es liebte und die er um ihre Güter beneidete, ließ er den Jaromir entmannen und befahl, den Udalrich im Bade zu ersticken. Die beiden Brüder flohen mit ihrer Mutter Emma nach Bayern, dessen Herzog Heinrich, der spätere Kaiser, ihnen eine Zufluchtsstätte erschloß. Boleslav regierte indeß in seiner Weise und auf die Vršovece gestützt fort, als eben Polen und Ungarn, die beiden Nachbarreiche, unter einheimischen Fürsten zu ihrer ersten Macht gediehen.

Polen war noch nicht lange dem Christenthume gewonnen worden. Dobrava, die Tochter des Böhmenherzogs Boleslav I., hatte ihren Gemal Mieczislav I. hiefür bestimmt; ihr Sprößling Boleslav Chrobry, der Kühne, auch der Große genannt, schritt die einmal betretene Bahn rüstig vorwärts. Otto III. schätzte ihn hoch, verehrte ihm einen goldenen Reif und nannte ihn Bruder und Mitarbeiter des römischen Volkes. In kurzem hatte er nicht nur über die Polen die Alleinherrschaft errungen, sondern auch durch glückliche Kämpfe im Norden die Preußen und Pommern unterworfen, im Süden Oberschlesien und Chorvatien nebst Krakau, Mähren und die Slovakei bis an die Donau nach Boleslav's des Frommen von Böhmen Tode an sich gerissen. So lange Otto III. lebte, hielt er noch Frieden mit dessen Reiche; aber als er die Wirren bei Kaiser Heinrich's II. Thronbesteigung dazu benützte, um Meißen und die Lausitzen an sich zu reißen, da wurde seine Absicht klar, an den Grenzen der deutschen Macht ein slavisches Reich zu gründen, das jener ebenbürtig und unabhängig zur Seite stände. Sollte er dies Ziel erreichen, so mußte vor allem Böhmen ihm zu Willen sein.

Die Böhmen hatten Boleslav III. vertrieben und einen Polen, Wladivoj, und nach dessen bald erfolgtem Tode (1003) Jaromir als Herzog eingesetzt. Aber Boleslav Chrobry nahm für den vertriebenen Herzog Partei, zwang den Jaromir zur Flucht und setzte Boleslav in seine Würde wieder ein. Das Unglück hatte ihn nicht gebessert. Die Böhmen riefen bald gegen ihn den Polenfürsten selbst herbei, der den grausamen Böhmenherzog vertrieb und, von den Pragern mit Jubel empfangen, auf den Herzogstuhl gesetzt wurde; in seinem Gefolge befand sich auch Soběbor, des heiligen Adalbert's Bruder. Boleslav Chrobry hatte dies, wie es scheint, erwartet und trat nun mit dem

Markgrafen Heinrich vom Nordgau in Verbindung, der gerade jetzt wider Kaiser Heinrich II. sich erhob. Der Markgraf wurde besiegt und nicht glücklicher war sein Bundesgenosse Boleslav. Während der Kaiser an der Elbe Vorbereitungen zum Ueber- setzen treffen ließ, brach er selbst unerwartet in Böhmen ein, und schickte Jaromir und Udalrich voran. Die Böhmen waren der Fremdherrschaft bald überdrüssig geworden; die Polen benah- men sich übermüthig und herrisch im Lande, dessen Große nun heimlich Verbindungen mit Jaromir und Udalrich anknüpften. Das Volk ging zu ihnen über, eine der Grenzburgen ergab sich nach der andern; als sie sich Saaz näherten, erschlugen die Bewohner die polnische Besatzung und öffneten ihren Befreiern die Thore. In Eile verließ Boleslav Chrobry Prag und eilte nach Polen zurück. Schon befand sich Udalrich mit einem Häuf- lein Auserlesener in der Nähe der Hauptstadt, deren Burg durch Ueberfall genommen werden sollte. Das Horn eines Hirten, der früh Morgens seine Heerde über die Zugbrücke führte, gab das Zeichen, auf welches die bewaffnete Schaar Udalrich's her- vorbrach, in die Burg drang und die polnische Besatzung theils niedermachte, theils in die Flucht jagte; Sobĕbor fiel im Kampfe gegen seine Landsleute, die so undankbar an seinem heiligen Bruder gehandelt hatten (1004).

Böhmen war für den tapfern Polenherzog verloren und er versuchte jetzt sein Kriegsglück im Osten, wo der mächtige Großfürst Vladimir I. das Reich seiner Russen bis an den San ausdehnte. Vladimir's Adoptivsohn Svätopolk war mit einer Tochter Boleslav's vermält. Das Ehepaar gerieth in einer unter den russischen Fürsten ausgebrochenen Fehde in Gefangen- schaft und dies gab den Anlaß zu mehreren Kriegen, die Boles- lav gegen Vladimir und nach dessen Tode gegen dessen Sohn Jaroslav führte. Im Jahre 1018 schlug er den letzteren am

Bug und zog nach kurzer Belagerung in dessen Hauptburg Kyjev ein, dessen goldene Pforte der Sage nach unter dem Hiebe jenes Schwertes dröhnte, das seitdem bei allen polnischen Königskrönungen gebraucht ward. Seinen Eidam setzte er zum Herrscher in Kyjev ein. Aber auch hier verdarben es, wie früher in Böhmen, die Polen bald durch ihren Uebermuth; Spätopolk selbst gab den Befehl zur Ermordung der Polen, die ihn eingesetzt. Dennoch stand Boleslav Chrobry auf dem Gipfel seiner Macht, ein Schrecken dem Morgen- und Abendlande, als er sich nach Kaiser Heinrich's Tode die Königskrone aufs Haupt setzen ließ. Er starb aber kein volles Jahr darnach, 1025. Ihm folgte sein Sohn Mieczislav II.

Die Böhmen hatten nach Vertreibung der Polen, 1004, den entmannten Jaromir auf den Herzogstuhl gesetzt, den aber nach achtjähriger milder Regierung sein eigenwilliger und herrschsüchtiger Bruder Udalrich von der Herrschaft verdrängte. Einst, da er noch Theilfürst gewesen, hatte Udalrich auf der Rückkehr von einer Jagd in einem Dorfe am Brunnen die schöne Boßena gesehen; obgleich längst vermält, entbrannte er in Liebe zu ihr, zog sie an seinen Hof, und sie gebar ihm den Bretislav. Der wuchs zum herrlichen Jüngling heran, und freite nun um eine Braut. „In dieser Zeit“, erzählt Cosmas, der älteste böhmische Chronist, „lebte in deutschen Landen ein mächtiger Graf (Markgraf Heinrich von Nordgau), in dessen Adern väterlicher Seits sogar königliches Blut strömte. Ihm ward eine einzige Tochter, Juditha, das schönste unter den Mädchen. Der gute Vater und die besorgte Mutter übergaben sie, damit sie den Psalter lerne, dem Kloster zu Schweinfurt, einem durch Lage und Kunst sehr festen Orte. Doch welche Thürme, seien sie auch noch so hoch, und welche feste Mauern können den Liebenden fern halten? Bretislav, der schönste der Jünglinge, der tapferste Held, hörte häufig

und vieles von der außerordentlichen Anmuth, von der Sitten-
reinheit und dem Edelsinn der genannten Jungfrau, so daß er
seinen Geist von ihrem Bilde nicht abziehen konnte. Doch nicht
beugen wollte er bittend den Nacken; männlich beschloß er zu
handeln; denn er erwog den den Deutschen innewohnenden Stolz
und wie sie hochmüthig herunterblickten zu den Slaven und ihrer
Sprache. Es wurden demnach den behendesten und treuesten aus
seinem Gefolge die Befehle gegeben, die besten und ausdauerndsten
Rosse zu satteln, denn man müsse, so gab er vor, schnell zum
Kaiser reiten und schnell wieder zurückkehren. Die Befehle werden vollzogen, doch des Herrn Absichten bleiben verborgen; nur
wundern sich die Reisenden, daß sie nach einem siebentägigen
Ritte im Klosterhofe zu Schweinfurt als Gäste halten, um
Nachtherberge bitten und die Weisung empfangen, von der Her=
kunft des Herzogs zu schweigen und ihn als einen ihres gleichen
zu behandeln. Es war ein Festtag und die heißersehnte Juditha
tritt aus der Pforte mit ihren Genossinnen, um in der Kirche
zur Vesper zu läuten. Kaum sieht sie der kühnste aller Räuber,
voll Freude vergißt er seiner und wie der Wolf, der aus
dem Hinterhalt hervorbricht und das Lamm raubt und mit der
Beute davonjagt, um einen sichern Schlupfwinkel zu finden, so
flieht Bretislav mit der geraubten Jungfrau. Da findet er das
Thor mit einer Kette gesperrt, so dick wie ein Müllertau; schnell
zieht er sein gutes Schwert und zerhaut dieselbe gleich einem
Halme. Noch wird bis zur Stunde der kräftige Hieb gezeigt."

Bretislav eilte mit seiner Braut nach Mähren, das er bei
Gelegenheit, als Kaiser Konrad II. gegen Stephan kriegte, den
Ungarn entrissen hatte und das ihm nun sein Vater zum Sitze
anwies. Schon hier verrieth er den künftigen Herrscher, der das
verödete Land zu neuem Leben erweckte, verfallene Kirchen her-
stellte und Burgen zum Schutze der Grenzen erbaute. „Ich

weinte", sagt Břetislav in einer Urkunde, „und war im tiefsten
Herzen bewegt, als ich jene heiligen Stätten, an denen hier einst
das Christenthum begonnen hatte, in Staub und Asche liegen,
als ich sie geplündert und entweiht sah, und ich gelobte mir heilig, alle Beute von dem Volk, das sie zerstörte, zu ihrem Auf-
bau und zu ihrer Ausstattung zu verwenden".

Aus allen Thaten Břetislav's athmet ein edler Sinn.
Sein Vater Udalrich war bei Konrad II. in Mißgunst gerathen.
Der Kaiser lud ihn zur Verantwortung vor und als er nach
anfänglicher Weigerung endlich dennoch nach Werben vor denselben kam, wurde er nach Deutschland verbannt, das Herzogthum aber seinem Sohne Břetislav ertheilt. Diesem jedoch stand
der Vater höher, als des Kaisers Gunst. Er griff für den
Vater zum Schwert; nun verlor auch er das Herzogthum und
der alte Jaromir wurde noch einmal hervorgeholt. Dessen Verwaltung war aber schlecht und währte nur kurze Zeit. Zu
Ostern 1034 hielt sich der Kaiser zu Regensburg auf, wo er
unter großen Festlichkeiten seinen siebzehnjährigen Sohn, den
König Heinrich, für mündig erklärte. Ein solcher Tag war sonst
ein Gnadentag. Die Kaiserin Gisela, die Großen des Landes
und der Einsiedler Günther benützten diese Gelegenheit und er-
baten dem Herzog Udalrich die Freiheit wieder. Nur sollte er die
Herrschaft mit seinem Bruder theilen. Allein kaum in sein Land
zurückgekehrt, ließ er Jaromir blenden, in Ketten auf die Burg
Lissa bringen und vertrieb seinen eigenen Sohn Břetislav, der
sich vielleicht des Oheims angenommen hatte. Zum Glück waren Udalrich's Tage gezählt; an seiner Tafel sitzend erstickte er
an Speise und Trank, 9. November 1037. Jaromir eilte, der
Ketten ledig, nach Prag, weinte an der Leiche des Bruders, dem
er sein Unrecht verzieh, entsagte der herzoglichen Würde und
rief unter freudiger Zustimmung des ganzen Volkes seinen Neffen

Břetislav zum Herrn und Herzog des Landes aus. Nach der Sitte erhob man diesen auf den alten Fürstenstuhl und huldigte ihm. Jaromir aber wurde ein Jahr später auf Anstiften der Vršo-vice ermordet, die auch den Udalrich dereinst zu Jaromir's Blen-dung vermocht hatten.

Břetislav I. wandte seinen Blick auf Polen. Nach Mieczis-lav's II. Tode (1034) führte dessen Witwe Richenza, eine deutsche Fürstentochter, für ihren Sohn Kazimir die Regierung und begünstigte vor allem ihre Landsleute. Sie und ihr Sohn wur-den aus dem Lande vertrieben; dieser floh nach Ungarn zu Kö-nig Peter, der ihn unter sicherem Geleite an die deutsche Grenze sandte. In diesem Augenblick griff Břetislav die Polen an. Er rückte gegen Krakau vor, eroberte und zerstörte es, und war nun Herr der Weichsel. Ueber Breslau und Posen ging der Zug nach Gnesen, wo der heilige Adalbert ruhte. Der Ort war stark befestigt, aber nur dünn bevölkert, und ergab sich den Böh-men ohne Widerstand. Ungestüm verlangte das Heer des Hei-ligen kostbare Ueberreste und machte sogar Anstalten, sich mit Gewalt derselben zu bemächtigen. Aber Wunderzeichen und Ermahnungen des Bischofs Severus von Prag, der sich bei dem Heere befand, hielten die Tobenden zurück. Drei Tage brachte das Heer in Fasten und Beten zu und gelobte dem Hei-ligen, sich all der Sünden zu enthalten, die einst ihren heiligen Bischof aus seiner Heimat vertrieben hatten. „Wollt ihr euer Leben bessern und den Sünden entsagen?" redete sie der Herzog an. Und als die Anwesenden unter lauten Thränen dies ver-sprachen, erhob Břetislav seine Hände und verkündete eine Reihe von Satzungen, die gegen Vielweiberei, gegen Mord, Todtschlag, Diebstahl, gegen Sonntagsentheiligung, Bestattung der Todten in ungeweihter Erde, in Flur und Wald gerichtet waren. Vor allem aber wurde das Halten und das Besuchen der Schenken

verpönt, in denen Břetislav nichts als Geburtsstätten aller La-
ster unter den slavischen Völkern fand. Jeder Schenkwirth, so
verordnete der Herzog, sollte auf dem Markt an den Schand-
pfahl gebunden und gegeißelt werden, so lang der Büttel den
Arm rühren könne; die Besucher der Schenken aber sollten ein-
gekerkert werden, bis sie eine Buße von 300 Groschen zahlen
würden.

Als so der Zorn des Heiligen gesühnt schien, schritt man
unter großem Gepränge zur Hebung seines Leichnams und eilte
dann mit ihm und den kostbarsten Schätzen Polens heim. Am
1. September 1039 hielt Břetislav seinen feierlichen Einzug in
Prag. Er selbst und der Bischof Severus trugen den Schrein
mit Adalbert's Körper; es folgten Aebte mit den Gebeinen von
fünf anderen Märtyrern, die man in Polen erhoben, und endlich Erzpriester mit den Reliquien des Gaudentius, des ersten
Erzbischofs von Gnesen. Zwölf Priester trugen ein großes goldenes Kreuz, ein Weihgeschenk Boleslav Chrobry's, dreimal so
schwer, wie er gewesen. Drei Bilder, die bei dem Altare gestanden, vor welchem der heilige Adalbert ruhte, wurden von anderen getragen; sie waren von massivem Gold, von denen das
größte fünf Ellen lang, zehn Spannen breit, mit Edelsteinen
und Krystallen mosaikartig ausgelegt war. Darauf folgten mehr
als hundert Wagen, beladen mit großen Glocken und mit Polens anderweitigen Schätzen und endlich eine Unzahl vornehmer
gefangener Polen mit gebundenen Händen und Ringen am
Halse. Unter diesen Gefangenen befand sich auch ein Priester,
dessen Urenkel Cosmas diesen Triumphzug schilderte.

Břetislav gönnte der slavischen Liturgie eine Stätte in seinem Lande; seine Blicke fielen dabei auf Prokop, der, zu Cho-
toun im Kauřimer Kreise geboren, durch Kenntnisse und heiligen Wandel glänzte. In der Vyšehrader Schule erzogen, hatte

er sich frühzeitig mit den vom heiligen Cyrillus kanonisch fest-
gesetzten slovenischen Schriften vertraut gemacht, verließ aber Haus
und Hof, Verwandte und Freunde, und wurde in einer seiner Heimat nahe liegenden verlassenen Gegend Eremit. Hier hatte ihn
Herzog Udalrich auf einer Jagd gefunden, zu seinem Beichtvater
gemacht und reichlich beschenkt. 1032 legte Prokop ein Kloster nach
St. Benedict's Regel an, welches Udalrich mit dem Nöthigen
versah, aber erst Břetislav unmittelbar vor seinem Zuge nach
Polen dadurch vollendete, daß er den Prokop bewog, als Abt
die Leitung der neuen Stiftung zu übernehmen. Dies Kloster lag
im Čáslauer Kreise an der Sazava und bezog seine ersten Mit-
glieder aus den griechisch-slavischen Klöstern Ungarns. Břetislav's Ziele gingen noch weiter: Böhmen sollte fortan nicht mehr
in kirchlicher Abhängigkeit von Mainz stehen, vielmehr Prag zum
Erzbisthum erhoben werden. Aber gegen diesen Gedanken erhob sich Widerspruch von Seiten des Papstes Benedict IX.,
der dem Herzoge und dessen Bischofe Severus die gewaltsame
Uebertragung der Leiche des heiligen Adalbert verargte und
beide vor sein Gericht lud. Břetislav stattete eine Gesandtschaft
nach Rom aus. Die Erhebung des Prager Bisthums wurde
vom Papste nicht genehmigt, der sich auch wegen der Gnesener
Gewaltthat nur durch das Versprechen des Herzogs, ein Kloster
zu gründen, besänftigen ließ; es war dies das Collegiat-Stift
zu Alt-Bunzlau (1046).

Mit Unruhe verfolgte der deutsche König Heinrich III.
den ungewöhnlichen Aufschwung und die Verjüngung, die der
östliche Nachbarstaat unter seinem hochbegabten Fürsten erlebte.
Heinrich war eben damals seinem Vater Konrad II. in der Regierung des Reiches gefolgt. Schon als der junge König das
Weihnachtsfest zu Regensburg feierte, hatte er ein Heer gegen

Böhmen gesammelt und mit einem Einfall in das Land gedroht. Břetislav besänftigte ihn diesmal noch; er stellte seinen Sohn Spitigněv als Geisel, verhieß die Zahlung des rückständigen Tributes und gelobte demnächst selbst am Hofe des Königs zu erscheinen. Aber Břetislav erfüllte diese Versprechungen nicht, und da auch sein Bundesgenosse, der König Peter von Ungarn, einen verheerenden Einfall in die bayerische Ostmark machte, so begann König Heinrich 1040 den Krieg. Noch einmal schickte Břetislav an den König, erbot sich zu dem Tribut von jährlich 120 Kühen und 500 Mark Silbers, wie ihn König Pippin sollte eingesetzt haben; auch treue Lehensfolge gelobte er in Zukunft, so wie sie von alten Zeiten her die Böhmen den deutschen Königen geleistet hätten. Aber Heinrich III. verlangte mehr: „König Pippin", erwiderte er, „habe nach Belieben verfahren können; wenn aber die Böhmen seinen eigenen Geboten nicht Folge leisten würden, so wolle er zeigen, wie viel gemalte Schilde er habe". Und alsbald rüstete er zum Kriege.

Břetislav fand nur bei dem Ungarnkönig Peter Hilfe, während zwei deutsche Heere einbrachen. Das eine sammelte sich bei der Burg Dohna in Thüringen, der Markgraf Ekkehard von Meißen und der Erzbischof Bardo von Mainz führten es; das andere wollte der König selbst mit dem Markgrafen Otto von Schweinfurt über den Böhmerwald führen. Břetislav hatte die Landesthore im Grenzwalde durch Verhaue gesperrt, und vor denselben wohlbefestigte und stark besetzte Verschanzungen angelegt. Es lebte damals in den südwestlichen Abhängen des Böhmerwaldes Günther, ein Eremit, der durch den dicht verwachsenen Wald gebahnte Wege angelegt hatte. Von ihm geführt, kam Otto von Schweinfurt mit einer Schaar glücklich über das Gebirge und griff sogleich die böhmischen Verschanzungen an. Allein es war zu spät. Einige deutsche Ritter hat-

ten sich Tags zuvor zu einem Kampf mit dem Feinde hin-
reißen lassen und waren alle gefallen. Das begeisterte Heer der
Böhmen schlug nun auch den Otto zurück, der noch so glücklich
war, durch Günther geführt, mit dem Reste der Seinigen zu
dem Könige zurückzukommen. Heinrich trat den Rückzug an und
ertheilte auch dem thüringischen Heere den Befehl zum Aufbruch. Die vielen deutschen Gefangenen löste er gegen den
Sohn des Herzogs aus.

Heinrich hatte darum den Krieg noch nicht aufgegeben.
Im ganzen Reiche befahl er Buße und Beten an, um Gottes
sichtbaren Zorn zu versöhnen, und als der nächste Sommer kam,
standen wieder im Norden und im Westen von Böhmen wie im
verflossenen Jahre zwei Heere, nur zahlreicher als damals und
besser gerüstet, und zugleich von einem dritten unterstützt, welches der junge und tapfere Liutpold (Leopold), ein Sohn des
Markgrafen Adalbert I. von Oesterreich, aus dem Süden
herbeiführte. Alles ging diesmal vortrefflich von Statten. Durch
den Verrath des Castellans von Bilin, Prkoš, wurde der Herzog
umgangen, Prag selbst bedroht. Da wankte auch die Treue der
Anhänger Břetislav's und Bischof Severus selbst ging in das
Lager der Feinde, den Zorn des Königs und seines Metropoliten,
des Erzbischofs Bardo, fürchtend. Da gleichzeitig auch das aus
Süden kommende Aufgebot der Ostmark drohte, so unterwarf sich
Břetislav. Er entsagte der Herrschaft über Polen, entließ die
polnischen Gefangenen, soweit sie nicht vorzogen in Böhmen zu
bleiben, anerkannte die Oberhoheit des deutschen Kaisers und verpflichtete sich den alten Tribut wieder zu entrichten. Ueberdies erbot er sich, selbst in einer bestimmten Frist vor dem Kaiser in Regensburg zu erscheinen und als Geiseln seinen Sohn und mehrere seiner
Großen zu stellen. Unter diesen Bedingungen kam der Friede zu
Stande. Der Herzog ließ die Verhaue an den Landesthoren

niederreißen, um dem König und seinen Heeren einen bequemern
Rückzug aus Böhmen zu verschaffen. Der König ging nach Regensburg; dort belohnte er seine Tapferen, vor allen den Babenberger Liutpold, dem er nebst anderen Geschenken das kostbare
Roß des Böhmenherzogs gab. Herzog Břetislav aber hielt strenges Gericht; dem Verräther Prkoš wurden Hände und Füße
abgehauen und der so verstümmelte Körper in die Biela gestürzt.

Mitte Octobers erschien zu Regensburg Herzog Břetislav selbst, wie er versprochen. Er hatte mächtige und beim
König hochangesehene Fürsprecher an seinem Schwager Otto
von Schweinfurt und an Ekkehard von Meißen gefunden,
und war einer günstigen Aufnahme gewiß. Barfuß und im
Büßergewande warf er sich dem König zu Füßen, gab ihm die
herzogliche Fahne Böhmens zurück und entrichtete den seit
drei Jahren rückständigen Zins. Voll Mitleid erhoben sich
alle deutschen Fürsten und baten den König um Gnade. Milder
zeigte sich Heinrich, als die Fürsten erwarten konnten. Er gab
Břetislav nicht allein sein Herzogthum zurück, sondern beließ ihm
auch von seinen polnischen Eroberungen Schlesien mit der Hauptstadt Breslau. Schlesien blieb bis 1054 bei Böhmen. Dann
gab Břetislav auch dieses Land dem Polenherzoge Kazimir gegen
einen jährlichen Tribut von 500 Mark Silber und 30 Mark Gold
zurück.

Durch die Milde machte der König sich den Herzog Břetislav zum Freund; in allen spätern Kämpfen hat Břetislav
auf das wirksamste Heinrich unterstützt und lange nachher
noch waren und blieben die Böhmenherzoge die treuesten Anhänger des fränkischen Kaiserhauses.

4.

Thronstreitigkeiten in Ungarn — Peter, Samuel Aba, Andreas — Kriege mit Kaiser Heinrich III.

König Peter von Ungarn führte eine unglückliche Regierung. Die mit ihm unzufriedenen Magnaten ermordeten
seinen Rathgeber, den ihnen verhaßten Buda, vor den Augen
des Königs, der, sich nun selbst nicht mehr sicher fühlend, in
die babenbergische Ostmark zu seinem Schwager Adalbert
floh (1041). Adalbert führte ihn nach Regensburg, wo Peter
von Heinrich III. wegen früherer Einfälle in Ketten geworfen
wurde, auf seines Schwagers Fürbitte aber Verzeihung und
Hilfe zugesichert erhielt. Die Ungarn riefen nach Peter's Vertreibung den Samuel, genannt Aba, zum König aus,
der an Heinrich III. eine drohende Gesandtschaft schickte, deutsche
Boten bei sich festhielt und unerwartet mit drei Heerhaufen gegen die deutschen Grenzen heranzog (1042). Er selbst drang an
dem rechten Donauufer aufwärts bis in das Traisenfeld vor,
wo er die zur Fastnachtzeit in sorgloser Fröhlichkeit sich Ergehen-
den Nachts überfiel und aus Traismauer, das er in Brand
steckte, Menschen und Heerden gefangen wegführte. Minder
glücklich waren die beiden anderen Haufen, welche der Markgraf Adalbert und der Graf der obern Kärntner Mark,
Gottfried von Pütten, verjagten. Das Jahr darauf griff König
Heinrich das nördliche Ungarn an, eroberte die Grenzveste Hainburg, deren Bewohner ihre eigenen Häuser in Brand steckten
und entflohen, dann Preßburg und alles Land bis zur Gran.
Aber Peter vermochte er nicht in Ungarn einzusetzen.

Als Heinrich die Pfingsten 1043 zu Paderborn beging,
erschienen Aba's Boten vor dem Kaiser, nicht mehr so über-

müthig wie einst, doch ohne Erfolg. Wieder rückte Heinrich in Ungarn vor und erst an der Raab kamen ihm abermals Boten Aba's mit der Abtretung des Landes zwischen Leitha, Fischa, March und Thaya entgegen; auch versprachen sie im Namen des Königs ihres Herrn eine Geldsumme und die Auslieferung aller Gefangenen; nur das persönliche Erscheinen vor Heinrich solle ihrem Gebieter erlassen bleiben. Der deutsche König nahm den Friedensantrag an, und die Herzoge Heinrich von Bayern und Břetislav von Böhmen wurden nach Ungarn gesandt, um ihn zu bestätigen.

Unter den vielen Helden, die die Geschichte dieser Kämpfe mit den Ungarn zu nennen hat, glänzt vor allem Adalbert's, des Markgrafen von Oesterreich, jugendlicher Sohn Leopold, dem der Name „der Tapfere" für alle Folge blieb. Diesem verlieh der Kaiser das den Ungarn eben abgenommene Land, aus dem er eine besondere, von der bisher bestehenden Ostmark verschiedene Neumark bildete. Aber Leopold genoß diese Auszeichnung nur kurze Zeit. Der Kaiser hatte nach glücklicher Beendigung des ungarischen Feldzuges sich nach Ingelheim begeben, um dort seine Vermälung mit Agnes von Poitiers zu feiern. Fast alle Fürsten des weiten Reiches hatten sich zu diesem fröhlichen Feste zusammengefunden. Auch Leopold und wohl auch sein Vater waren zugegen. Da starb der edle Jüngling noch zu Ingelheim inmitten der Festlichkeiten, und der alte Poppo von Trier begrub den zu früh verblichenen Neffen in seiner Hauptstadt (9. December 1043).

So günstig auch der Krieg in Ungarn für Heinrich III. 1043 sich gewendet hatte, so gab der letzte Friede doch nicht die Gewähr einer langen Dauer. Gegen Pfingsten 1044 mußte der deutsche König wieder an die ungarische Grenze eilen, da König Samuel nicht allein seine Versprechungen unerfüllt ließ, sondern

selbst gegen die Deutschen rüstete. Im erneuten Kriege dringt
Heinrich zuerst am rechten Donauufer bis an die Reptze vor,
wo ihn Ueberläufer an eine Brücke führten, deren Wache zurückgeworfen wird. Der König Heinrich setzt nun ungehindert über
den Fluß, kommt an die Raab, und stößt jenseits derselben auf
den Feind. Eine Staubwolke verhüllte den Ungarn den Anblick des Feindes, und als sie nach heißem Kampfe sich in wilde
Flucht auflösten, fiel ein Gewitterregen ein, der den verfolgenden
Deutschen zu Statten kam. Nachdem Heinrich den Befehl gegeben, von weiterer Verfolgung abzustehen, schlug er auf dem
Schlachtfelde das Lager auf und feierte sogleich in demselben ein
großes Dankfest. Der König selbst im Bußgewande und das
ganze Heer warfen sich auf die Knie und priesen den Herrn, der
sie im Kampfe geführt und ihnen den Sieg verliehen. Dann erhoben sie sich, fielen sich unter Thränen in die Arme, entsagten
allem Hader und gelobten sich Friede und Freundschaft für alle
Zukunft.

Aba floh in das Innerste seines Reiches, Heinrich aber
setzte ungehindert seinen Zug fort und kam nach der ungarischen
Königsstadt Stuhlweißenburg, die ihm ihre Thore öffnete. Aba's
Gemalin, seine Kinder und der Schatz fielen hier dem Sieger in die
Hände. Heinrich verfügte nun frei über die ungarische Krone.
Er setzte Peter wieder ein und verlieh, auf Bitten von dessen
Partei, den Ungarn bayerisches Recht. Zum Schutze Peter's ließ
der deutsche König eine bayerische Besatzung im Lande zurück.
So schwach Peter persönlich war, so wurde er doch für den
Augenblick im ganzen Lande anerkannt. Samuel Aba aber
wurde auf der Flucht jenseits der Theiß in einer Kirche erreicht
und vor Peter gebracht, der ihn enthaupten ließ.

Im Triumph kehrte Heinrich III. nach Bayern zurück.
Doch schon im Februar des folgenden Jahres (1045), als der

König zu Freisingen weilte, kamen Peter's Gesandte, Heinrich
möge schleunigst nach Ungarn kommen, die Treue gegen den
König wanke, dem Christenthum drohe Gefahr. Heinrich versprach, das Pfingstfest zu Stuhlweißenburg zu feiern, und brach
auch, als dies Fest herannahte, mit großem Gefolge nach Ungarn
auf. Er machte die Reise zu Schiffe, das er zu Regensburg bestieg. Als man hinter Grein an die gefürchteten Donauwirbel
kam, erschien dem Bischof Bruno von Würzburg, welcher den
König begleitete, auf einer hohen Felsenklippe ein finsteres Gespenst und verkündete ihm sein nahes Ende. Als dann Heinrich III. am Sonntag vor Pfingsten bei Persenbeug anlegte, um
einer Einladung der Gräfin Richilde auf ihre Burg zu folgen
und dort auf einen hohen Söller stieg, brach plötzlich das alte
Gemäuer unter furchtbarem Krachen zusammen und der König
stürzte mit seinen Begleitern in die Tiefe hinab. Er selbst kam
ohne großen Schaden davon, aber Bischof Bruno und andere
vom Gefolge erlitten schwere Verletzungen, in Folge deren der
Bischof am Tage nach Pfingsten zu Persenbeug starb. Der
König verlor in ihm einen seiner nächsten Verwandten und
vertrautesten Räthe. Indessen hatte Heinrich seine Reise
fortgesetzt. Pfingsten wurde zu Stuhlweißenburg glänzend bei
König Peter begangen, der ihm damals im Angesicht des ganzen
Volkes mit einer goldenen Lanze sein Reich übergab und das
Volk ihm und seinem Nachfolger huldigen ließ. Als dies geschehen war, wurde wiederum Peter mit dem ungarischen Reiche für
seine Lebenszeit von dem deutschen Könige belehnt. Bei dem
öffentlichen Mahle, das der Belehnung folgte, sah man die Könige
in dem herzlichsten Einverständniß bei einander; nach der Tafel
überreichte Peter seinem hohen Gaste herrliche Geschenke und
eine Summe Geldes, die Heinrich bis auf den letzten Heller unter die Tapfern vertheilen ließ, die mit ihm im Jahre zuvor

gegen Samuel Aba gefochten hatten. Als das Fest vorüber war, kehrte Heinrich in sein Reich zurück.

Peter's Besorgnisse, als er Heinrich zu Hilfe rief, waren nicht unbegründet. Es hatte sich eine geheime Gährung gegen seine Regierung verbreitet, die nicht nur von den Feinden der bestehenden Ordnung, sondern auch von den Freunden des alten unerloschenen Heidenthums ausging. Noch immer lebten An-dreas und seine Brüder in Polen in der Verbannung; jetzt folgte jener der Einladung der unzufriedenen Magnaten, von Stephan's Krone Besitz zu nehmen. Ein furchtbarer Sturm brach gegen Peter und gegen den christlichen Glauben los, die Kirchen gingen in Flammen auf, die Priester des Herrn wurden ermor-det, die rasende Menge verlangte den alten Götzendienst. Wieder sah man die Ungarn, gleich ihren wilden Vätern, den heidnischen Götzen opfern und mit geschornem Haupte von geopfertem Pferdefleisch essen. Peter wollte nach Bayern fliehen, fand aber die Zugänge des Landes alle besetzt. Die deutsche Schutz-wache, die ihn umgab, wurde niedergemetzelt, er selbst ge-blendet.

In diese Zeit der Stürme des wiedererwachenden Heidenthums fällt auch Gerhard's Märtyrertod. Der Bischof von Csanád war sicherlich Stephan's Neffen Peter zugethan; dennoch eilte er auf die Nachricht von des Andreas Erhebung herbei, um in Buda (Ofen) den König zu empfangen. Drei Bischöfe und ein Graf begleiteten ihn. Sie kamen bis Dyod, wo Gerhard in der Kirche der heiligen Sabina noch einmal die Messe las. Dann legte er den Anwesenden die Schrift aus und erzählte ihnen un-ter Thränen, daß ihm der Herr im Traum erschienen und ihnen allen, nur dem einen der Bischöfe nicht, das letzte Abendmahl dargereicht. Sie nahmen nun wirklich die heilige Wegzehrung und setzten die Reise fort bis Pesth, wo sie ein gewisser Bata mit seinen Gesellen überfiel. Betend für seine Feinde und gesteinigt gleich jenem ersten Blutzeugen der Kirche gab Gerhard, der erste Blutzeuge Ungarns, seinen Geist auf; auch zwei der Bischöfe, der Graf, das ganze Gefolge bis auf Beneta, den einen der Bischöfe, fanden den Tod. Die Legende berichtet, am folgenden Tage schon sei ein Umschwung in der Stimmung des Volkes eingetreten und Gerhard zu Pesth in der Marienkirche mit großer Trauer begraben worden. Nach sieben Jahren ward sein Leichnam nach Csanád gebracht, wo Kloster und Dom um dessen Besitz sich stritten, bis er endlich in jenem zur Ruhe gelangte, das Gerhard einst zu Mariens Ehre gestiftet und zu seiner Grabstätte bestimmt hatte.

Andreas war nicht gewillt, das Heidenthum in dem ihm zugefallenen Reiche zu begünstigen und fühlte auch, daß er in dem bevorstehenden Kampfe wider die anarchischen Elemente seines Reiches der Freundschaft des deutschen Kaisers nicht entbehren könne. Er sandte daher an Heinrich Boten ab, die ihn in Italien trafen und ihm im Namen ihres Herrn Treue und jährlichen Tribut gelobten.

So dauerte die Waffenruhe bis 1050 an, als im Herbst dieses Jahres die Feindseligkeiten von neuem begannen. Anlaß hiezu war zum Theil die Saumseligkeit, mit der König Andreas den Tribut entrichtete; nicht wenig Schuld an der Erneuerung derselben trug auch des Kaisers Oheim, Bischof Gebhard von Regensburg. Zu Anfang des Jahres 1050 hatte er bei einem zufälligen Aufenthalt an der Grenze einen Beutezug in das ungarische Gebiet gemacht, den die Ungarn gleich darauf dadurch rächten, daß sie in die Ostmark einfielen, alles mit Feuer und Schwert verwüsteten und eine Anzahl der Markbewohner in die Gefangenschaft schleppten. Dies machte Gegenmaßregeln nöthig. Auf einem Reichstage zu Nürnberg (1050) beschloß man zunächst, die im Jahre 1042 zerstörte Hainburg wieder aufzubauen; die Ausführung wurde dem Herzoge Konrad von Bayern, dem Markgrafen Adalbert von Oesterreich und Bischof Gebhard übertragen. Diese begaben sich sogleich an Ort und Stelle und schlugen ein Lager auf, unter dessen Schutze sie die Befestigungsarbeiten begannen. Aber die Ungarn ahnten, was die Befestigung der Hainburg zu bedeuten habe. In der Nacht des 22. September griffen sie das deutsche Lager an und beschossen es von allen Seiten, und so dicht war der Regen der Pfeile, daß man nachher zweihundert derselben an einem einzigen Zelte fand. Sieben Tage hindurch vertheidigten sich die Deutschen gegen die stets erneuten Angriffe des Feindes unter großen Beschwerden; am achten Tage wagten sie endlich einen Ausfall aus dem Lager, bei dem es ihnen gelang, den Ungarn so große Verluste beizubringen, daß diese schleunigst das Weite suchten. Die Befestigung der Hainburg wurde hierauf vollendet und die Fürsten kehrten, nachdem sie eine bayerische Besatzung in der Burg zurückgelassen, mit dem Reste ihres Heeres nach Hause zurück. Kaum aber waren sie abgezogen, als die Ungarn die Burg von neuem einschlossen und vier Tage nach einander berannten. Als diese Angriffe erfolglos blieben, warfen sie zündende Stoffe in die Burg. Die hölzernen Häuser derselben fingen Flammen, der Brand, vom Sturm genährt, griff schnell um sich, und während die Besatzung zum Löschen eilte, gelang es den Ungarn in die Thore einzudringen. Glücklicherweise wandte sich in diesem Augenblick der Wind und kehrte die Flammen von dem Haupttheile der Burg ab, so daß sie bald ohne Nahrung erstarben. Wunderbar schien die Rettung und um so eher waren die Bayern geneigt, in einer auffliegenden Taube ein zweites Zeichen göttlichen Beistands zu erkennen. Voll Gottesvertrauen griffen sie

zu den Waffen, warfen muthig die Feinde zurück, trieben sie aus
der Burg und jagten sie weithin in die Flucht. Viele Ungarn
fanden da den Tod, so daß man nachher sechs Schiffe mit den
Leichen der Erschlagenen anfüllte; der Verlust der Bayern war
nur gering.

Vergebens suchte der Papst zu vermitteln. Von zwei
Seiten fielen die Krieger des Kaisers in Ungarn ein; am linken
Ufer der Donau Bischof Gebhard, Herzog Bretislav und Herzog Welf, am rechten der Kaiser selbst. Lebensmittel wurden
dem Heere durch eine Flotte auf der Donau in reichem Maße
zugeführt. Aber anhaltende sehr starke Regengüsse, welche die
ohnehin wasserreichen und sumpfigen Gegenden am rechten Donauufer ganz unzugänglich gemacht hatten, nöthigten den Kaiser
einen sehr weiten Umweg durch Kärnten zu nehmen, um den
Feind zu erreichen. Die Lebensmittel wurden, so schwer dies
auch ging, auf Pferden von der Flotte herbeigeschafft, und bald
stellte sich empfindlicher Mangel ein. Es mußte an den Rückzug
gedacht werden. Die Ungarn hatten die Vorräthe im Lande vernichtet oder vergraben oder mit sich genommen, und auch der
Transport von den Schiffen ließ sich bald nicht mehr bewerkstelli-
gen. Eine Hungersnoth brach aus. Selbst der Kaiser mußte oft dar-
ben. In seinem Rücken besetzten die Ungarn die Ufer aller Flüsse
und Sümpfe an den Grenzen der Ostmark und rühmten sich, daß
die Deutschen hier ihren Untergang finden sollten. Aber sie kann-
ten die Entschlossenheit ihrer Gegner schlecht. Unerschrocken gingen
die Deutschen in das Wasser und trieben die am Ufer aufgestell-
ten Feinde in die Flucht. Am stärksten hatten die Ungarn eine
Schanze an dem linken Ufer der Reptze befestigt, welche eine
über den Fluß gehende Brücke beherrschte. Aber auch diese Schanze
griff eine Schaar tapferer Sachsen, von Burgundern und Polen unterstützt, nachdem sie unter großer Gefahr den Fluß

überschritten, mit Heldenmuth an, zersprengte die Schlachthaufen der Feinde und öffnete dem Kaiser und seinem Heere den Weg über die Brücke. Weniger Schwierigkeiten hatte der am linken Donauufer vordringende Theil der Kaiserlichen gefunden; er hatte bis in das Innere des ungarischen Reiches seinen Marsch fortgesetzt, war aber dann durch starke Regengüsse ebenfalls zur Umkehr genöthigt worden. Das Unternehmen des Kaisers war völlig gescheitert.

Doch schon im Juli 1052 stand Heinrich III. wieder an der Spitze eines Heeres, auch diesmal von einer Flotte begleitet; vor Preßburg fand er Widerstand. Es war zum ersten Male, daß die Ungarn durch Vertheidigung ihrer festen Plätze das Vordringen des Feindes aufzuhalten suchten. Zwei Monate lag der Kaiser vergebens vor der Stadt, als plötzlich Papst Leo IX. im deutschen Lager erschien. Auf den Ruf des Königs Andreas war er persönlich über die Alpen herbeigeeilt, um kein Mittel zu einem friedlichen Ausgleich unversucht zu lassen. Die guten Absichten des Papstes hatten zwar keinen Erfolg, allein wieder fehlte es dem kaiserlichen Heere an Lebensmitteln, so daß Heinrich, als die Hoffnung auf Frieden schwand, in Begleitung des Papstes den Rückzug antrat. So war denn auch dieser Zug gänzlich mißglückt. Mit Recht bezeichnet man die unglückliche Belagerung Preßburgs als den „merkwürdigsten Wendepunct in der Geschichte Heinrich's III. und des deutschen Kaiserreiches".

Die Gefahr für den Kaiser stieg jetzt von Jahr zu Jahr. Gebhard zerfiel mit dem Herzog Konrad von Bayern. Konrad wurde abgesetzt, floh an den Hof des Andreas (1053) und führte ein ungarisches Heer nach Kärnten. Ein großer Theil des kärntnerischen Adels fiel ihm zu. Nachdem er eine starke Besatzung in der Hengstburg zurückgelassen, kehrte er nach Ungarn zurück. Schon erhoben sich auch in Bayern viele Unzu-

friedene wider den Kaiser und dessen Oheim Gebhard. Heinrich durfte keinen Augenblick säumen, und er handelte rasch.
Konrad wurde geächtet, von seinem Anhange größtentheils
verlassen. Auch in Kärnten gewannen die Kaiserlichen wieder
die Oberhand; schon im Anfange des Jahres 1054 mußte die
ungarische Besatzung die Hengstburg räumen. Unter solchen
Verhältnissen war der Tod des alten Markgrafen von Oesterreich, Adalbert I. des Siegreichen, für den Kaiser ein schwerer
Verlust. Um des Verstorbenen Verdienste zu belohnen, ließ er es
geschehen, daß dessen Sohn Ernst der Tapfere in der
Verwaltung der Mark, deren östliche Grenzen schon bis an die
March und Leitha reichten, nachfolgte (1055).

Inmitten dieser Wirren bildete sich eine gegen das Leben
Heinrich's gerichtete Verschwörung, die ihren Mittelpunct in Bayern hatte und des Kaisers nahen Verwandten, den Bischof Gebhard
von Regensburg, unter ihre Häupter zählte. In Oesterreich und in
der kärntnerischen Mark gehörten zwei vornehme Männer, Rich-
win und Ebbo, zu den Mitverschworenen und selbst der Herzog
Welf von Kärnten, den der Kaiser so hoch erhoben, hatte sich
bewegen lassen, der Verschwörung beizutreten. Sie knüpften in
Ungarn mit dem vertriebenen Herzog Konrad von Bayern Verbindungen an, mit dem sich nun sogar sein Todfeind Gebhard
versöhnte. Aber auf wunderbare Weise zerschlug sich dennoch
das Unternehmen. Herzog Konrad starb unvermuthet in der
Verbannung. Zu derselben Zeit verfiel Herzog Welf plötzlich
in eine schwere Krankheit; von Reue ergriffen, schickte er einen
eilenden Boten an den Kaiser, entdeckte ihm die Verschwörung
und alle ihre Theilnehmer, und bat um Verzeihung. Diese
erhielt er, noch ehe ihn der Tod ereilte. Er starb auf seiner
Burg Bodman am Bodensee, um die Zeit als der Kaiser aus
Italien nach Deutschland zurückkam. Mit ihm erlosch der ältere

Mannesstamm seines Hauses, doch nur um in seinem Schwester-
sohne von neuem zu erblühen.

Heinrich III. starb bald nach seiner Rückkehr im J. 1056, und
hinterließ seinem Sohne, dem kaum sechsjährigen Heinrich IV.,
unter anderen Sorgen auch die Beendigung der ungarischen
Fehde. Wenn König Andreas, der bis dahin der Mittelpunct
jedes Widerstandes gegen den mächtigen Kaiser gewesen und
aus dem Kampfe mit ihm unbesiegt hervorgegangen war, gerade
jetzt dem deutschen Hofe sich näherte, so erklärt sich dies aus
dem Bestreben desselben, seinem Sohne Salomo in dem jungen
deutschen Könige eine Stütze gegen dessen von einer Partei
begünstigten Oheim Bela zu verschaffen. Im Sommer 1058
traf die Kaiserin Agnes, die für ihren Sohn die Reichsgeschäfte
führte, mit Andreas an der Grenze seines Reiches zusammen.
Ein Friede wurde geschlossen, der kleine Salomo mit Sophia,
der zweiten Tochter der Kaiserin, verlobt und dieselbe nach Ungarn an den Hof geschickt. -

II.

Die Zeit des großen Investitur-Streites zwischen Kaiser und Papst.

5.

Papst Gregor VII. und Kaiser Heinrich IV. — Der erste Kreuzzug — Kaiser Heinrich V.

Es war am 8. August 1048, als in Palestrina die Trauer-kunde erscholl, Papst Damasus II. sei verschieden, nachdem er nur 23 Tage diese höchste irdische Würde bekleidet. Müde der glühenden Sonnenhitze und dem wüsten Treiben der Weltstadt abhold, hatte er jene Stadt zu seinem Wohnsitz erkoren und sich wohl oft in das Städtchen Thyrols zurückgesehnt, in dem er einst als Poppo von Brixen sich glücklich gefühlt. Mochte das Fieber den nordischen Fremdling hinweggerafft haben, bei seinem frühen Tode wurden dennoch Stimmen laut, er wäre vergiftet worden. Man brachte seine irdischen Ueberreste in St. Lorenzo fuori le mura zur Ruhe, in einem altchristlichen Sarko-phage, der dort noch gesehen wird. Auf ihn folgte Bruno von Toul unter dem Namen Leo IX. Wie staunten die Römer, als im Februar 1049 der neue Papst in die Stadt einzog, nicht mit bewaffneter Macht, nicht mit festlichem Gepränge, sondern mit dürftigem Geleit, barfüßig und betend. Es war ein tiefbedeu= tender Augenblick, als ihn die Römer am leoninischen Thore empfingen und mit ihm Hildebrand einzog, der unter dem schlichten Mönchsgewande die größten Entwürfe verbarg.

Eben damals rang sich die Kirche aus tiefem Verfall wieder empor. Seit dem Ausgang der Ottonen hatten in Rom sich Zustände wiederholt, wie nach dem Fall des karolingischen Reiches. Die päpstliche Gewalt sank moralisch und politisch zusammen und von der Verderbtheit des römischen Clerus gibt das Werk des frömmsten Mannes, der Gomorrhianus des Pier Damiani, schaudervolle Bilder. Und wie in Rom, so sank auch in aller Welt Sitte und Zucht in Kirchen und Klöstern, für welche Rom das Vorbild im Schlechten wurde, so wie es dies sonst im Guten gewesen. Aber nicht überall in der Kirche war das heilige Feuer verglommen. Es gab noch edle Seelen, die sich von irdischem Treiben emporzuringen vermochten und an eine Reform der Kirche dachten. Ihnen gehörten der Kaiser, die deutschen Päpste und Hildebrand an. Als Leo IX. starb, wurde der Bischof Gebhard von Eichstädt als Victor II. zum Papste erhoben (1055). Auch er wirkte ein Jahr hindurch in Rom an der Kirchenreform, dann ging er im Sommer 1056 nach Deutschland zurück, um an der Leiche des edlen Heinrich III. zu weinen, der ihm scheidend sein Reich und Erbe empfohlen.

Victor II. starb schon im nächsten Jahre. Nicht länger regierte Stephan IX., auf welchen Nicolaus II. folgte. Als dieser am 27. Juli 1061 gestorben war, berief Hildebrand die Cardinäle und ließ, einem neuen Wahlgesetze gemäß, den Bischof von Lucca als Alexander II. zum Papst erheben. Die deutschen Bischöfe aber und einige aus Italien traten in Base zusammen und wählten den Bischof von Parma, der sich als

Papst Honorius II. nannte. So standen sich zwei Päpste, der eine in Rom, der andere in Deutschland, gegenüber. Dem unerschütterlichen Muthe seines Kanzlers Hildebrand verdankte jener endlich den Sieg. Aber auch in Deutschland trat eine für Alexander günstige Wendung ein.

Dort hatte Agnes, nach ihres Gemals Wunsche und mit Zustimmung der Großen, des kleinen Heinrich IV. Erziehung und des weiten Reiches Regierung übernommen. Aber sie fühlte sich bald zu schwach, die Bürde allein zu tragen und suchte sich in mächtigen Freunden eine Stütze zu schaffen. Die Gelegenheit hiezu mangelte nicht. Kaiser Heinrich III. hatte einst dem mächtigen Grafen Berthold von Zähringen die Anwartschaft auf das Herzogthum Schwaben gegeben; nun aber, als mit Herzog Otto's Tode (1057) der in Aussicht gestellte Fall eintrat und Berthold, den Ring des Kaisers in der Hand, Agnes an das Versprechen ihres Gemahls erinnerte, verlieh sie das Herzogthum ihrem Schwiegersohn, dem schwäbischen Grafen Rudolf, und beschwichtigte den Zähringer durch die Verleihung von Kärnten. Auch Bayern war schon seit längerer Zeit herzoglos und die Bayern freuten sich dessen wenig; sie schrieben das Unglück in den letzten Ungarkriegen ihrer Herrenlosigkeit zu. Die Kaiserin gab dem allgemeinen Wunsche nach und verlieh das Herzogthum einem angesehenen Sachsen, dem Otto von Nordheim, indem sie hoffte, an ihm wie an dem Schwabenherzoge sich und ihrem Sohne Freunde zu erwerben. Wie arg hat sie sich in beiden getäuscht!

In Reichsgeschäften vertraute Agnes sich dem Bischofe Heinrich von Augsburg an, der aber durch seinen Stolz die Fürsten des Reiches verletzte. Die Mißvergnügten entführten den jungen König nach Köln, dessen Erzbischof sich bald genöthigt sah, um dem Neide zu entgehen, die Reichsgeschäfte mit dem ehrgeizigen

Erzbischof von Bremen, Adalbert, zu theilen, der bei dem Könige beliebt war. Heinrich wurde indeß bald von den eifersüch-
tigen Großen gezwungen, seinen Liebling Adalbert zu entlassen,
und rächte sich dadurch, daß er einem von ihnen, Otto von Nordheim, das Herzogthum Bayern entzog und es dem Sohne des
Markgrafen von Este, Welf, der so den Grund zur erneuten
Größe seines Hauses legte, verlieh. So wurde denn überall Miß-
trauen zwischen dem König und den Fürsten wach; selbst Rudolf, der Herzog von Schwaben, wurde seinem königlichen Schwager entfremdet. Nach einer scheinbaren Versöhnung trat zwischen
beiden neue Erkaltung ein; weder Rudolf noch der Herzog Berthold von Kärnten erschienen ferner am Hofe, und Heinrich
rächte sich dafür, indem er Kärnten dem Grafen Markward
von Eppenstein verlieh. Inmitten dieser Zeit kam die Nachricht,
Alexander II. sei gestorben und Hildebrand selbst ,der langer-
sehnte und vielgefürchtete, habe den heiligen Stuhl bestiegen
(1073). Alle Augen waren auf Rom gerichtet.

Gregor VII. — so nannte sich Hildebrand nach seiner
Erhebung auf den päpstlichen Stuhl — ging entschlossenen
Schrittes seinem Ziele entgegen. Auf der ersten Synode, die er
zu Rom versammelte (1074), erneuerte er die Verordnungen
seiner nächsten Vorgänger gegen die Käuflichkeit kirchlicher
Würden und Aemter (Simonie), sowie gegen die Priesterehe,
und auf einer zweiten (1075) verbot er den weltlichen Fürsten,
insbesonders dem deutschen Könige, die Investitur. So
nannte man das äußere Zeichen, durch welches der Herr
seinem Lehensträger (Vasallen) — und dahin gehörten auch die
geistlichen Fürsten wegen ihrer weltlichen Güter und Besitzthü-
mer — die Lehen ertheilte, in diesem besonderen Falle die
Ueberreichung von Ring und Stab an den zu weihen-
den Abt oder Bischof von Seiten des weltlichen Fürsten, zum

Zeichen, daß ihn dieser mit den weltlichen Gütern der Kirche belehne, zu deren geistlichem Hirten die Weihe ihn machen sollte.

Es fehlte um diese Zeit in Deutschland nicht an Männern, denen das Wohl der Kirche ernstlich zu Herzen ging. Vor allen andern thaten sich Gebhard, Erzbischof von Salzburg, Adalbero, Bischof von Würzburg, und Altmann, Bischof von Passau, hervor.

Altmann stammte aus einer angesehenen Familie des spätern Westphalen, Adalbero aus dem Geschlechte der Grafen von Wels und Lambach, und Gebhard angeblich aus dem der Grafen von Helfenstein in Schwaben. Wahrscheinlich empfingen sie alle ihre erste Bildung in der Domschule zu Paderborn. Eines Tages saßen die drei Knaben an einem Brunnen und verzehrten ihr Brod. In freundschaftlichem Wechselgespräch tauschten sie unter sich die Ueberzeugung aus, daß jeder von ihnen Bischof und Stifter eines Klosters werden würde. Altmann wurde hienach Caplan bei Kaiser Heinrich III., nach dessen Tode bei der Kaiserin Agnes. Im Jahre 1065 wurde er Bischof von Passau. Hier gerieth er nun bei seinem Eifer gegen die Priesterehe in Lebensgefahr. Da glaubte er, nach einiger Zeit bei der Feier des Stephanstages (1073) durchdringen zu können, indem er in der Kirche vor den Großen und dem Volke die päpstlichen Befehle vorlas. Der wüthende Clerus würde den Bischof in Stücke zerrissen haben, wenn er nicht von vornehmen Laien wäre gerettet worden. Altmann sah ein, daß für den Augenblick nichts zu bewirken sei, und räumte den Gegnern das Feld. Er ging nach Sachsen und dann nach Rom, wo ihn Gregor zu seinem Legaten machte. Gebhard, zuvor Kanzler Heinrich's IV. und dann Erzbischof von Salzburg, und Adalbero, Bischof von

Würzburg, entfalteten ähnlichen Eifer. Aber vor allem wichtig war, ob auch Heinrich IV. die Gesinnung dieser Bischöfe theilen würde.

Die Nachricht über die beiden Synoden zu Rom traf den König nach einem blutigen Siege über die Sachsen, der ihm jedoch nebst andern Opfern den edlen Markgrafen der Ostmark, Ernst den Tapfern, kostete. Es war die Schlacht bei Hohenburg an der Unstrut. Schon wankte das erste Treffen, als Welf mit seinen bayrischen Reitern und mit dem heldenkühnen Ernst heransprengte. Nach heißem Kampf stürzte der Markgraf schwer verwundet zusammen und verschied bald darnach (9. oder 10. Juni 1075). „Ein Mann", wie der Zeitgenosse Lambert sich äußert, „von großem Ansehen im Reiche und durch viele Siege gegen die Ungarn hochberühmt". Er wurde zu Melk im Kloster begraben.

Stolz auf seinen Sieg, verharrte Heinrich IV. im Verkehr mit den durch Gregor's strenge Gebote von der Gemeinschaft der Kirche ausgeschlossenen Bischöfen seines Reiches und ertheilte Ring und Stab wie zuvor. Da lud ihn Gregor VII. durch eine Gesandtschaft und unter Androhung des Kirchenbannes nach Rom zur Verantwortung vor; worauf Heinrich in einer Versammlung seiner Bischöfe zu Worms die Absetzung des Papstes aussprechen ließ. Gregor erwiderte dadurch, daß er auf seiner dritten Synode im Lateran den König bannte und absetzte. Sogleich beschloß Heinrich, aufgestachelt von mehreren Bischöfen, Gregor auch mit dem Bannfluch belegen zu lassen — der große Investitur-Streit hatte begonnen.

Alles spaltete sich, die Geistlichen wie die Weltlichen, die Ritter und das Volk, Brüder kämpften gegen Brüder, Kinder gegen Aeltern. Die dem König abgeneigten Fürsten, an ihrer Spitze die Herzoge Rudolf von Schwaben und Berthold von

Kärnten, traten am 16. October in Tribur zusammen; auch
zwei päpstliche Legaten, Altmann von Passau und der Patriarch
Sighard von Aquileja, fanden sich ein. Im Grunde genommen
führte dieser Tag zu keinem Ergebnisse. Heinrich IV., der am
gegenüberliegenden Ufer des Rheins bei Oppenheim bewaffnet
stand, bewirkte einen erneuten Aufschub bis Lichtmeß des folgenden Jahres; bis dahin solle der Papst nach Augsburg
kommen und daselbst in einer Fürstenversammlung das Urtheil
über den König fällen; Heinrich aber sollte sich in der Zwischenzeit aller Regierungsgeschäfte begeben, und würde er nicht
binnen Jahresfrist vom Banne befreit sein, das Reich nicht
wieder antreten können. Der König, verlassen von allen, unterwarf sich diesem Ausspruch der Fürsten. Doch seinem Scharf-
sinn entging es nicht, wie gefährlich es für ihn sein würde,
wenn der ihm zürnende Papst nach Deutschland käme und in
der Mitte von Fürsten, deren Absicht es war ihn vom Thron
zu stoßen, ein Urtheil spräche. Er beschloß darum, den Fürsten
zuvorzukommen und selbst nach Italien aufzubrechen, um von
dem Papste Lösung vom Banne zu erflehen.

Mitten im Winter trat der König mit seiner Gemahlin
und Konrad, seinem Söhnchen, die Reise an. Ein kleines
Gefolge begleitete sie über die einsamen, von tiefem Schnee und
mächtigem Eis fast unwegsamen Alpenpässe, von den Schrecken
der Natur und den Nachstellungen ihrer Feinde bedroht. Der
Papst erschrack, als er von des Königs Ankunft vernahm, und
da er über die Absichten desselben ungewiß war, flüchtete er
sich in die Apenninenburg Canossa, die ihm Mathilde von
Tuscien gastlich erschloß. Hier erlangte der König die Lösung
vom Bann, nachdem er die königlichen Gewande abgelegt und
in wollenem Büßerhemde, barfuß und nüchtern vom Morgen
bis Abend, drei Tage lang auf Einlaß geharrt. Doch sollte er

sich bis auf weitere Entscheidung des königlichen Schmuckes begeben und aller Regierungsgeschäfte enthalten. Da aber Heinrich
dieses Versprechen nicht erfüllte, vielmehr den päpstlichen Legaten das Geleit zu dem deutschen Fürstentage versagte, so traten
seine Gegner in Deutschland zu Forchheim zusammen (März
1077) und wählten im Beisein päpstlicher Abgeordneter den
Rudolf von Schwaben zum König.

Sobald Heinrich die Nachricht hievon empfing, verließ er
Italien. Von seiner Gemalin, den deutschen Bischöfen, die bei
ihm verharrten, dem Herzog Liutold von Kärnten, der seinem
Vater Markward (1076) gefolgt war, und einem geringen
Gefolge begleitet, mußte er durch die Schluchten Kärntens
den Nachstellungen seiner Widersacher glücklich zu entgehen und
kam nach Bayern, wo er mit Jubel empfangen wurde. Bald
sah er zwölftausend Streiter um sich vereint, an deren Spitze
die Herzoge Liutold von Kärnten und Bratislav II. von
Böhmen, der Markgraf Diepold von Vohburg und der
Pfalzgraf Konrad standen. Verheerend brach er in Schwaben
ein; in kurzem glich das Land vom Main bis zum Neckar einer
Wüste. Rudolf zählte kaum fünftausend Mann und floh nach
Sachsen, die Bischöfe von Worms, Passau und Würzburg mit
ihm.

Auf einer Versammlung in Ulm ließ der König die Herzoge Rudolf von Schwaben, Berthold von Kärnten und
Welf von Bayern als des Todes schuldig verurtheilen, ihrer
Würden entsetzen und ihrer Lehen berauben. Dann brach er
nach Bayern auf, wo Rudolf nur zwei namhafte Anhänger
hatte, den Erzbischof Gebhard und Adalbero's Schwager, den
Grafen Eckbert von Neuburg-Formbach. Aber selbst diese hielten
nicht Stand. Gebhard mußte nach Schwaben in seine Heimat
fliehen und Eckbert floh mit Weib und Kind an die ungarische

Grenze in die Mark Pütten, die nach seines Schwagers Gottfried Tode ihm zugefallen war.

Gregor VII. hatte sich noch nicht für Rudolf entschieden,
sondern forderte beide Könige auf, ihm sicheres Geleit nach
Deutschland zu geben, wo er mit Zuziehung frommer Geistlichen und Weltlichen entscheiden wolle, wer das meiste Recht
zur Krone habe. Rudolf fand sich bereit hiezu, Heinrich aber
ließ die Alpenpässe streng bewachen, während sich in Deutschland der Kampf zwischen beiden Gegnern fortsetzte. Im Jahre
1078 trat Margraf Leopold III. der Schöne von Oesterreich auf Rudolf's Seite; allein schon im Jahre darauf zog
Heinrich wider ihn und zwang ihn zur Unterwerfung. Im
Beginn des Jahres 1080, noch tief im ungewöhnlich strengen
Winter, zog Heinrich mit einem ziemlichen Heere nach Sachsen
und drang in Thüringen verheerend bis zur Unstrut vor. Hier,
bei Flarchheim, einem Dorfe unweit Mühlhausen, kam es zur
Schlacht. Schon hatte Heinrich die Feinde nach blutigem Streit
zum Weichen gebracht, schon war Rudolf's Leitfahne in der
Hand Herzog Vratislav's von Böhmen, als Herzog Otto
erschien und der Schlacht eine plötzliche Wendung gab. Vorzüglich erlitten die Böhmen nach der tapfersten Gegenwehr
große Verluste, über 3000 lagen auf dem Wahlplatze; Heinrich
gab dem Vratislav und dessen Nachfolgern das Recht, sich bei
Festen jene Fahne vortragen zu lassen.

Die nächste Folge des Treffens bei Flarchheim war, daß
der Papst Heinrich IV. auf der üblichen Fastensynode zu Rom von
neuem in den Bann that und Rudolf von Schwaben als den
rechtmäßigen König anerkannte. Heinrich dagegen setzte Gregor VII. von neuem ab und ließ auf einer Versammlung von
dreißig italienischen Bischöfen in Brixen dessen alten Feind
Wibert von Ravenna als Clemens III. zum Papst erheben.

Heinrich's Ansehen stieg wieder, die Schlacht bei dem Sumpfe Grona an der Elster (15. Oct. 1080), in welcher Rudolf die Todeswunde empfing, brachte ihn auf den Gipfel des Glückes und bestimmte ihn mit bewaffneter Macht den unbeugsamen Hildebrand zu stürzen. Um sich den Rücken zu decken, verlieh er die Mark Oesterreich seinem getreuen Bundesgenossen und Helfer Vratislav II. von Böhmen, vergabte die Bisthümer seiner Gegner, Passau und Salzburg, an seine Anhänger und brach dann nach Italien auf. Zu Mailand wahrscheinlich mit der eisernen Krone geschmückt, zog Heinrich vor Rom, das ihm jedoch die Thore verschloß (1081). Aber Heinrich verlangte nach der Kaiserkrone und rückte 1082 und 1083 noch zweimal vor Rom. Gregor floh in die Engelsburg. Nun erst erkannte Heinrich den Gegenpapst Clemens III. förmlich und feierlich an, der am 31. März 1084 den König und dessen Gemalin weihte und krönte. Das Herannahen des Normannenfürsten Robert Guiscard mit einer namhaften Truppenzahl befreite Gregor, der sich aber in Rom nicht mehr sicher fühlte, sondern nach Monte Cassino ging, von da später nach Palermo, wo er am 25. Mai 1085 sein vielbewegtes Leben schloß. Er hatte Victor III. zum Nachfolger. Kaiser Heinrich kehrte nach Deutschland zurück.

Hier hatten seine Gegner nach Rudolf's Tode den Grafen Hermann von Luxemburg zum König erkoren. So gab es jetzt wieder zwei deutsche Könige und zwei Päpste, wie Salzburg und Passau zwei Erzbischöfe und Bischöfe und viele Klöster zwei Aebte, von der einen und von der andern Partei gewählt, hatten; denn alles war jetzt zwiespältig und getheilt. Der neue Gegenkönig hatte mit Leopold III. von Oesterreich drei Wochen hindurch das Heinrich getreue Augsburg bedrängt, die Vorstädte verbrannt, die Umgegend verheert und war, weil er gegen die Stadt weiter nichts vermochte, nach Sachsen zurückgegangen, um sich hier weihen und krönen zu lassen (25. Dec. 1081). Unterdessen war Herzog Bratislav von Böhmen mit einem starken Heere gegen die Ostmark vorgedrungen und hatte den Markgrafen Leopold bei Maurberg unfern der Thaya (jetzt Mailberg, V. U. M. B.) aufs Haupt geschlagen (1083). Hunger und Elend herrschten in diesem von der Natur gesegneten Lande. Altmann von Passau, der in der Ostmark als Verbannter lebte, linderte, wo er konnte, die Noth. Auf dem Berge von Gött-weih, wohin er sich oft zum Gebete zurückzog, reichte er vielen Tausenden Nahrung. Von nun an verschwindet Leopold III. aus der Geschichte.

Bald entbrannte der Kampf der Parteien wieder mit großer Heftigkeit. Die Stadt Augsburg fiel nach langer Gegen= wehr in die Gewalt Welf's und auch Würzburg wurde bedroht. Der Kaiser eilte zum Entsatz herbei, wurde aber bei Bleichfeld geschlagen und floh an den Rhein; Würzburg ergab sich am folgenden Tage den Feinden. Der Bischof Adalbero wurde nach zehnjähriger Abwesenheit wieder eingeführt, die Stadt besetzt und Schwaben und Sachsen zogen in ihre Heimat. Schon nach wenig Wochen stand der Kaiser wieder vor Würzburg und zwang es zur Uebergabe, suchte jedoch vergeblich den stren= gen Bischof Adalbero für sich zu gewinnen. Adalbero antwortete den Fürsten, die ihn deshalb angingen: „Ihr könnt mich tödten, allein nicht zwingen, freiwillig den Gebannten zu sehen und anzureden". Heinrich IV. entließ ihn und gab ihm sicheres Geleit nach Weinsberg, des Bischofs Erbgut, von wo er sich in das Kloster Lambach in Oesterreich begab, das er gestiftet und mit seinen Erbgütern reichlich begabt hatte. Hier lebte er ruhig und starb (1088), der von ihm seit Jahren ergriffenen Partei, deren Hauptstütze er war, bis in den Tod treu ergeben.

Kurz nach Adalbero's Einzug in Würzburg kehrten auch Gebhard und Altmann in ihre Sitze zurück. Zum Schutz seines Landes, das er nun wider seinen Gegenbischof behauptete, hatte Gebhard schon früher mehrere feste Schlösser erbaut; das eine auf jenem Berge, der sich über der Stadt Salzburg inmitten des Thales (heute der Mönchsberg mit der Veste Hohen-Salzburg) erhebt, und eines zu Friesach in Kärnten; auf dem dritten, zu Werfen, starb er (1088) und wurde in dem von ihm gestifteten Kloster Admont begraben.

So war von den Dreien noch Altmann am Leben. Sein Bisthum hatte der Kaiser dem Hermann von Eppenstein, Bruder des Herzogs Liutold von Kärnten, verliehen, der aber seiner Würde nicht froh werden konnte und, wie es heißt, nach zwei Jahren am Sterbelager von Reue ergriffen die Zeichen seines Amtes an Altmann schickte. Altmann starb am 8. August 1091 zu Zeiselmauer in Oesterreich. Er war, wie ein Zeitgenosse sich ausdrückt, „ein Mann von solcher Heiligkeit, Enthaltsamkeit und Kirchlichkeit, daß er selbst dem Papste Gregor und dem heiligen Bischof Anselm von Lucca verehrungswürdig erschien, von allen Guten geliebt, aber gehaßt und gefürchtet von den Abtrünnigen und Lasterhaften. Daher versetzte sein Hingang alle Guten in Trauer; allen Bösen und Verkehrten aber gewährte er Freude". Priester trugen den Leichnam auf ihren Schultern bis nach Göttweih, zu seiner selbstgestifteten Ruhestätte, stets begleitet von einer Menge Volkes. Dahin war auch Erzbischof Thiemo von Salzburg, Gebhard's Nachfolger, geeilt, der ihn bestattete. So waren die Träume der Kindheit auch an dem Dritten erfüllt.

Inzwischen hatte der Gegenkönig Hermann sich mit dem Kaiser vertragen. Er war zuletzt zum Schattenkönig geworden; ein Beispiel wirkte lange warnend für die deutschen Fürsten, bis es ihnen gelang, die Saat der Zwietracht in dem Kaiserhause selbst zu säen. Heinrich's IV. ältester Sohn, König Konrad, ein schöner junger Mann, neigte sich, von Natur leidenschaftslos und mild, mehr zu Werken der Frömmigkeit, ruhigen Betrachtungen und den Wissenschaften hin, als zum Krieg und Sturm des Lebens, obgleich es ihm nicht an Muth fehlte. Aber der Widerwille gegen das gewaltthätige Leben des Vaters und die Aussicht auf die Krone Italiens gewannen in ihm die Oberhand über das Pflichtgefühl. Heinrich erfuhr die Absicht seines Sohnes und ließ ihn gefangen setzen. Konrad entkam, empfing zu Monza die lombardische Krone und trat mit den oberitalischen Städten, die nun ihre Häupter schon stolzer erhoben, in Verbindung. Dies schmetterte den alten Kaiser derart nieder, daß er sich verzweifelnd in sein Schwert stürzen wollte. Die Freunde wehrten dem; doch that er den kaiserlichen Schmuck lange von sich, als ein Ereigniß von ungemeiner Art, von unglaublicher Größe, Aller Aufmerksamkeit und Kräfte in Anspruch nahm, so daß man darüber auf einige Zeit des Kaisers und seines Streites vergaß.

Mitten in jener jammervollen Zeit hatte der Gedanke eines Kampfes gegen die Ungläubigen eine bewältigende Macht, weil man so sich aus der leidenvollen Gegenwart flüchten zu können vermeinte. Seit früher Zeit wallten fromme Pilger an geweihte Stätten, nach Rom an das Grab der Apostelfürsten, nach St. Jago de Compostella in Spanien und nach Jerusalem, wo der Herr selbst gelebt, gelehrt und gelitten. Auch aus unserer Heimat, aus Böhmen und Mähren, aus Steiermark und Kärnten, aus Ungarn, Schlesien, Polen werden fromme Pilger erwähnt. Nun wuchs ihre Zahl. In der Mitte des eilften Jahrhunderts zog eine bewaffnete Pilgerfahrt in das gelobte Land, und als dies Unternehmen unglücklich endete, als die Klagen über das Elend der unter türkischem Joch schmachtenden Christen immer lauter erschollen und als endlich zu Clermont des Papstes Urban II. feurige Mahnung zur **Kreuzfahrt** der stürmische Zuruf: „Es ist Gottes Wille" unterbrach, da wurde an allen Orten, in Frankreich, Italien, England, Deutschland, in Gottes Namen gerüstet. Ritter verließen die Burgen, Kaufleute die Buden, Bauern den Pflug, Mönch und Nonne die Zelle, fahrende Sänger und Gaukler schlossen sich an. So zogen die einen zu Roß, die andern zu Fuß, hier Krieger, Priester und Büßer, dort Frauen, Greise und Kinder einher, und in die lustigen Lieder der Sänger und in den Drommetenschall mischte sich der ernste, leise verhallende Chor der Gottgeweihten.

Dem eigentlichen Kreuzheer zogen mehrere unwürdige Haufen voran, ohne Plan und Ordnung und mit dem Zweck des Zuges anfänglich ganz unbekannt. Der erste Haufen unter **Walter von Perejo**, spottweise **von Habenichts** genannt, zog 15.000 Mann stark durch Ungarn und kam größtentheils unter den Bulgaren um. Bald darnach sammelten in Lothringen und am Niederrhein die Priester **Volkmar** und **Gotschalk** zwei Haufen. Bei diesen war die allgemeine Meinung, man müsse Christus an den Heiden und Juden rächen, was sie auch durch Plünderung und Ermordung derselben auf die fürchterlichste Weise ins Werk setzten. Volkmar kam mit seinen Horden über Sachsen nach Prag. Hier war man bei der Abwesenheit des Herzogs **Bretislav II.** nicht im Stande, die Juden vor den Kreuzfahrern zu schützen. Nur wenige nahmen das Christenthum an, um ihr Leben zu retten, die anderen flüchteten mit ihren Schätzen nach Ungarn und Polen. Diese ließ der Herzog völlig ausplündern und gewann große Reichthümer. Auch der Christen wurde von diesen unbändigen Rotten nicht immer geschont und, nur um leben zu können, vieles auf dem Wege geplündert; aber sie kamen nicht weit. König Koloman von Ungarn traf auf der Stelle seine Gegenmaßregeln. Eine starke Truppenabtheilung deckte die bedrohte Grenze und traf bei Nura den ordnungslos fortziehenden Schwarm; binnen kurzem kam es zu offenem Kampf, in dem die Pilger unterlagen und weitaus die meisten in Tod und Gefangenschaft geriethen. Der Rest stäubte auseinander, jetzt in Schrecken und Entsetzen ebenso maßlos, wie in ihrer Wildheit vorher; sie erzählten, nur ein Kreuz, vom Himmel her über ihren Häuptern erscheinend, habe sie aus dem schrecklichsten Tode gerettet. Nicht besser erging es den Schaaren Gotschalk's und jenen, welche der Graf Emicho von Leiningen vom Oberrhein her führte. Bereits in Ungarn und in der Bulgarei wurden die meisten erschlagen, die andern zerstreuten sich, und fast keiner kam nach Jerusalem.

Erst im August 1096 trat Gottfried von Bouillon, Herzog von Nieder-Lothringen, den ersten eigentlichen Kreuzzug an und zog mit vielen Fürsten und Rittern in geordneten Haufen durch Deutschland und Ungarn. Die französischen Ritter zogen theils durch Italien und dann über See, theils durch Dalmatien in das griechische Reich.

In dieser Zeit kehrte Heinrich IV., der abermals sechs Jahre lang von Deutschland entfernt gewesen, dahin zurück, wo sich bald alles zu seinem Vortheile gestaltete. Der tapfere Berthold von Zähringen söhnte sich mit dem Kaiser aus und dieser benützte die günstige Stimmung der Fürsten, um sie zur Wahl seines jüngeren Sohnes Heinrich V. zu seinem Nachfolger zu bewegen, da Konrad sich durch Verrath an dem Vater dieser Würde verlustig gemacht hatte. Diesmal ließ sich der Kaiser, durch bittere Erfahrung vorsichtig gemacht, von dem Sohne schwören, ohne Zustimmung des Vaters sich bei dessen Lebzeiten nie, weder der Reichsregierung, noch der väterlichen Güter anmaßen zu wollen. Der baldige Tod Konrad's — man sprach von Vergiftung (1101) — verhinderte einen Bruderkrieg.

Ueberall begann jetzt der Eifer zum Kriege gegen den Kaiser wie auch die Beachtung des Kirchenbannes nachzulassen. Der alte Herzog Welf rüstete sich zu einem Kreuzzug, und ihn, den Anhänger des Kaisers, begleitete der Erzbischof Thiemo von Salzburg, den er früher gewaltsam mißhandelt, dessen Stift er grausam verheert hatte. Viele wollten Frieden, um an dem Kreuzzug theilnehmen zu können. Dem Zuge schloß sich in Oesterreich die Markgräfin Ita, Leopold's III. Wittwe, an. Es war eine stattliche Schaar, die durch Ungarn zog, sich bei den Bulgaren den Uebergang über die Maritza erkämpfte und nach Kleinasien kam. Doch hier ereilte sie bald ihr unglückliches Schicksal. Von mehreren Türkenhäuptlingen überfallen, erlagen die meisten. Ita verschwand im Getümmel der Schlacht. Wahrscheinlich wurde sie mit den Frauen ihres Gefolges nach Khorasan geschleppt, wo sie in dem Harem eines Saracenenfürsten ihr Leben beschlossen haben mag. Thiemo befand sich unter den Gefangenen und erlitt den Märtyrertod. Welf kam über Tarsus nach Jerusalem, wurde dann gefangen und entkam als Pilger bettelnd nach Cypern, wo er zu Paphos, von wenigen gekannt, im Jahre 1101 starb.

Die beste Gelegenheit, den Frieden zwischen Staat und Kirche wieder herzustellen, zeigte sich, als fast zu derselben Zeit der Papst Urban und dessen Gegenpapst starben. Nun traten die Fürsten den Kaiser an, indem sie ihm riethen, sich mit dem nach Urban's Tode gewählten Paschal II. zu versöhnen. Aber Heinrich benützte die gute Gelegenheit nicht, Paschal bannte ihn von neuem (1102) und bald brach abermals eine Fehde

zwischen Vater und Sohn aus. Der junge König, durch die
Feinde seines Vaters irregeleitet, ergriff auf einem Zuge Heinrich's IV. nach Sachsen plötzlich die Flucht und begab sich nach
Bayern, wo er die Fahne des Aufstandes wider seinen Vater
entfaltete. Der Kaiser folgte ihm auf den Fersen und rief
den Herzog Bořivoj II. von Böhmen und den Markgrafen
Leopold IV., den Heiligen, von Oesterreich zu Hilfe. Bald
trennte nur der Regenfluß Vater und Sohn. Am Tage der
Entscheidung traten nach gemeinschaftlicher Uebereinkunft die
Fürsten beider Parteien in Unterhandlung. Sie beschlossen einstimmig, man müsse eine vatermörderische Schlacht verhindern,
und auch der junge König erklärte sich bereit, jeden Kampf
aufzugeben. Gegen Abend rückten die königlichen Schaaren vom
Ufer des Regen ab, indem sie laut ausriefen: sie thäten das aus
Ehrerbietung vor der kaiserlichen Majestät. Am folgenden Morgen ordnete Heinrich IV. alles zur Schlacht an, als ihm ganz
unerwartet der Markgraf von Oesterreich und der Herzog von
Böhmen erklärten: die Fürsten würden nicht kämpfen. Vergeblich bat sie der Kaiser demüthig um Hilfe, beide zogen heim.
Mit wenigen flüchtete sich der unglückliche Vater nach Böhmen,
wo ihn Herzog Bořivoj mit großer Achtung aufnahm und zu
seinem Schwiegersohne, dem Grafen Wiprecht von Groitsch,
geleitete. Dieser Umstand deutet an, daß nicht Bořivoj es war,
der den Kaiser verrieth. Auch von Leopold hören wir nur, daß
er Nachts den Kaiser verließ, während andere Fürsten förmlich
in des jungen Königs Lager übergingen.

Kaum hatte der tiefgebeugte Kaiser die Augen geschlossen
(7. August 1106), als Heinrich V. hinsichtlich der Investitur
seine wahren Gesinnungen entfaltete, indem er die Bischöfe,
gleich seinem Vater, noch vor ihrer Weihe mit Ring und Stab
belehnte. Im Herbste des Jahres 1111 trat er den Römerzug

an, um den Papst zur Anerkennung der Investitur zu bestimmen und die Kaiserkrone zu empfangen. Jeden Widerstand entfernte er mit kräftiger Hand und zwang den Papst zu einem Vertrage, wonach der Kaiser zwar der Investitur, die Kirche aber allen weltlichen Gütern entsagen sollte. Doch dagegen erhob sich heftiger Widerspruch und da der Papst sich weigerte, ohne Rücksicht auf diesen Vertrag Heinrich V. zum Kaiser zu krönen, so nahm ihn dieser sammt den Cardinälen gefangen und gab ihn nicht eher frei, als bis er ihm die Investitur gestattet und die Kaiserkrönung gelobt hatte, die denn auch am 13. April 1111 vollzogen ward. Nun kehrte Heinrich nach Deutschland zurück. Paschal aber erklärte den Vertrag für erzwungen und ließ es zu, daß Guido, der Erzbischof von Vienne, als päpstlicher Legat, den Kaiser in den Bann legte (1112). Gegen Paschal's Nachfolger Gelasius II. stellte der Kaiser Gregor VIII. als Gegenpapst auf, mußte sich aber endlich, von den Fürsten dazu gedrängt, mit Guido von Vienne versöhnen, der dem Gelasius unter dem Namen Calixtus II. folgte. Der Kaiser verzichtete auf die Belehnung mit Ring und Stab. Der von dem Clerus frei Erwählte wird von dem Kaiser künftighin mit den Regalien durch Ueberreichung des Scepters belehnt, dann geweiht, in Italien aber zuerst geweiht, dann belehnt. Dies ist der Inhalt des Wormser Concordates (1122) und so fand nach fünfzigjähriger Dauer zur Freude aller Gutgesinnten der Investiturstreit ein Ende.

6.

Geistiges und kirchliches Leben — Oesterreichische Klöster — Klösterliche Zucht und Kunst.

Dem fünfzigjährigen blutigen Waffenkampfe ging ein nicht minder erhitzter Kampf der Geister zur Seite. Diese Fehden der Gelehrten sind für uns von doppelter Wichtigkeit, nicht nur, weil erst durch sie uns der Einblick in das Getriebe der Zeit ermöglicht wird, sondern auch weil sie die ersten allgemeineren Zeichen einer immerhin schon verbreiteten Bildung sind und den Zeitpunct bezeichnen, von welchem an in Deutschland nicht mehr alles durch rohe Kraft bewirkt werden konnte, vielmehr die öffentliche Meinung durch die Schriftsteller geleitet zu werden begann. Dies gilt insbesondere auch von Oesterreich.

Im Kloster Göttweih lebte ein Laienbruder Heinrich zur Zeit, als der Abt Erchanfried dem Stifte vorstand (1090—1120). Dieser Heinrich ist der Verfasser zweier politischer Dichtungen, von denen besonders die eine, das Gedicht „vom gemeinen (d. i. Laien-) Leben und von des Todes Gehugde" (d. i. Erinnerung), unsere Theilnahme anregt. Zu demselben sieht sich der Dichter veranlaßt, um weltlich gesinnten Menschen die ihnen nach dem Tode bevorstehenden Leiden vorzuführen. Er geht die einzelnen Stände durch und weist die Mißbräuche auf, die aller Orte herrschen. Zuerst bespricht er die Priester und eifert gegen den frevelhaften Handel mit geistlichem Gut. Nachdem er sodann die Ansicht ausgesprochen, daß der Werth einer gottesdienstlichen Handlung nicht abhängig von der Person des sie übenden Priesters sei, geht er über zu dem Leben der Laien. „Das Leben der Ritter und Frauen ist Gott widerwärtig. Sie kehren all ihre Kunst dahin, wie sie neuer Mode huldigen können. Dies ist der Fallstrick der Hoffahrt,

welche den Teufel aus dem Himmelreich vertrieb; sie herrscht
am meisten beim weiblichen Geschlecht. Wir sehen auf der
Gasse und in der Kirche gar manche, die um den Taglohn ar-
beitet und nicht mehr als diesen zu erwerben im Stande ist, wie
sie eher keinen frohen Tag erlebt, bis sie nicht ihr Kleid so lang
machen kann, daß der Schlepp, der Falten Nachwurf, da wo
sie einhergeht, den Staub aufwirft, als wenn das Reich bei
ihrem hoffärtigen Gange besser führe. Mit fremder Farbe an der
Wange und mit goldgelbem Kopfschmuck wollen selbst die Bäue-
rinnen sich überall den Töchtern des reichen Mannes gleich-
stellen; was die eine beginnt, darnach sind die andern außer sich
vor Begierde es auch zu haben". Im zweiten Theile seiner Dichtung spricht er von den Leiden und Drangsalen des menschlichen
Lebens und führt uns zum Belege dessen die Laufbahn eines
Menschen vor, von dem jedermann glaubt, daß er dem Glück
im Schooße ruht. Er malt in wenigen kräftigen Pinselstrichen
die Noth, die der Sohn eines Königs zu überwinden hat,
wenn die erste Jugendzeit bis zur Wehrhaftmachung vorüber
ist. Aber der Dichter malt uns noch die Noth eines andern
Königsohnes, der sich Sänfte und Milde erkoren habe, und meint,
daß dieser sein Ansehen bald verlieren und von seinen Gefährten werde verstoßen werden. Am ergreifendsten ist der Schluß
unseres Gedichtes. „Reicher und edler Jüngling! geh hin zum
Grabe deines Vaters, nimm den obersten Stein herab, schau
seine Gebeine an und seufze und weine; da kannst Du sprechen, wenn du willst, es benimmt Dir nichts an deiner Ho-
heit: ‚Lieber Herr und Vater sage mir, was Dich betrübt? Ich
sehe dein Gebein vermodert, die Erde hat Dich aufgezehrt und
dieses Grab ist voll von Gewürm und üblem Geruch. Auch thut
es mir im Innersten weh, daß du so schön noch als Du warst und so
schnell dahingerafft wurdest.‘ Gedenke nun der Worte, die er zu

Dir sagen würde, wenn es ihm der nagende Schmerz erlauben oder Gott es gestatten möchte: ‚Ich will Dir, mein lieber Sohn, kund thun, um was du mich fragest. Mein Schicksal ist unaussprechlich, von der Grimmigkeit der Qualen, die ich täglich leide, kann ich mich nicht befreien. Zur rechten und zur linken, oben und unten umgibt mich Fieber und Finsterniß. Fände jemand mein Leid geschrieben, er könnte stets davon erzählen. Die Fesseln der Rache Gottes halten mich festgebunden, bitteren Lohn habe ich gefunden für alles, was ich je verbrach und leider ungesühnt ließ. Nun sage mir, mein Sohn, was nützt mir all' mein Reichthum und so mannigfacher unglückseliger Erwerb. All' mein Sinnen war von jeher darauf gerichtet, Lehen und freies Eigenthum, Städte und Maierhöfe, Grundstücke und viel andere Besitzungen zu kaufen; deshalb wird nun meine Seele zum Kauf ausgeboten. Wie hast Du aber mit mir getheilt, seit ich von Dir schied? Da finde ich leider wenig oder nichts. Wo ist das Almosen, das Du gespendet, wo sind die Dürftigen, welchen Du geholfen, wann gedachtest Du meiner jemals in der Messe? Nun sieh, mein lieber Sohn, Du wirst vielleicht dasselbe thun, wozu mich mein Gemüth geleitet hat, daß ich dahin arbeitete, dich reich und erhaben zu machen. Du sitzest bei großen Gastmahlen, ich leider in des Teufels Banden; man lobt Dich weithin im Lande und ich leide große Schande. Nun bekehre Dich, mein gutes Kind. Nur ein Wunder ist es, wenn einer von allen, die in dieser Welt habgierig sind, selig wird.‘ — Wer denkt bei diesen Worten nicht an Heinrich IV., den unglücklichen Vater zweier Söhne, des sanften milden, doch irregeleiteten Konrad und des mächtigen, aber frommen und edlen Sinnes ermangelnden fünften Heinrich? Der Dichter stand auch wirklich mit dem Abte Hartmann von Göttweih in freundschaftlichem Verkehre, der ehedem Lehrer bei einem von Heinrich's IV. Söhnen gewesen

Hartmann, wie der Verfasser dieses Gedichtes, gehörten zu des jungen Kaisers Partei. Aber selbst diese mußten es tief bedauern, daß er anfing, durch Ungerechtigkeit und Habsucht sich alle Herzen zu entfremden. Da mag sich der Laie Heinrich entschlossen haben, dem König die Erinnerung an alle irdische Vergänglichkeit wachzurufen, doch dies mit der Zartheit, die des Lesers hoher Würde entsprach und nun die edlen Verse durchweht.

Aber dies sind nicht vereinzelt stehende Dichtungen. Sie verkünden nur neben andern keuschen zarten Frühlingsblüthen das Kommen schönerer Tage. In dieser Zeit entstanden bei uns das schöne Marienlied aus dem Stifte Melk, die Hymne auf den heiligen Geist und die Sequenz auf die Jungfrau Maria, das Gedicht von dem Tode, dem Antichrist und dem jüngsten Gericht. Zu Göttweih lebte in einem Häuschen verschlossen die Klausnerin Ava, eine Dichterin, der wir ein „Leben Jesu" in deutschen Versen verdanken. Bald darauf lassen sich auch die ältesten Minnesinger, der von Kürenberg und Herr Dietmar von Aist, in Oesterreich vernehmen.

An Altmann von Passau, Gebhart von Salzburg und Adalbero von Würzburg schließt sich zunächst die Blüthe der Klöster in den gegenwärtig deutsch-österreichischen Ländern an. Neue Klöster wurden gegründet, ältere reformirt, d. h. der strengeren Regel des h. Benedict unterworfen, und erlebten so gleichsam eine zweite Gründungsgeschichte. Junge durch Kenntnisse und sittlichen Wandel hervorragende Männer wurden an deren Spitze gestellt, andere gleichgesinnte aus der Fremde herbeigezogen, damit sie durch Lehre und Beispiel anregend auf ihre Umgebung wirkten. Die Bemühungen hatten Erfolg. Viele Söhne von hohem Adel, viele Männer von einflußreicher Stellung im Leben, ja selbst solche, die früher als Krieger im großen Kampf

die Waffen geführt, verließen den Schauplatz der Welt, opferten
Hab und Gut und traten nicht selten als untergeordnete Brüder in irgend ein Stift oder Kloster, um da jene Ruhe, jenen
Frieden der Seele zu finden, den sie dort vergeblich gesucht.
Dadurch kamen diese geistlichen Stiftungen wieder zu Ehren,
Kunst und Wissenschaft wurden in stiller Umfriedung gepflegt,
neue Kirchen gebaut, ältere, meist noch von Holz, aus Bausteinen
hergestellt und mit Bildern und Statuen der Heiligen oder
aus der h. Schrift und der Geheimnißlehre jener Zeit ausgeschmückt, Kelche, Monstranzen, kostbare Meßgewänder und anderes Kirchengeräth kunstreich angefertigt, die Büchersamm-
lungen endlich durch emsiges Abschreiben von Werken alter
Väter und Classiker oder durch Einkäufe vermehrt. Namentlich
war die Ausstattung der Kirchen mit allem Bedarfe Altmann's
Verdienst.

Einst, als Altmann zu Mautarn an der Donau verweilte,
erkundigte er sich bei den Bewohnern der Gegend nach der Be-
schaffenheit des Berges, zu dessen Füßen sie wohnten. Man erzählte ihm „wunderbare“ Dinge. Um selbst Kunde zu erlangen,
bestieg er sein Maulthier und begab sich heiter gestimmt in zahlreicher Begleitung dahin. Der Pfad, auf welchem der Gipfel
erstiegen werden mußte, war eng und steil; er verglich ihn mit
dem schmalen und steilen Wege, der zum Himmel führt. Oben
fand man eine Fläche, geräumig genug zur Erbauung eines
Klosters. Der Beschluß wurde sogleich gefaßt. Altmann ließ
ein Gezelt aufschlagen, hieß den Wald niederhauen und begann
den Bau eines Kirchleins. In dem Augenblicke, als über die
Frage gestritten wurde, welchem Heiligen es geweiht werden
sollte, erschien an der Stelle ein Bote des Herzogs von Böhmen, gesendet mit einem Bilde der h. Jungfrau in getriebener
Arbeit, ein byzantinisches Kunstwerk, das dem Bischof zum Ge-

schenk bestimmt war. Dies Ereigniß entschied. Die Kirche wurde nach der h. Jungfrau genannt. Altmann hängte das Bild bis zur Vollendung der Kirche an eine Eiche. 1072 wurde das Kirchlein eingeweiht, aber erst 1083 zogen die ersten Chorherren St. Augustin's in die Mauern von Göttweih ein. Aber was Altmann geschaffen, kam nach seinem Tode wieder in Verfall, bis im J. 1094 der Benedictiner Hartmann aus dem im Schwarzwald blühenden Stift St. Blasien als Abt in das Kloster gerufen und von Allen freudig begrüßt wurde. Unter ihm blühte das Kloster empor. Aus seiner Schule gingen Aebte anderer Klöster hervor, während der deutsche König Heinrich V. die Abtei Kempten, der Bischof von Augsburg das Kloster St. Ulrich, Herzog Heinrich von Kärnten das Stift Lambrecht seiner Leitung anvertrauten.

St. Florian, St. Pölten und Kremsmünster waren Stiftungen einer älteren Zeit, aber auch in sie wurde durch Alt-mann frischeres Leben gebracht, und statt des weltlichen Clerus jener der regulirten Chorherren St. Augustin's eingeführt. Das Klo-ster Melk war eine alte babenbergische Stiftung, wahrscheinlich noch von Leopold's I. Tagen. Aber erst im J. 1089 am Feste des Ordensstifters zogen Benedictiner, wahrscheinlich aus Lam-bach, ein. Dies letztere Kloster, das sich nun an der Grenze der Alpenwelt in einer lieblichen Gegend erhebt, führt den Namen nach einer Burg, aus der es entstanden, und welche bis dahin die Grafen von Lambach bewohnten. Der Vater Adalbero's von Würzburg, Arnold, war der letzte seines Stammes und ver-wandelte, als sein Sohn Gottfried starb, sein Schloß in ein Kloster (1032).

In dem wald- und felsenumgürteten Admontthale grün-dete die heil. Hemma, des Grafen Wilhelm von Soune Witwe, unterstützt von dem Erzbischof Gebhard von Salzburg, ein Klo-

ſter, welchem ſie, was ſie im Enns- und Paltenthale hatte, ſchenkte.
Das Kloſter wurde 1074 der ſel. Jungfrau und dem h. Bla-
ſius geweiht; zwölf Benedictiner und der Abt Arnold aus dem
Kloſter St. Peter in Salzburg bezogen die Zellen. Das Stift
hatte gleich anfangs viel zu leiden. Auf Anſtiften des Grafen
Berthold von Moosburg, den an Gebhard's Stelle Heinrich IV.
zum Erzbiſchof erhob, überfiel ein plündernder Haufe das Stift,
das Gebhard mit Geräthen und Büchern reichlich verſehen hatte.
Zwölf dieſer Kirchenräuber ſchlugen ſich um ein Kleinod, das
Gebhard einſt vom byzantiniſchen Hof zum Geſchenk erhalten,
eine mit Edelſteinen beſetzte Platte von Gold, im Werthe
von tauſend Mark. Schon lagen acht dieſer Knechte erſchlagen
vor den Pforten der Kirche, als der Prieſter Nordwin hinzutrat,
das Kleinod in vier Stücke theilte und ſo die Raubſucht der Rau-
ſenden befriedigte. Aber der Markgraf Ottokar ſchlug die Schaar
wieder zurück und Gebhard fand in dem Kloſter ſogar ſeine
Ruheſtätte. Neben dem Mannsklöſter ſtiftete um 1120 Abt
Wolfold eines für Nonnen. Nicht lange und es blühten beide
Stifter wetteifernd empor. Die Nonnen genoſſen im Leſen und in
der h. Schrift Unterricht und noch jetzt beſitzt die Bibliothek des
Kloſters mächtige, tauſend Folioſeiten umfaſſende Pergament-
bücher, vorzüglich Commentare des Abtes Irimbert († 1177)
über die h. Schrift, von den Nonnen Irmingard und Regilinde
geſchrieben.

Schon blühten zu Melf, Lambach, Göttweih und Admont
Klöſter St. Benedict's, als nahe der Styraburg, kaum eine halbe
Stunde entfernt, am linken Ufer der Enns, ein neues Kloſter
entſtand. Dort lag anr Ende des ſchönen mit Hügeln umgebenen
Thales, am vorbei rauſchenden Fluſſe, nahe den Bergen, welche
den Vordergrund der hohen ſteiriſchen Alpen bilden, Dorf und
Kirche Garſten, und dort wurde von dem Markgrafen Otto-

kar 1082 ein Kloster für Regularpriester gestiftet. Nach seinem Tode vollendete der Sohn Ottokar und dessen Gemalin Elisabeth, die Schwester Leopold's IV. des Heiligen von Oesterreich, die Stiftung. Zwar starb auch Elisabeth vor der zweiten Gründung durch Benedictiner; aber, da nicht lange darnach einige von dem Clerus sich leichtsinnig in der Enns badeten und ertranken, begann Ottokar die Veränderung. Er kam am 9. October 1107, dem Jahrestage des Todes seiner Gattin, nach Garsten, wo der Clerus eben versammelt war, hielt eine Anrede an sie und meldete ihnen seinen Entschluß. Er reiste sodann nach Göttweih, und erbat sich von dem dort waltenden Abte Hartmann einige Mönche unter dem Prior Wirnt, um in Garsten die Regel des heiligen Benedict einzuführen (1107). Die Cleriker nahmen die Regel zum Theile an, andere wanderten aus. Als Wirnt bald darnach zum Abt von Formbach am Inn in Bayern erwählt wurde, kam als Abt in Garsten Berthold I. aus dem Geschlechte der Grafen von Würtemberg, ein Verwandter der Babenberger und Ottokare, an die Reihe. Berthold brachte das Kloster zu Ruf und Reichthum. Von vielen Gegenden zog das Ansehen seiner Person Hohe und Niedere herbei, die er mit seinem dankbar empfangenen Trost entließ oder denen er den in so wilden Zeiten doppelt wohlthätigen Rechtsschutz gewährte. Als im Jahre 1116 der Erzbischof Konrad von Salzburg lange Zeit vor dem Grimm des Kaisers flüchtend in Wald und Höhlen sich aufhielt und endlich nach Garsten kam, nahm ihn Berthold, nicht die Rache Heinrich's V. beachtend, freundlich auf, bis durch sein Zuthun der Markgraf dem Flüchtling ein festeres Asyl auf seiner benachbarten Burg eröffnete. Die Landesfürsten begünstigten das Kloster vielfältig; 1123 ertheilte Markgraf Leopold dem Stifte unter anderen das merkwürdige Recht auf den rechten Vorderbug jedes in landesfürstlichen Forsten erlegten

Wildes. In Berthold's Legende wird erzählt, wie er einst dem Bache Garsten an der Südseite des nach demselben genannten Stiftes in seine Ufer zurückzutreten befahl, und wie auf sein Begehren Fische in Menge die Netze der Brüder füllten. Wasser wurde zu Wein, und als er einmal zu Pechlarn saß und den anwesenden zahlreichen Gästen Fische vorlegte, leerte sich die Schüssel nicht. Daher auch die Fische im Wappen des Stiftes. Der gemüthliche Schwabe starb am 27. Juli 1142.

Aehnlichen frommen Regungen wie die genannten Stifter hatten Reichersperg, Seitenstetten und Gleink ihren Ursprung zu danken. Gebhard's von Salzburg Schwester war mit Wernher von Reichersperg vermält; dieser verwandelte nach dem frühzeitigen Ableben seines einzigen Sohnes sein Schloß Reichersperg am Inn in ein Kloster für regulirte Chorherren des heiligen Augustin, in das er selbst nach Ableben seiner Gemalin trat, indem er die Stiftung in die Hände seines Schwagers und des Erzstiftes gab. Das Kloster erreichte um die Mitte des zwölften Jahrhundertes unter dem Probste Gerhoh die höchste Blüthe. Eugen III. hatte die Absicht, den ausgezeichneten Mann zur Befestigung des Glaubens in das ungarische und ruthenische Reich zu senden. Aber des Papstes Tod und der Groll, den der König von Ungarn gegen Gerhoh ob freimüthigen Tadels in einer von dessen Schriften hegte, vereitelten das beabsichtigte Werk. — Udalschalk von Stille und Heft, ein angesehener Ritter von edler Abkunft, hatte im Jahre 1109 zu St. Veit in der Au ein Kloster für regulirte Chorherren gegründet; da diese aber seinen Erwartungen nicht entsprachen, hob er die Stiftung wieder auf und erbaute in der freundlichen, einem Garten gleichenden Gegend zu Seitenstetten ein Benedictinerkloster Marien's und schon 1116 weihte Udalschalk's Stiefbruder, Bischof Ulrich von Passau, das Kloster ein, in welches der Stifter selbst und sein Schwager Reinprecht von Hagenau traten. Der erste Abt Leopold war aus Göttweih. — Unter den Clerikern, welche zu Garsten die Regel St. Benedicts annahmen, befand sich auch Ulrich, der später der erste Abt zu Gleink ward. Arnhelm von Glunik oder Gleink verwandelte sein Stammschloß, das auf einer ziemlich weiten Hochebene am Fuße eines Berges, eine halbe Stunde westlich vom Fluße lag, in ein Kloster. Der Sohn vollendete um 1120 die Stiftung. — Unter die wichtigsten aber von diesen Stiftungen gehören jene von Klosterneuburg und Heiligenkreuz, die sich beide an den Namen des heiligen Leopold knüpfen.

Leopold IV. von Oesterreich hob nicht wenig die Macht seines Hauses dadurch, daß er die Schwester des Kaisers Heinrich V. Agnes, die Witwe des Herzogs Friedrich von Schwaben, heimführte. Dies und der Ruf fürstlicher Tugenden, der von ihm ausging, bewirkte, daß, als mit dem Tode seines Schwagers das fränkische Kaiserhaus in männlicher Linie erlosch, unter denen, zwischen welchen anfangs die Wahl der versammelten Fürsten schwebte, auch sein Name verlautete. Aber Leopold würdigte die wahre Lage der Dinge, verbat sich die ihm zugedachte Ehre und lebte auch fortan nur seiner Gemalin, die ihm in glücklicher Ehe achtzehn Kinder gebar, und seinen Stiftungen, die er reichlich bedachte, und um derentwillen man ihn bald nach seinem Tode den „Frommen", den „Freigebigen" nannte, die Kirche aber zu ihren Heiligen zählt.

Auf dem Söller seines Schlosses — so lautet die Sage — auf dem nach ihm genannten Leopoldsberg stand der Markgraf von Oesterreich und neben ihm sein frommes Ehegemal, am achten Tage nach ihrer Hochzeit. In voller Eintracht besprachen die Neuvermälten die Gründung eines Klosters und waren nur noch unentschieden über den Ort, an welchem sie das dem Himmel geweihte Gebäude errichten lassen sollten. Mit einem

Male erhob sich ein Windstoß und nahm Agnes den Schleier vom Haupt, durch die Lüfte ihn hoch empor von dannen führend. Die junge Markgräfin war bestürzt über diesen Verlust, denn sie hielt den Schleier sehr werth, der Gatte eilte mit seinem Gefolg in den Wald, nach welchem der Wind den Schleier getragen hatte. Aber sie fanden ihn nicht. Endlich kam er in Vergessenheit und auch die damals besprochene Gründung eines Klosters, obgleich der Markgraf seiner Neuvermälten gelobt hatte, ein solches da zu gründen, wo der Schleier sich finden werde. Acht Jahre waren schon vergangen, als einst Leopold im Wald jagte; da schlugen mit einem Male an einer heimlichen Stelle die Rüden laut an, und als der Markgraf hinzukam, fand er an einem Hollunderstrauche den völlig wohlerhaltenen Schleier Agnesens hängen. Ein Wunder hatte ihn durch die lange Reihe von Jahren unversehrt bewahrt, und dies bewog den Markgrafen, sogleich zur Erfüllung seines Gelübdes Anstalten zu treffen. Und so erhob sich denn der Sage nach das Stift Klosterneuburg, während die Geschichte blos weiß, daß Leopold im Jahre 1107 daselbst Canonifer einführte, und da ihm deren Wandel mißfiel, sie 1133 durch Augustinermönche ersetzte. Der erste Probst der Augustiner-Chorherren, Hartmann, wurde von Chiemsee berufen. Der heilige Markgraf stattete sein Kloster reichlich aus. Wir wissen z. B., daß er für dasselbe von dem Stifte St. Nicolaus zu Passau eine Bibel (in drei Bänden) sammt Missale gegen jährliche freie Einfuhr eines Schiffes erkaufte. Von dem alten Bau ist nur wenig mehr zu erkennen. An der Westseite der Kirche gehört das rundbogige Portal mit den plumpen Säulen und Würfelknäusen vielleicht dem ältesten Baue an. Auch das Querschiff und theilweise der Chor sind Werke der romanischen Zeit, während der herrliche Kreuzgang Spitzbogengewölbe besitzt. —

An der Gründung von Heiligenkreuz war vor allem der gelehrte Otto betheiligt. Dieser, Leopold's dritter Sohn, war dem geistlichen Stande bestimmt. Seine Bildung in der Theologie empfing er an der hohen Schule zu Paris, lernte auf der Rückreise, als er im Kloster Morimund übernachtete, das „graue Leben" der Cistercienser kennen, trat mit fünfzehn anderen Jünglingen seiner Heimat, die gleich ihm die Bildung zu Paris genossen hatten, in den Orden und wurde (1137 oder 1138) Bischof von Freisingen. Seine Genossen aber kehrten in ihre Heimat zurück und gelangten alle zu bedeutenden kirchlichen Aemtern. Diese Erlebnisse waren der nächste Anstoß, die Cistercienser-Regel auch in Oesterreich einzuführen. Im lieblichen Thale — „Benedict liebte die Berge und Bernhard liebte die Thäler" — am Sattelbach begann sein Vater den Bau eines Klosters (1135) und Otto sandte aus Morimund eilf Priester mit dem Abt Gottschalk und dem Prior Wilhelm. Nach einer Kreuzespartikel, die Otto von seiner Reise brachte, wurde das Kloster Heiligenkreuz genannt. Doch ist die Kirche, wie alle des Ordens, der Jungfrau Maria geweiht. Der Bau des Klosters wurde erst von Heinrich Jasomirgott größtentheils vollendet und unter dessen Sohne Leopold VI. 1187 eingeweiht. Der Bau in seiner ursprünglichen Anlage, ohne Thurm — der gegenwärtige stammt aus dem 17. Jahrhundert — mit dem engen hohen langen Schiffe entspricht ganz dem vollen Ernst der Ordensregel. Denn diese gestattete nur einfache Räume; getünchte Wände, Bilder und Wandgemälde, Orgel und Opferstock hätte man in den kahlen, schwach beleuchteten Räumen vergebens gesucht, und der letztere war in der von Laien nur selten betretenen Kirche auch ziemlich überflüssig. In diese düstere Stille fiel nur durch die Bogenstellungen eines das Klostergärtchen umschließenden Hallenganges das freundliche Sonnenlicht. Ein

5

Brunnenhaus, nämlich eine an einer Seite des Kreuzganges angebaute Halle mit einer fortan sprudelnden Wasserquelle, murmelt wie leise verhallender Chor. Der Kreuzgang, einer der schönsten der romanischen Zeit, die daranstoßende Brunnenhalle und mehrere Fenster im Chore der Kirche sind mit Glasmalereien geschmückt, die noch dem dreizehnten Jahrhundert angehören und von hoher Vollendung sind. Eines der Fenster enthält Bilder der Babenberger. Wie bei allen Schildereien aus so früher Zeit sind die farbigen Glasstücke mittelst schmaler Bleistreifen dergestalt zu einem Ganzen gefügt, daß jede einzelne Hauptfarbe durch ein einzelnes Glasstück gebildet wird, die Gesichtszüge und Gewandfalten aber durch schwarze Farbe bezeichnet und eingebrannt sind.

Auch die Fenster an der Ost- und Westseite des Kreuzganges von Klosterneuburg zierten einst Glasgemälde, die nächst den im Kloster Heiligenkreuz befindlichen die ältesten im Lande sind. Gegenwärtig befinden sich dieselben als Fensterzierde in der Grab-Capelle des heiligen Leopold. Mehrere Bilder sind im Lauf der Zeiten zu Grunde gegangen. So sah man einst Markgraf Leopold dargestellt, Brote austheilend, die zwei ihm zur Seite stehende Knaben in Körben halten; der Markgraf war in ein grünes, unten mit einem Goldstreif besetztes Gewand gehüllt, den Purpurmantel um die Schultern. Nun ist dies Bildniß verschwunden. Ganz erhalten ist ein anderes Fenster, mit dem heiligen Leopold an der Spitze, der das Modell einer Kirche emporhält; die Umschrift nennt ihn „Gründer des Klosters". Dasselbe Fenster zeigt uns Agnes mit weißem Schleier, grünem Gewand und blauem Mantel, indem sie in der rechten Hand das Modell einer Kirche, in der linken ein offenes Buch trägt, auf dessen Blättern die Worte stehen: „Erbarme dich mein, o Herr, nach deiner großen Barmherzigkeit".

Einen recht tiefen Einblick in das Leben der Mönche und Nonnen in jener frühen Zeit gewährt die Schilderung, welche Irimbert von Admont bei Beschreibung einer verheerenden Feuersbrunst im Stifte im Jahre 1152 mit folgenden Worten gegeben: „Wir haben hier keine bleibende Stätte, sondern wir suchen eine zukünftige auf. Diese von dem Völkerlehrer und Apostel Paulus ausgesprochene Wahrheit hat die bei uns vorgefallene Veränderung bestätigt. Am Montag um Mitfasten hatte ich eben spät Abends an meiner Erklärung der heil. Schrift zu schreiben aufgehört, mit dem Vorsatze, dieselbe in der Freude des heil. Geistes am andern Tage wieder fortzusetzen. Da kam über mich in derselben Nacht eine ungemeine Traurigkeit, so daß ich mit Job ausrufen konnte: die Melodie meiner Lyra ist in Trauer und mein Saitenklang ist in die Stimme des Wehklagens umgewandelt worden; denn während die Brüder das erste Morgengebet in hellschallendem Psalmengesang im Chor ertönen ließen, und ich mit dem zum Schreiben mir zugetheilten Bruder in der Mariencapelle den Morgenlobgesang absang, wurden wir durch das Lärmgeschrei eines Dieners um so mehr in Schrecken gesetzt, als es etwas ungewöhnliches ist, nächtlicher Weile in den admontischen Stiftshallen ein störendes Getöse zu hören. Auf dieses wiederholte, ein Unglück ankündigende Geschrei eilten wir aus der Capelle und sahen, daß das Krankenhaus des Stiftes, von einer durch den heftigsten Wind angefachten Flamme bereits ergriffen, hell auflodere. Ich eilte in die Kirche, wo die Brüder eben insgesammt stehend und in helltönender Melodie den Psalm: ‚Was brüstest du dich in deiner Bosheit!' absangen; und als sie, durch meine gegebenen Zeichen belehrt, herauseilten, war bereits die St. Marien-Capelle von den Flammen so unwiderstehlich ergriffen, daß kaum eine Hilfe möglich war. Auf die ihnen gegebene An-

deutung unterbrachen auch die Nonnen den Mitternachtschor-
gesang, warfen sich zu Boden und begannen unter unbeschreib-
licher Thränenflut das Litaneigebet; während indessen die
Flammen die vom Erzbischof Konrad so herrlich erbaute und
mit kostbarem Marmor geschmückte Kirche, und auf der andern
Seite das Kloster selbst verheerend ergriffen. Abt Gottfried, wie
er sah, daß bereits die sämmtlichen Werkstätten des Stiftes in
Flammen standen, eilte zum Nonnenklostergebäude hin und saß
eine zeitlang an der Pforte desselben. Wie er nun sah, daß
auch dieses Gebäude den Flammen nicht werde entgehen können,
so ließ er den Stiftsprior, dem er des Nonnenklosters Schlüssel
anvertraut hatte, herbeirufen und, weil dieser in der allgemeinen
Verwirrung nicht zu finden war, die Pforte des Nonnenklosters
mit Gewalt aufbrechen. Wie nun die Frau Agnes, die Tochter
des Grafen Otto, Bruders des Bischofs von Regensburg,
unter Thränen fragte, wohin sie zu gehen hätten? antwortete
er: ‚Wohin euch die Erbarmung des himmlischen Vaters führen
wird!‘ Jedoch der Augenblick der Erbarmung Gottes war
gekommen, auf daß so viele fromme, den edelsten Geschlechtern
entstammte Jungfrauen, welche nur aus Liebe zu Gottes Sohne
sich klösterlicher Verschließung hingegeben hatten, ihre heiligen
Hallen nicht verlassen durften.“

Von der damaligen Klosterzucht gibt Irimbert folgende
Schilderung: „Das Klostergebäude der Nonnen hat nur eine
einzige Pforte, dem Altar der Kirche gegenüber. Diese Thüre
wird nur dann geöffnet, wenn entweder eine Jungfrau darein
aufgenommen wird oder eine Verstorbene zur Bestattung hinaus-
getragen werden muß. Zwei Schlüssel dazu haben die zwei ältesten Stiftspriester in ihrer Verwahrung, den dritten besitzt
innenher die Meisterin. Keiner der Stiftsbrüder, selbst der Abt
und der Prior nicht, dürfen die Thüre öffnen, außer um einer

Nonne die Beicht abzunehmen oder ihr das heilige Abendmahl und die letzte Oelung zu reichen; und auch in solchen Fällen dürfen Abt und Prior die inneren Hallen nur mit zwei Zeugen betreten. Immer sind die geweihten Nonnen beisammen, im Chor, im Speisezimmer, im Schlafsaal. Sie sprechen keinen Menschen anders, als bei einem Fenster ihres Clausur-Gebändes. Dort hält der Abt oder der Prior auch den Vorsitz ihrer Capitel-Versammlung, dort werden die religiösen Anreden oder Predigten gehalten, dort verrichten sie auch jeden Samstag wechselweise dem Abt oder dem Prior ihre Beicht und empfangen die Vorbereitung zum Genuß der heiligen Communion am folgenden Sonntag. Mit einer Nonne allein dürfen weder Verwandte noch Freunde, auch der Abt nicht sprechen, sondern immer im Beisein von zwei oder drei anderen eigens bestellten und bejahrteren Schwestern. Keine nähert sich um zu sprechen dem Fenster, ohne Erlaubniß der Meisterin, außer sie sehen den Abt anwesend, mit dem allein sie wie Töchter mit dem Vater zu sprechen wagen. Sie verrichten Winter und Sommer mit demselben Glockenschlag die gleichen Chorgebete von Mitternacht bis zum Abend wie die Klosterbrüder, sie halten mit ihnen dieselbe Fasten. In ihrer täglichen Capitel-Versammlung hält die Meisterin oder ihre Stellvertreterin den Vorsitz; und ist der Abt verhindert, an Festtagen ihnen Predigt zu halten, so sind unter ihnen selbst in Kenntniß der heiligen Schrift wundersam geübte Schwestern zu diesem Geschäft bereit. Denn da sie die geschlossenen Hallen nie mehr verlassen, nichts von weltlichen und von irdischen Eitelkeiten hören, warum sollten sie nicht Wissenschaft von göttlichen Geheimnissen haben? Ungeachtet unter ihnen Töchter der edelsten Familien sind, wetteifern sie doch unter einander in Demuth. Diesem klösterlichen Geist, Schlachtlämmern gleich, in Fasten, Wachen und Kasteiungen streng anhänglich, leben sie ihre Tage hindurch), und sterben daher auch in großer Ruh und Zuversicht. Jede Abgestorbene wird unter Thränen und Trauergesängen in die große Klosterkirche gebracht und dort in der gemeinsamen Gruft beigesetzt, wo auf einer Seite die Brüder, auf der anderen die Nonnen beerdigt liegen".

Das war das Kloster, von dem der Salzburger Erzbischof Konrad sagen konnte: es dürfte wohl kaum ein Ort am Meere und jenseits desselben sein, wo Admont's Name unbekannt wäre. Die Gewitterstürme der Zeit hatten das Leben gereinigt, die Menschen besser gemacht. Besonders im Sprengel von Salzburg und Passau war es dem trefflichen Kirchenfürsten gelungen, den Clerus in edelster Weise heranzubilden und den verglimmenden Eifer für Religion und Sitte von neuem im Volke anzufachen. Das Hauptverdienst gebührte dem Erzbischof Konrad von Salzburg, der seiner Kirche von 1106—1146 vorstand. Der gelehrte Probst Gerhoh des Klosters Reichersperg bemerkt, bezeichnend genug, in Konrad's Sprengel, der mehr als zehn Tagereisen umfasse, könne man nicht einen gemietheten oder in offenkundiger Unzucht lebenden Priester finden. Als König Konrad im Jahre 1149 in Salzburg verweilte, war er durch die Reinheit des Clerus in Wandel und Sitte dermaßen erbaut, daß er öffentlich äußerte: „er habe nie eine Geistlichkeit gesehen, welche durch Tonsur, Betragen und Geberden auf das Auge des Beobachters einen so wohlthuenden Eindruck mache, es sei ihm auch nie eine Stadt vorgekommen, die so viele fromme Menschen zähle, wie Salzburg".

7.

Der Inveſtiturſtreit in Böhmen — Vratislav der erſte König von Böhmen — Schlimme Folgen des Seniorat-Erbfolge-Geſetzes.

Der treffliche Břetislav I. von Böhmen war am 10. Januar des Jahres 1055 zu Chrudim aus dem Leben geſchieden. Der Erbfolgeordnung gemäß, die er am Sterbelager erließ, nach der ſtets der Aelteſte des ganzen Hauſes zur Herrſchaft gelangen ſollte (Seniorat-Erbfolge), folgte ihm Spitignĕv II., ſein älteſter Sohn. Die jüngeren wurden in Mähren verſorgt. Vratislav wurde mit Olmütz, Konrad mit Znaim, Otto mit Brünn ausgeſtattet; Jaromir, der jüngſte, wurde für den geiſtlichen Stand beſtimmt; doch bedachte der Vater auch ihn mit Land und Leuten für den Fall, daß der geiſtliche Stand ihm nicht zuſagen ſollte.

Spitignĕv II. wird von Cosmas folgendermaßen geſchildert: „Er war ein Mann von ſeltener Schönheit, mit pechſchwarzem Haar und langem Bart, freundlichem Antlitz, ſchneeweißen ſanftgerötheten Wangen, kurz vom Scheitel bis zur Zehe ein tadelloſer wohlgeſtalteter Mann", und an einer andern Stelle: „Er war ein kluger Mann in Gefahren, der es verſtand, nach Bedarf den Bogen anzuſpannen oder ihn nachzulaſſen". Freilich ſtimmt zu dieſem Lob nicht alles, was Cosmas von ihm erzählt. Zwar nahm er auf einem Reichstag zu Regensburg von dem deutſchen Kaiſer die Belehnung, aber bald darnach erließ er ein Edict: daß alle Deutſchen, die damals in Böhmen lebten, innerhalb dreier Tage das Land räumen ſollten. Des Herzogs eigene Mutter Judith mußte Böhmen verlaſſen und begab ſich nach Ungarn, wo ſie mit dem geblendeten und abgeſetzten König

Peter eine zweite Ehe einging. Doch war dieser Haß Spitigněv's gegen die Deutschen nicht grundsätzlich. Mit Ida von
Witin, aus dem jetzt noch in den sächsischen Linien blühenden,
einst slavischen, damals schon germanisirten Hause, lebte er in
glücklicher Ehe. Die Mönche des slavischen Ritus zwang er, das
Kloster Sazava zu verlassen und nach Ungarn zu gehen; in
Sazava zogen ein deutscher Abt und lateinische Mönche ein.

Mit seinen Brüdern lebte Spitigněv in Feindschaft, da sein
Streben dahin ging, sie der ihnen zugewiesenen Herrschaften zu
berauben. Die Brüder gaben nach, nur Vratislav nicht, der nach
Ungarn floh und sich hier, als seine erste Gemalin in Folge der
durch Spitigněv erlittenen harten Behandlung gestorben war,
mit der Tochter des König Andreas, seines Gastfreundes, Adleyta,
vermälte. Spitigněv fand es gerathen, sich mit seinem Bruder
zu versöhnen und gab ihm die Provinz Olmütz zurück.

Vratislav II. wurde nach Spitigněv's Tode, 28. Januar 1061, als Herzog von Böhmen anerkannt; denn er war
nun der älteste Přemyslide; Spitigněv's einziger Sohn Svatobor
wurde später Patriarch von Aquileja. Vratislav theilte Mähren
unter seine zwei Brüder Otto und Konrad, von denen dieser den
ebenen getreidereichen Westen, jener den fisch- und waldreichen
Osten von Mähren bekam. Jaromir, der im Ausland weilte, um
sich zum Priester zu bilden, fühlte an seinem Stand wenig Be-
hagen; er liebte Spieß und Schwert mehr denn Chorrock und
Psalter und sträubte sich gewaltig, als man ihm den schönen
Bart abnehmen wollte. Dennoch gelang es Vratislav ihn zu
beschwichtigen und ihn durch die Aussicht auf den Prager Bischofstuhl dahin zu bringen, daß er sich von dem alten Bischof
Severus zum Diacon ordiniren ließ. Doch bald bereute dies Jaromir und floh nach Polen, wo damals Boleslav II. der Kühne,
Kazimir's Nachfolger, herrschte. Mit Sorgen sah Vratislav

dem Zeitpunct entgegen, wo sein Bruder den Prager Stuhl besteigen würde, und theils um die Macht, die jenem dadurch
zufiel, zu verringern, theils wohl auch, weil die Bedürfnisse des
Landes dies wirklich erheischten, bewirkte er (um 1063) die Gründung eines eigenen Bisthums für Mähren zu Olmütz.

Als nun Bischof Severus von Prag am 9. December 1067
starb, beriefen Konrad und Otto durch eigene Boten ihren Bruder Jaromir aus Polen und hießen ihn den Soldatengürtel mit
dem geistlichen Kleide vertauschen. Vratislav aber mochte fürchten, daß der Bruder, einmal Bischof geworden, sich wider ihn mit
den Brüdern vereine, und trachtete daher das erledigte Bisthum einem gewissen Lanzo zu verschaffen, der aus Sachsen von
vornehmen Eltern stammte, gebildet, dem Herzoge ganz ergeben
und bereits Probst von Leitmeritz war. Mittlerweile kamen Otto
und Konrad mit Jaromir nach Prag und baten inständigst für
den letztern. Doch Vratislav, klug wie er war und Meister in
der Verstellung, sagte zu ihnen: „Nicht geziemt es sich, daß Einer
entscheide, wozu der Rath Aller nöthig ist. Da übrigens“, setzte
er hinzu, „bereits der größere Theil des Volkes und des Adels
an den Pässen des Landes, die nach Polen führen, versammelt steht, so werden darunter ohnehin alle diejenigen sich befinden, die von weltlicher und geistlicher Seite stimmberechtigt
sind“. So aber, meint der Geschichtschreiber Cosmas, sprach
Vratislav nur, um mitten unter seinen Kriegern, sich stützend
auf ihre Waffen, desto leichter gegen den Willen der Brüder
Lanzo auf den Bischofstuhl zu bringen. Das Lager befand sich
nahe bei Dobenin im Königgrätzer Kreise. Nachdem der Herzog das Volk und den Adel zur Versammlung einberufen, stellten sich ihm zur Seite rechts und links die Brüder, während
der Clerus und die Beamten des Landes im weiten Kreise um
sie lagerten und hinter ihren Rücken die Vladyken hatten.

Nun ruft der Herzog den Lanzo herbei und spricht: „Deine mir stets erwiesene ausgezeichnete Treue fordert und nöthigt mich zu thun, was ich eben jetzt zu thun im Begriff bin, auf daß die Nachwelt lerne, wie sie ihrem Herrn treu sein solle. Nimm hin diesen Ring und Stab und sei vermält mit der Prager Kirche, sei ein Hirt der frommen Heerde". Aber statt Beifalls hörte man Murren. Der Pfalzgraf Kojata Všeborovic hielt sich nicht länger zurück und sprach, sich zu Herzog Vratislav wendend: „Nein, nimmermehr werde ich zu solcher Wahl meine Zustimmung geben. Wie weise hat nicht Dein Bruder gesegneten Andenkens, Herzog Spitignëv gehandelt, als er an einem Tage alle Deutschen aus dem Land jagte! Für wen hältst Du Dich, daß Du Dir die Macht anmaßest, diesem hungrigen Fremdlinge Ring und Stab zu geben? So wahr Kojata Všebor's Sohn lebt, sollst Du und Dein Bischof meiner Rache nicht entgehen". In gleichem Sinn sprachen sich noch andere aus und verließen mit den drei Brüdern des Herzogs das Lager. Da tönte von allen Seiten der Ruf: „Zu den Waffen!" Der größere Theil des Heeres schlug sich zu den Brüdern und bezog einige Meilen südlicher bei Opočno ein besonderes Lager. Da gab Vratislav nach. Er lud die Brüder nach Prag, wo er den Jaromir förmlich zum Bischof ernannte. Schon am 30. Juni (1068) erhielt dieser vom König Heinrich IV. zu Mainz Ring und Stab und wurde am 6. Juli darauf vom Erzbischof Siegfried zum Bischof geweiht, wobei er den Namen Gebhard empfing.

Gebhard mangelte es an Kenntnissen und an Thätigkeit sicherlich nicht; Heinrich IV. machte ihn daher zu seinem Kanzler. Aber Stolz und unersättliche Herrschsucht verwickelten ihn und das Land in viele Gefahren. Er nahm die Vereinigung der beiden Sprengel von Prag und Olmütz wieder in Anspruch, und besetzte mit Gewalt die Burg Podivin, nahe am Einfluß der Thaja in die March, über deren Besitz die beiden Bischofssitze miteinander in Streit lagen. Im Sommer des Jahres 1071 langt er in Olmütz an und begibt sich geraden Weges zu Bischof Johann, der ihn überaus freundlich empfängt und spricht: „O hätte ich doch um Deine Ankunft gewußt, ich würde Dir ein wahrhaft bischöfliches Mahl bereitet haben". Jaromir aber entgegnet: „Zum Essen hat es Zeit; jetzt haben wir ein anderes Geschäft vor; gehen wir, ich muß in geheim mit Dir reden." Nichts böses ahnend, führte ihn Bischof Johann in sein Schlafgemach. Hier standen am Bett noch Ueberreste vom Mahl des vorigen Tages, ein Käse, etwas Quendel, auf einer Tasse eine Zwiebel und dabei ein Stückchen gerösteten Brotes. Kaum hatte Jaromir dies erblickt, als er darüber in heftigen Zorn gerieth und jenen anfuhr: „Warum lebst Du so armselig, für wen sparst Du, Du Elender, Du Bettler! Fürwahr, es ziemt sich schlecht für einen Bischof, so kärglich zu leben". Darauf packte er mit seinen beiden Händen den kleinen schwachen Bischof bei den Haaren, hob ihn in die Höhe und warf ihn wie ein Gebünde Stroh auf den Boden. Helfershelfer waren sogleich bei der Hand; der eine setzte sich ihm auf den Hals, der andere auf die Beine, während ein dritter auf ihn losschlug, sagend: „Lerne dulden, hundertjähriger Knabe, der Du widerrechtlich eines andern Schafe an Dich gerissen". Der demüthige Mönch hingegen betete, während er geschlagen wurde, sein klösterliches „Herr, erbarme dich meiner!" Jaromir lachte dazu, und als er seinen Mitbruder entehrt und mißhandelt, verließ er eiligst die Stadt und begab sich nach seinem Hofe Sekyr-Kostel bei Podiwin.

Diese Unthat seines Bruders mußte Bratislav als eine ihm selbst angethane Beschimpfung ansehen. In Rom, wo er Klage erhob, wurde die Nachricht von dem Vorfall in Olmütz mit Entrüstung vernommen. Papst Alexander II. ergriff die Gelegenheit, um den Legaten Rudolf nach Böhmen zu senden, den ersten, der hier im slavischen Norden erschien. Da Gebhard sich weigerte, auf einer Synode zu erscheinen, indem er erklärte, „nach Kirchengesetzen gehöre er vor den Richterstuhl seines Metropoliten und seiner Brüder, der Bischöfe", that ihn der Legat in Bann und als diese ungewöhnliche Maßregel große Aufregung im Volk und im Clerus verursachte, wurde der Bischof suspendirt und floh zu seinem Metropoliten, dem Erzbischof Siegfried von Mainz. Siegfried beschwerte sich in Rom über das unregelmäßige Verfahren, indem der Papst eine den Mainzerstuhl betreffende Sache vor seinen Richterstuhl gezogen. Aber dies verletzte den Papst Gregor VII., der zwei Legaten, Bernhard und Gregor, nach Böhmen entsandte, Gebhard nochmals vorlud und zugleich durch seine Boten die strengen Verordnungen gegen die Verkäuflichkeit kirchlicher Würden und die Priesterehe auch in Böhmen zur Anwendung bringen ließ. Jetzt erst beugte sich Gebhard. Er ging nach Rom und erlangte Verzeihung. Als er nun in seinen Sprengel zurückkehrte, kamen seine Getreuen ihm bis an die Grenze entgegen, um ihn zu begrüßen. Da rief Gebhard seinem Liebling zu: „Sieh doch, welchen Bart ich mitbringe, er wäre eines Kaisers würdig!" „Das ist wohl schön, o Herr", gab jener zur Antwort; „aber schöner noch, wenn du zugleich einen des Bischofs würdigen Sinn mitbringst". Gebhard bemächtigte sich nicht lange darnach der Burg Podivin wieder und Gregor VII. drohte wohl neuerdings mit dem Bann; aber auf der römischen Synode, welche im Februar 1075 abgehalten wurde, entschied er den Streit dahin, daß alles, worüber gestritten wurde, zwischen den Bisthümern Olmütz und Prag getheilt werden sollte. So wurde endlich dieser Streit beigelegt.

Im Investiturstreite ergriff Bratislav Heinrich's IV. Partei. Dies entspricht auch ganz der damals in Böhmen geltenden Sitte, wonach die Wahl des Bischofs von dem Herzog im Verein mit dem Clerus und Volk geübt wurde, der sodann der Empfang von Ring und Stab aus den Händen des Kaisers und die Weihe durch den Mainzer Erzbischof folgte. Wie un-wandelbar Vratislav II. beim Kaiser aushielt, wie kräftig er ihm gegen alle seine Feinde Beistand leistete, wurde früher er-zählt. Umgeben vom Verrath der deutschen Fürsten, beschloß denn Heinrich den treuen Böhmenherzog zu belohnen. Auf einer Kirchenversammlung zu Mainz ertheilte ihm der Kaiser die wahrscheinlich schon früher versprochene königliche Würde. Unter lautem freudigen Zurufe aller versammelten Fürsten setzte er ihm selbst die Krone auf und am 15. Juni 1086 vollzog zu Prag der Erzbischof Egilbert von Trier die feierliche Krönung und Salbung des ersten Königs von Böhmen. Vratislav selbst und Svatava, seine Gemalin, erschienen in königlichen Gewanden und als während der Hochmesse der Bischof die Handlung vollzog, rief das Volk: „Vratislav, dem böhmischen und polnischen Könige, dem erhabenen und fried-fertigen, dem von Gott gekrönten, Leben, Heil und Sieg". Die päpstliche Bestätigung der Handlung erfolgte nie. —

Ein trauriger Zwist, in den er mit seinem irregeleiteten ältesten Sohne gerieth, trübte Vratislav's Lebensende, so daß er auch in diesem Puncte gewissermaßen Kaiser Heinrich's Leidens-genosse war. Vratislav hatte unter seinen Räthen einen Hof-meier Zderad, dem er vor allen vertraute. Dieser bewog ihn, nach seines Bruders Otto Tode dessen Witwe Euphemia und Konrad zu befriegen, um so sein Ansehen in Mähren wieder herzustellen. Vratislav nahm zuerst Olmütz ein, vertrieb Otto's Kinder daraus, zog dann vor Brünn, wo sein Bruder Konrad sich eingeschlossen hatte, und belagerte es mit großer Macht. Hier aber veranlaßte der Uebermuth seines Günstlings Zderad einen neuen noch abscheulicheren Krieg.

Es hatte nämlich der Prinz Břetislav einige Jahre zuvor im Auftrag seines Vaters die Grenzen Böhmens hinter Meissen gegen die Sachsen bewacht. Indem er nun eines Tages in der Sommerhitze von einem Streifzug zurückkehrte, warf er sich in einen Fluß, um sich abzukühlen, während seine Schaar den Marsch fortsetzte und plötzlich von dem Feind überfallen wurde. Zwar errangen endlich die Böhmen den Sieg, aber er wurde mit schweren Opfern erkauft. Als nun Vratislav die Anordnungen zur Belagerung Brünn's traf und die einzelnen Schaaren auf ihre Stellungen vertheilte, bat ihn Zderad höhnend in Gegenwart Břetislav's und der Heerführer, er möchte doch den Prinzen mit seinen Zelten an die Ufer anstellen, damit er in der vorbeifließenden Svitava nach Herzenslust baden könne. Der Spott verletzte Břetislav tief. Er zog sich in sein Gezelt zurück und enthielt sich von Speis und Trank. Seine Umgebung nährte noch den Groll. Am folgenden Morgen lud er den Zderad zu einer Unterredung zu sich. Er ritt ihm entgegen, überhäufte ihn mit Vorwürfen und warf ihm endlich, sich mit seinem Pferde wegwendend, den Fehdehandschuh ins Gesicht. Auf dies Zeichen sprangen des Prinzen Begleiter herbei, hoben Zderad mit ihren Lanzen aus dem Sattel, warfen ihn zu Boden, durchbohrten ihn und zerstampften ihn mit den Hufen ihrer Rosse. Der König war im ganzen Lager vielleicht der einzige, der Zderad's Fall beweinte, wie er denn auch später an der Stelle, wo er gemordet worden, ihm ein Denkmal setzte; die Mehrheit billigte die rohe That. Břetislav zog mit seinem Anhang ab und lagerte sich hinter dem nächsten Hügel. Da trat Konrad's Gemalin, die edle und beherzte Hilburgis, vermittelnd inzwischen. Sie kam in das Lager des Königs, warf sich ihm zu Füßen und bat ihn, das Land zu schonen, dem Bruder und dem Sohne zu verzeihen. Gnädig hob Vratislav die Weinende auf, küßte sie und befahl ihr, die beiden herzuführen. Als sie nun kamen, empfing er Konrad und Břetislav mit dem Kuß des Friedens. Dem Sohn aber sagte er: „Hast du recht gethan, so wirst du selbst am besten dabei fahren; war es aber unrecht, so wird deine Sünde dich strafen". So kam es, daß Břetislav auch jetzt sich mit dem Vater nicht aufrichtig versöhnt fühlte und nur zu bald sich wieder von allen denen umgeben sah, die mit der Seniorat-Erfolge unzufrieden waren, während gerade dadurch Vratislav veranlaßt wurde, seinen Bruder Konrad in einer Versammlung der böhmischen Großen als den ältesten des Hauses zu seinem Nachfolger zu erklären. Břetislav zog nun mit 3000 Mann gegen Prag und lagerte sich am Rokytnicebache, bereit den Kampf mit dem Vater zu wagen. Da war jetzt Konrad selbst auf Vermittelung bedacht; Břetislav unterwarf sich dem Vater, doch auch diesmal nur auf kurze Zeit. Von seinem Anhang gedrängt zog er mit 2000, die ihm anhingen, nach Ungarn ab, wo er an König Ladislaus' Hofe gastliche Aufnahme fand.

Nicht lange darnach stürzte König Vratislav auf einer Jagd vom Pferde und starb am 14. Januar 1092. Sein Leichnam wurde mit allgemeiner Trauer auf dem Vyšehrad in der von ihm erbauten Collegiat-Kirche bestattet. Ein Mönch des Klosters Pegau widmet ihm folgenden Nachruf: „Vratislav war ein Regent, allen seinen Vorfahren an Macht, Ansehen und Reichthum unvergleichbar, gefürchtet vom deutschen Kaiser und allen deutschen Fürsten, und dennoch ein treuer Mitarbeiter am Reich, bewährt als treuer Freund Heinrich's IV. in vielen Nöthen und daher von ihm nicht unverdient der erste aus seinem Volke mit dem Königstitel, mit Krone und Lanze ausgezeichnet".

Unter Vratislav's Regierung wurden die geistlichen Stiftungen in Böhmen und Mähren vermehrt. Das Kloster

Opatovic an der Elbe entstand 1086 und wurde von Břevnov aus bevölkert. In Mähren, wo früher schon, 1048, Břetislav die Zellen von Raigern in eine zum Stift Břevnov gehörige Probstei verwandelt hatte, wurde 1078 von Herzog Otto das Stift Hradisch bei Olmütz gegründet. Unter demselben Fürsten blühten auch zuerst die Künste des Friedens in Böhmen empor. Der letzte Abt des slavischen Ritus im Kloster an der Sazava, Božetěch, war ein gefeierter Künstler, Maler, Baumeister und Bildschnitzer. Sein Kloster, die Kirche mit eilf Altären und alle Nebengebäude gaben von seiner Kunstfertigkeit Zeugniß. Als er einst das Unglück hatte, den Bischof Cosmas von Prag zu beleidigen, wurde ihm zur Buße auferlegt, ein Crucifix von Mannesgröße zu schnitzen und auf eigenen Schultern nach Rom zu tragen, um es daselbst in der Peterskirche niederzulegen. Auch Handel und Gewerbe blühten empor. Am Vyšehrader Thore von Prag außer der Stadt wohnten schon damals die Juden, die Geldmänner des Landes und Kammerknechte des Königs; am Poříč bestand eine Gemeinde von Deutschen. Bratislav gab ihnen freie Gerichtsbarkeit unter einem von ihnen selbst gewählten Richter, während die übrigen Bewohner der Stadt unter dem obersten Landkämmerer standen. Der Teyn in der Prager Altstadt war ein öffentlicher Kaufhof für fremde Kaufleute, mit einem ordnungsmäßig vorgeschriebenen Tarif.

Nach Bratislav bestieg sein Bruder Konrad den herzoglichen Stuhl. Das bisher von ihm selbst verwaltete Gebiet theilte er: Brünn erhielt sein älterer Sohn Udalrich, Znaim der jüngere, Lutold. Aber Konrad starb noch in demselben Jahre und nun kehrte der in der Verbannung lebende älteste Sohn Bratislav's, Břetislav II., aus Ungarn heim, um kraft des

Seniorates das Land zu beherrschen. Am 14. September 1092 hielt er seinen prunkvollen Einzug in Prag. Der Herzog — wir finden nicht, daß er irgendwie sich den königlichen Titel seines Vaters beigelegt oder darnach getrachtet — berief zum St. Wenzelsfest einen allgemeinen Landtag, wo er Maßregeln zur Vertilgung der letzten Keime des Heidenthums in Böhmen traf. Denn noch immer hing das Volk an alten hergebrachten Gebräuchen, an tausend Dingen des Aberglaubens, die ihre Wurzeln im Heidenthum hatten, und da der alte Cult im Lande selbst keine Nahrung fand, so schickten dessen Anhänger zu den Nordslaven, nach Rethra oder Arkona, um dort den Willen der Götter zu vernehmen. Břetislav befahl alle heiligen Haine in Flammen aufgehen zu lassen und alle Zauberer und Wahrsager, deren man habhaft werden konnte, aus dem Land zu treiben. Auch der slavische Ritus wurde neuerdings ausgerottet.

Gleich zu Beginn seiner Regierung gerieth Břetislav mit dem Polenfürsten in Krieg, da dieser den seit 1054 für die Abtretung von Schlesien ausbedungenen Tribut nicht bezahlte. Er fand in Polen eine Partei, die, mit des Königs Vladislav Hermann allmächtigem Günstlinge, dem Krakauer Palatin Sieciech unzufrieden, sich an den Herzog von Böhmen und das bei ihm vielvermögende Haus der Vršovice schlossen, an dessen Spitze damals Mutina und Božej standen. Obgleich nun König Ladislaus von Ungarn den Polen beistand, wurden sie dennoch besiegt, baten um Frieden, zahlten den rückständigen Tribut und verpflichteten sich zur künftigen Zahlung desselben aufs neue. Die Provinz Glatz erhielt durch den Friedensschluß Vladislav's Sohn, Boleslav Schiefmund, als böhmisches Lehen verliehen (1093). Aber bald entbrannte der Krieg von neuem. Der schwache Vladislav begünstigte auch fernerhin den Palatin

Sieciech), so daß die durch ihn beeinträchtigten Prinzen sich wider an Břetislav wandten, während König Ladislaus den Polen zu Hilfe zog. Břetislav zerstörte die polnische Veste Vrbo an der Neiße, und baute an demselben Flusse auf einem Felsen die Burg Kamenz auf. Da er hierbei ein Einverständniß der Vršovice mit den Feinden bemerkte, so verbannte er deren Häupter und zog ihre Güter ein. Mutina und Božej fanden am Hofe zu Krakau gütige Aufnahme. Den polnischen Prinzen Boleslav aber ernannte Břetislav im Jahre 1099 bei dem damals zu Saaz glänzend gefeierten Weihnachtsfeste zu seinem Schwertträger und wies ihm einen Theil des Tributes an, den dessen Vater den Böhmen entrichtete.

Um die Mitte des December 1100 befand sich Břetislav II. auf seinem Hofe zu Zbečno, wo er in den Bürglitzer Waldungen den Winterjagden oblag. Eben wollte er spät Abends am St. Thomastage (21. December) von einem solchen Ausflug in seinen Hof zurückkehren, als ein sicherer Lorek aus einem Hinterhalt auf ihn losstürzte und ihm einen Jagdspieß in den Leib rannte. „Wie ein Stern vom Himmel, so fiel der erlauchte Fürst im Walde zu Boden“, sagt Cosmas. Den nächsten Tag gab der Herzog seinen reumüthigen Geist auf. Ein Vršovic, hieß es, habe den Mörder gedungen.

Als man den sterbenden Břetislav an sein mit Lutgarde von Bayern erzeugtes gleichnamiges Söhnchen erinnerte, sagte er: „Gebt ihm mein Jagdhorn und den Wurfspieß, anderes ihm zu geben, bin ich nicht berechtigt“. In der That folgte ihm nicht dieser, sondern sein Bruder Bořivoj II., zu dessen Gunsten Břetislav die Seniorat-Erbfolge, der zufolge Konrad's Sohn Ulrich die Herrschaft gebührte, zu stürzen gesucht, und den der Kaiser, des Herzogs Bitten nachgebend, mit dem Banner von Böhmen zu Regensburg (1090) belehnt hatte. Boŕiwoj, welcher Gerbirg, die Schwester des Markgrafen Leopold des Heiligen von Oesterreich, zur Gemalin hatte, ging einer Regierung voll Unruhen und Zwistigkeiten im herzoglichen Hause entgegen. Im Jahre 1107 wurde er von dem unruhigen Theilfürsten von Olmütz Svatopluk vertrieben und mußte bei Boleslav III. Schiefmund (Krzyvousty), der inzwischen seinem Vater Vladislav Hermann († 1102) auf dem polnischen Throne gefolgt war, Schutz suchen. Von hier kam er nach Deutschland zu Kaiser Heinrich V. und bat um Hilfe. Durch glänzende Versprechungen gewonnen, sammelte der Kaiser sofort ein Heer und lud den Gegner Boŕiwoj's vor sich. Dies flößt Svatopluk Besorgniß ein; er übertrug seinem Bruder Otto den Befehl über das Heer und eilte zum Kaiser, ward aber auf dessen Befehl gefangen gesetzt. Endlich gab Heinrich den Gefangenen um 10.000 Mark Silber frei. Um sie aufzubringen, wurden die Prälaten und der niedere Clerus, Laien und Juden, der Kaufmann und Wechsler, kurz alle bis zum armen Zitherspieler herab besteuert. Der Bischof von Prag zahlte von den Einkünften seiner Kirche 70 Mark reinen Goldes und brachte durch Versetzen von fünf kostbaren Kirchenmänteln bei Regensburger Juden 500 Mark Silber auf. Aber an der von dem Kaiser verlangten Summe fehlten noch immer dreitausend Mark; in Deutschland freilich glaubte man damals, Böhmen sei ein Land, wo Gold und Silber auf allen Wegen liege. Als Bürgen für das fehlende stellte Svatopluk seinen Bruder Otto, der aber zu Heinrich's Verdrusse schon nach einigen Tagen der Haft entkam. Indeß bedurfte Heinrich, dem ein Krieg mit Ungarn bevorstand, mit Svatopluk Frieden; darum versöhnte er sich mit ihm und erließ ihm, als er kurz darnach an dessen Söhnlein Pathenstelle vertrat, den Rest jener Summe.

Der Krieg Heinrich's V. mit den Ungarn fiel in den
Herbst des Jahres 1108. Svatopluk, der dem Kaiser in diesem
Kriege zu helfen gelobt hatte, verheerte die ganze Gegend um
Trentschin bis zur Mündung der Waag. Aber ein Einfall der
Polen zwang ihn nach Böhmen zurückzukehren. Er hatte hier,
ehe er auszog, den Schutz der Grenze gegen Polen dem Vacek
und dem Vršovicen Mutina anvertraut. Auf diesem lastete der
Verdacht, mit den Polen in hochverrätherischer Verbindung zu
stehen, um Svatopluk vom Thron zu stoßen. Da beschloß der
Herzog den Untergang der Vršovice, wie ihm der deutsche
König gerathen. Westlich von Hohenmauth auf dem Vorsprung
einer Hochebene lag damals die fürstliche Burg Bratislav; ein
gleichnamiges Dorf bezeichnet gegenwärtig die Stelle. Auf dieser
versammelten sich am Morgen des 27. October die Herren und
Ritter; unter ihnen waren auch Mutina, seine zwei Söhne und
die Herren Unislav und Domaša aus dem Hause der Vršovice.
Rasch trat der Herzog unter sie und legte, von der Ofenbank
herab, den Versammelten in racheglühender Rede dar, was die
Vršovice in früherer und neuester Zeit wider die Přemysliden ver-
brochen. Als seine Rede die einen mit Staunen und Schrecken erfüllte, während die andern in wildem Beifallssturm ausbrachen, gab
der Herzog das Zeichen zum Morden. Wiederholt hatte man
Mutina gewarnt: der Herzog werde ihn entweder tödten oder
blenden. Aber er hielt dem stets seine Furchtlosigkeit entgegen.
Mit würdiger Haltung empfing er den Todesstoß; zwei Streiche
wurden nach ihm geführt, erst beim dritten fiel sein Haupt zu
Boden. In demselben Saale und zu derselben Stunde wurden
Mutina's Söhne verhaftet, Unislav und Domaša umgebracht.
Neuša, obgleich kein Vršovic, aber ihr treuer Anhänger, wurde
auf der Flucht in einem Gebüsch entdeckt, wo ihn sein Schar-
lachgewand verrieth, entmannt und geblendet. Božej saß eben

mit Gattin und Kind auf Libic beim Mittagmahle, als auch ihn
sein Schickſal ereilte. Der Burgwächter meldete, daß ein Haufe
Berittener ordnungslos durch die Ebene heraukomme: „Laſſ' ſie
herein", ſagt Božej, „ſie kommen vom ungariſchen Feldzug
zurück, mögen ſie mit Gottes Segen eintreten!" Da riß Kraſa,
einer der von dem Herzog Beorderten, die Thüre des Speiſe-
ſaales auf und trat läſternd mit gezücktem Schwerte ein. „Seid
doch ſtill", rief Božej's Sohn, „habt ihr den Auftrag, uns zu
verhaften, ſo kann es ja in Ruhe geſchehen" — und ſank durch-
bohrt zu Boden. Dem Sohn folgte der Vater. Die Burg ward
geplündert, die Todten wurden ihrer Kleider beraubt und nackt
in die Erde verſcharrt. Es war dies die Burg, auf der einſt
St. Adalbert's Brüder, das edle Geſchlecht der Slavnik, geblüht.
Adalbert's Fluch über die Vrſovice hatte ſich gräßlich erfüllt.
Die Vrſovice hatten in Böhmen viele Familiengenoſſen und
Anhänger, welche nun alle die grauſamſte Verfolgung traf. Cosmas, ein Zeitgenoſſe, bekennt, er habe nicht in Erfahrung bringen können, wie viele umgekommen wären, denn nicht an einem
Tage und an einem Orte habe das Morden ſtattgefunden. Die
einen habe man auf die Stadtmärkte geführt und dort hingerich-
tet, andere auf dem Lorenziberge (Petřin) in Prag enthauptet, viele
auf den Gaſſen und in den Häuſern geſchlachtet. Einigen ſei es
doch gelungen, nach Polen und nach Ungarn zu entfliehen. „Was
ſoll ich aber", berichtet Cosmas „von dem Tode der Söhne Mutina's ſagen, deren Ermordung jede Grauſamkeit überſtieg? Es
waren gutgeartete Knaben, von liebenswürdigem Benehmen und
ſo ſchön, wie kein Künſtler in Elfenbein und kein Maler ſie auf
der Wänd zu bilden vermöchte. Ich ſah ſie vom Henker aus
den Armen der Mutter reißen, und die zu ihr vergebens flehen-
den jämmerlich auf die Schlachtbank ſchleppen. Alle, die noch
ein Herz hatten, flohen ſich kreuzigend davon, um ein ſo gräß-

liches Schauspiel nicht mit anzusehen". Dort, wo heutzutage
Kreuznach steht, war in jener Zeit am Zusammenfluß der Nahe
und Glan ein Kloster, Disibodenberg genannt; bis dorthin drang
die böse Kunde und ein dortiger Mönch schrieb in seine Annalen
zum J. 1108: „In Böhmen wurden dieses Jahr nahe an 3000
vom eigenen Herzog umgebracht".

Wenn Heinrich V. sich so ganz ohne Erfolg aus Ungarn
hatte zurückziehen müssen, so trug Boleslav von Polen die
Hauptschuld; denn er hatte durch seinen Einfall in Böhmen den
Herzog Svatopluk zur Rückkehr in sein eigenes Land gezwungen
und so den Kaiser seines mächtigen Bundesgenossen beraubt.
Dies und der Wunsch, die alten Ansprüche Deutschlands auf
Polen zu erneuern, waren die Ursachen, warum Heinrich im
Jahre 1109 Polen mit Krieg überzog. Er rückte mit zahlreichen
deutschen und böhmischen Schaaren in Niederschlesien ein und
lagerte vor Glogau. Indessen Boleslav, der so eben einen Sieg
über die Pommern erfochten, war eilends zum Entsatz an der
Stelle und zwang den König, die Belagerung aufzuheben und den
Rückzug anzutreten. Boleslav folgte nach. Immer bedenklicher
wurde die Lage Heinrich's; schon sangen die Deutschen zu
seinem Verdruß Loblieder auf Boleslav's Heldenmuth, als die
Nachricht erscholl, der Herzog von Böhmen sei ermordet worden.
Es war an einem Dienstag, den 21. September 1109, als
Svatopluk den ganzen Tag hindurch mit König Heinrich zu
Rathe ging, wie den morgenden Tag der beabsichtigte Rückzug
anzutreten wäre. Die Unterhandlungen verzogen sich bis tief in
die Nacht. Damals befand sich im Lager ein äußerst verwegener
Mann — sein Name wird nicht genannt —, den nach Cosmas
einer der flüchtig gewordenen Vršovice gedungen, den Herzog
umzubringen. Zu diesem Ende hielt er sich unter einer breiten

Buche, die auf dem Wege stand, den Svatopluk nach Hause reiten mußte, verborgen. Kaum des Rückkehrenden, den ein großes Kriegsgefolge umgab, ansichtig geworden, sprang er aufs Pferd, mischte sich unter die Begleiter, drang bis in die Nähe des Herzogs vor und warf ihm mit solcher Gewalt einen Wurfspieß zwischen die Schultern, daß er sogleich leblos zu Boden stürzte.

Die Nachricht von des Herzogs Svatopluk Ermordung machte im Lager einen gewaltigen Eindruck; man rannte hin und her; noch in der Nacht brach ein Theil des böhmischen Heeres auf, und kehrte wieder um. Den Morgen darauf kam der König selbst, um sie zu trösten und stellte ihnen anheim, nach freier Bestimmung sich einen Nachfolger zu wählen. Sie erwählten des Ermordeten Bruder, Otto von Olmütz, der sich am vierten Tage nach erhaltener Mittheilung bereits in Prag befand. Allein Viele verwarfen die im Lager getroffene Wahl und beriefen sich auf den dem Svatopluk bei seiner Erhebung geleisteten Eid, im Falle seines Todes den Prinzen Vladislav, Bořivoj's II. Bruder, als Nachfolger anzuerkennen. Inmitten dieser Wirren erschien der vertriebene Bořivoj II., von dem Po-lenfürsten und von seinem Schwager, Wiprecht von Groitsch, un-terstützt, im Spätherbst 1109 in Prag und wurde von neuem zum Herzog des Landes ausgerufen. So hatte man nun eigentlich drei Herzoge statt eines. Allein Otto entsagte freiwillig seinen Ansprüchen und Bořivoj behauptete sich nicht lange in der wie-dererrungenen Herrschaft. Am 1. Januar 1110 stand ein vom deutschen Könige befehligtes deutsches Heer an der Grenze; Heinrich lud die beiden Thronwerber vor sich, und als sie zu Rokycan erschienen, ließ er Bořivoj in Ketten nach der Veste Hammerstein am Rhein abführen; Herzog Vladislav I. dagegen mußte geloben, den König auf der Romfahrt mit 300 wohlbewaffneten Reitern zu unterstützen.

Zwischen Böhmen und Polen entbrannte nicht lange darnach der Kampf neuerdings. Denn Wladislav's dritter Bruder
Soběslav floh mit vielen unzufriedenen Edlen nach Polen,
dessen König Boleslav ihn begünstigte. Nach einem beiderseits
mißglückten Feldzuge kam ein Damenfriede zu Stande. Der
Polenfürst hatte sich nämlich im Jahre 1110 in zweiter Ehe mit
Salome, einer Tochter des Grafen Heinrich von Berg, vermält,
deren Schwester Richsa seit kurzem Wladislav's Gemalin war;
die jüngste Schwester Sophia heiratete später (1114) Otto II.
von Olmütz. Diese Frauen mochten von ferneren Kriegen
zwischen so nahen Verwandten abrathen, und da auch Svatava,
die bejahrte Mutter der entzweiten Brüder und Tante Boleslav's, der Bischof Hermann von Prag und andere böhmische
Großen um den Frieden sich eifrig bemühten, gestattete endlich
Wladislav seinem Bruder Soběslav die Rückkehr und verlieh
ihm die Burg und das Gebiet von Saaz als standesgemäße
Ausstattung. Dieser Versöhnung folgte auch ein Friedensschluß
mit Polen, und selbst als Soběslav im Jahre 1113 neuerdings
nach Polen entfloh, wurde hiedurch das gute Einvernehmen
nicht gestört; Boleslav bewirkte vielmehr eine neue Versöhnung
der Brüder.

Bořivoj II. wurde vom Kaiser erst 1116 freigelassen und
begab sich zu seinem Schwager, dem Markgrafen Leopold IV.
von Oesterreich, bei welchem seine Gemalin und seine Kinder
während der ganzen Zeit seiner Gefangenschaft gelebt. In Ungarn war 1114 der gefeierte König Koloman gestorben; er
hatte seinen leichtfertigen Sohn Stephan II. zum Nachfolger.
Die Großen des Reiches wünschten die persönliche Zusammenkunft ihres Königs mit dem Herzog Wladislav von Böhmen
zur Erneuerung und Befestigung der freundschaftlichen Verhältnisse zwischen beiden Höfen. Sie fand im Mai 1116 an der

Grenze beider Länder, auf dem Gefilde Lucko am Grenzbache
Olsava zwischen Ungarisch-Brod und Ostrau, statt. Die Ungarn
zerstörten aber durch ihren Uebermuth das Friedenswerk; man
wurde handgemein, Otto und Sobĕslav überfielen das ungarische Lager und zwangen den König zur Flucht. Nun verband
sich Vladislav mit dem Markgrafen Leopold, der zweimal in
Ungarn einfiel und 1117 oder 1118 die Eisenburg an der
Raab einnahm. Vielleicht steht damit die Versöhnung des Herzogs mit dem Schwager des Markgrafen Bořivoj in Verbin
dung. Leider wissen wir nicht, warum Bořivoj im Jahre 1120
nach Ungarn floh, wo er am 2. Februar 1124 starb. Seine
Gemalin beschloß als Nonne in einem Kloster bei Göttweih am
23. Februar 1142 ihr Leben.

Inzwischen lag die Hand des Herzogs Vladislav I. schwer
auf dem böhmischen Lande. Cosmas sagt zum Jahre 1120: „Jetzt
lege, meine Muse, den Finger auf den Mund, und bist Du klug,
so hüte Dich, die Wahrheit zu sagen". Sobĕslav wurde neuerdings
vertrieben und floh an verschiedene Höfe, als unerwartet Vladislav
auf dem Lieblingsschlosse der böhmischen Herzoge, Zbečno an der
Mies, erkrankte und hoffnungslos auf den Vyšehrad gebracht
wurde. An seinem Sterbelager entbrannte der Zwist um die
Nachfolge aufs neue. Die einen waren für Otto, die anderen für
den verbannten Sobĕslav; welcher von ihnen der ältere war,
wird nicht angegeben. Svatava begünstigte den in der Verbannung lebenden Sohn; auch der Adel war für Sobĕslav.
Man lud ihn ein, in das Land zu kommen; er folgte dem Rufe
und hielt sich in der Nähe des Vyšehrad bereit. Die greise
Mutter vermochte es endlich über den sterbenden Herzog, daß
er von dem Bischofe Otto von Bamberg, der eben auf seiner
Rückreise aus Pommern durch Prag kam, die Tröstungen der
Kirche empfing. Dessen ausgezeichneter Rednergabe gelang es,

den Herzog mit dem Bruder zu versöhnen; Sobĕslav wurde herbeigerufen und zum Thronerben ernannt, Otto kehrte nach Olmütz zurück. Am 12. April 1125 starb Herzog Vladislav; er wurde im Benedictinerkloster Kladrau beerdigt, dem sein Vater, er und seine Gemalin so viel gutes erwiesen.

Wenige Wochen darnach verschied auch Kaiser Heinrich V. (22. auf den 23. Mai Nachts); mit ihm erlosch das fränkische Kaiserhaus.

8.

Ungarn zur Zeit des Investitur-Streites — Kämpfe um die Nachfolge.

Das Bündniß, das König Andreas mit der Kaiserin Agnes 1058 eingegangen, sahen die Ungarn nur als einen Schritt zu größerer Abhängigkeit von Deutschland an. Die nationale Partei, die bisher zu Andreas gestanden hatte, wandte sich jetzt von ihm ab und warf ihre Blicke auf den verbannten Bela. Dieser, mit Richeza, der Schwester Kazimir's von Polen vermält, fand eine kräftige Stütze an seinem Neffen Boleslav II. dem Kühnen von Polen, der eben damals den herzoglichen Stuhl der Piasten bestiegen hatte. Von ihm unterstützt kehrte Bela mit seinen Söhnen Gejsa und Ladislaus nach Ungarn zurück und sofort erhob sich aller Orten der Aufstand. Kaum daß Andreas seine Gemalin, seinen Sohn Salomo und dessen Braut Sophia, Schwester Heinrich's IV., nach Melk zu dem Markgrafen Ernst von Oesterreich senden konnte! Auch die Kaiserin Agnes flehte er um schleunige Hilfe an. Sie wurde durch persönliches und durch des Reiches Interesse geleitet, als sie im Jahre 1061 ein bedeutendes Heer, geführt von Eppo,

Bischof von Naumburg, von den Markgrafen Wilhelm von
Meißen und Ernst von Oesterreich nach Ungarn sandte; allein
es war zu spät. Das deutsche Heer geleitete den Andreas bis an
die Grenze Oesterreichs; hier aber wurde es von Bela ange-
griffen. Andreas fiel nach tapferer Gegenwehr vom Pferde und
fand im Getümmel der Schlacht den Tod; auch Eppo und
Wilhelm geriethen in Gefangenschaft, der letztere nur nach einem
Heldenkampfe, der ihm Bewunderung selbst bei dem Feinde gewann. Bis zum Abend kämpften er und Boto, der Sohn des
bayrischen Pfalzgrafen Hartwich, gegen eine weit überlegene Zahl
von Feinden; wie ein Wall umgaben sie die Leichen derer, die sie
mit ihren Schwertern hingestreckt hatten, hinter dem sie sich, rings
von Feinden umstellt, die ganze Nacht hindurch vertheidigten; erst
am Morgen, vom Hunger ganz erschöpft, streckten sie ihre Waffen.
Boto wurde von dieser Heldenthat „der Tapfere" genannt; Ungarn, erwähnt der sächsische Annalist, habe so sehr seine Kraft
fühlen müssen, daß man ihn dort leibhaftig für einen der alten
Giganten ansah. Nicht minderen Ruhm gewann Markgraf
Wilhelm. Der junge Geßia erwirkte vom Vater nicht allein, daß
dem muthigen deutschen Fürsten kein Leid geschah, sondern daß
er auch ihrem Hause verbunden wurde. Sophia, Geßia's
Schwester, verlobte sich mit Wilhelm und nur der frühe Tod
des Markgrafen hemmte die Schließung der Ehe.

Andreas wurde im Benedictinerkloster Tihany am Plattensee begraben, dessen Stifter er war. Die Königin-Witwe aber,
Salomo und seine Braut begleiteten jetzt überall den Hof der
Kaiserin. Man fühlte tief das beschämende, das für die Deutschen nach so vielen blutigen Siegen in diesem Verhältnisse lag,
und als durch die Entführung Heinrich's IV. der Kaiserin die Regierung aus den Händen gespielt war, da wurde 1063 auf dem
Reichstage zu Mainz ein Kriegszug gegen Bela zur Wieder-

einsetzung Salomo's beschlossen. Alles drängte sich zu den Waffen, um den jungen König auf seiner ersten Heerfahrt zu begleiten.
Vergebens erbot sich Bela, durch den Ruf dieser Rüstungen
geschreckt, die Krone niederzulegen und sich mit der Macht zu
begnügen, die er zu Zeiten seines Bruders gehabt; vergebens
bot er seinen eigenen Sohn Gejsa als Geisel dafür an. Im September 1063 nahte sich das deutsche Heer, befehligt vom Herzog
Otto von Nordheim, der für den tüchtigsten Führer galt, den
Grenzen Ungarns; inmitten derselben befanden sich der König
Heinrich, seine Schwester Sophia und deren Bräutigam. Schon
waren die Deutschen bis Myßburg (jetzt Wieselburg) vorgedrungen und hatten es eingenommen, als Bela plötzlich starb; Gejsa,
Bela's Sohn, ergriff die Flucht, sein Heer ergab sich den Deut-
schen, und Herzog Otto führte den jungen Salomo nach
Stuhlweißenburg, wo in Gegenwart des deutschen Königs
Krönung und Huldigung stattfand. Die Mutter Salomo's
schenkte dem Herzoge das Schwert, mit dem einst Attila zum
Werkzeug des göttlichen Zornes geworden. Ein Hirte, so ging
die Sage, hatte es damals auf der Weide gefunden, wo sich das
grasende Rind daran verwundet; er brachte es Attila, dem seine
Seher verkündeten, daß dieses Schwert vom Schicksal zum
Untergange des Erdkreises und zum Verderben vieler Völker
bestimmt sei. Man schrieb dem Schwerte die Eigenschaft zu, daß
es seinem Besitzer Verderben bringe. Otto gab es Dedi, dem
Sohne des gleichnamigen Markgrafen von Meißen, der bald
darauf ermordet wurde. Dann kam es an den deutschen König,
von diesem aber an seinen Liebling Liutpold von Merseburg,
der vom Pferde stürzte und sich dabei das Schwert in den Leib
stieß. —

In diesen heißen Kämpfen der Deutschen mit den Ungarn
reifte das Nibelungenlied, das voll Erinnerungen an die-

selben ist. In der That, wenn die hellen Schaaren unter dem deutschen Könige, der nun auch die burgundische Krone trug, die Do-
naustraße hinab zu mancher blutigen Hochzeit zogen und von den
Lippen der Krieger uralte Lieder schallten, von König Etzel und
seiner Frau, die ihre treulosen Verwandten zum schlimmen Feste
lud, und wie sie alle erschlagen wurden und dennoch in dem alten
Dietrich von Bern ein Rächer erstand — waren sie da nicht
selbst Burgundenrecken, und flossen nicht wie von selbst Sage
und Wirklichkeit wunderbar in einander? Das Meerweib, das
dem Hagen erscheint und des Caplans Gestalt, wen mahnen sie
nicht an das finstere Gespenst, das dem Bischofe Bruno vor
Persenbeug sein nahes Ende verkündet, und jener Boto und
Wilhelm, die allein noch bis zum Abend, von einem Leichenwalle
umgeben, der drängenden Ungarn sich erwehren und dann erst nach
bitterer Waffennacht ermattet die Waffen strecken, wer sind sie
anders als Günther und Hagen, die beiden Trosten der Nibe-
lungen, die endlich allein, im Blut bis an die Knie, im Saale
stehen? Der Brand von Hainburg erinnert an die Feuertaufe
der Burgundenrecken und jenes dem Otto verehrte Schwert an
Siegfried's Waffe Balmung. In der Geschichte wie im Liede spielt
der Markgraf des Donaulandes die Vermittlerrolle, und so kann
es kein Wunder nehmen, wenn die herrliche Sage in der Ostmark lebendig war, und der schöne Günther von Bamberg, der
aus Oesterreich stammte, auf der Schulbank lieber von Etzel
und Amelung, als von Gregor dem Großen und Augustin las.

Aber es kamen nun böse Zeiten, in denen kein Nibelungen-
recke mehr die Donau abwärts fuhr und kein deutscher König
seinen gnadenreichen Schritt in dieses Grenzland lenkte. Und als
dann die schlimmen Tage vorüber waren, sah man von den Burgen des Landes aus von neuem die hellen Schaaren der Donau-
straße nach Osten folgen. Aber es ging zu keinem Hunnenkriege

mehr. Sie zogen im Sold des himmlischen Königs, dem sie die Ehre gaben und dessen Zeichen sie auf den Schultern trugen. Eine Idee hatte sie alle mächtig ergriffen. Gar mancher verwandelte sein Schloß in ein Kloster, und wer dies nicht vermochte, der legte statt des Panzers das härene Bußgewand an und folgte dem Zuge. Abseits der Heerstraße zog der arme sündenbeladene Pilgrim einher, mit Stab und Muschelhut, um fern, fern in das Land zu ziehen, wo er die irdische Ruhe, mancher auch die ewige fand.

König Heinrich IV. hatte Ungarn nicht lange verlassen, als Bela's Söhne, Gejsa, Ladislaus und Lambert, von Boleslav dem Kühnen unterstützt, in Ungarn einbrachen und Salomo angriffen; es kam aber zu einem Vergleich, wornach Salomo die Krone behielt, jene dagegen als Herzoge einige Landstriche an der Theiß erhalten sollten. So lebte der König bis 1074 mit seinen Vettern in Frieden. Als er aber dem einen derselben, Gejsa, die Abtretung der den Griechen entrissenen wichtigen Grenzfestung Belgrad versagte, schloß sich dieser dem byzantinischen Kaiser mit Klagen an, während sich Salomo an den päpstlichen Stuhl wandte. Nicht ungern sah sich Gregor VII. in diesem Streite zum Schiedsrichter aufgefordert und machte die Ansicht geltend, daß Ungarn ein päpstliches Lehen sei, daß aber Salomo die Rechte des heiligen Peter verkürzt habe, indem er sein Reich von dem deutschen Könige zu Lehen genommen. Daher zeigte sich der römische Stuhl dem Gejsa ungemein gnädig, indeß Salomo den deutschen König um Hilfe bat. Er möge eingedenk sein, ließ er ihm sagen, ihrer Verwandtschaft, eingedenk ihrer von Kindheit an gemeinsam verlebten Jugend. Und da diese Bitten auf den mit seinen eigenen Angelegenheiten beschäftigten Heinrich IV. keinen erheblichen Eindruck machten, bot ihm

Salomo sechs der festesten Städte von Ungarn als Pfand an.
Zwar erschien nun im October 1074 Heinrich an der Reptze in Ungarn mit seinen eigenen Dienstmannen, an die sich Ernst, Markgraf von Oesterreich, und Sieghart, Patriarch von Aquileja, an-
schlossen, wurde jedoch durch Mangel an Lebensmitteln zur
Umkehr gezwungen. Salomo und Gejsa aber setzten den Krieg
noch fort, bis jener geschlagen nach Wieselburg und von da
nach Preßburg floh, während Gejsa zu Stuhlweißenburg die
Krönung mit jenem goldenen Reifen empfing, den ihm der griechische Kaiser Michael Ducas zugesandt hatte. Dennoch war
Gejsa bereit, die Hand zum Frieden zu bieten. In einer Versammlung der Bischöfe und Aebte erbot er sich, zwei Drittel
des Reiches an Salomo zurückzugeben und sich mit dem einmal
angenommenen Königstitel und dem ihm als Herzog gebührenden Theile zu begnügen. Doch Gejsa starb plötzlich (1077), noch
ehe dieser löbliche Entschluß erfüllt worden war.

Ohne auf Salomo Rücksicht zu nehmen, wurde Ladislaus, Bela's zweiter Sohn, der sich durch Schönheit, Kraft und
Adel hervorthat, zum König erhoben, wenn er sich auch bis zur
gehofften Ausgleichung mit Salomo nicht krönen, sondern blos
die Krone vor sich hertragen ließ. Die Magnaten verhinderten
die Versöhnung und Salomo stellte seinem Verwandten sogar
nach dem Leben, bis er gefangen und auf das Bergschloß Wiss-
segrad unweit Waizen in Gewahrsam gebracht wurde. Damals
verordnete der Papst, um in Ungarn das kirchliche Leben zu
kräftigen, die Leiber der heilig gesprochenen Könige Stephan
und dessen Sohnes Emmerich zu erheben. Ladislaus berief die
Bischöfe, Aebte und Magnaten des Reiches nach Stuhlweißenburg (1081) und stieg nach dreitägigem Fasten mit ihnen hinab
in die Gruft. Aber man vermochte den Deckel nicht von dem
Grabe zu heben. Es lebte damals neben der Kirche des Erlösers

zu Bukau Zumloj eine Klausnerin, Namens Caritas, die weithin im Geruche der Heiligkeit stand; diese erklärte, nicht früher werde dieses Vorhaben gelingen, als bis der Zwist Salomo's und Ladislaus' werde behoben sein. Ladislaus entließ nun seinen Verwandten der Haft, versöhnte sich mit ihm und siehe, der Grabdeckel ließ sich wegheben, als hätte er sein ganzes Gewicht eingebüßt.

Aber Salomo's Versöhnung war nicht aufrichtig gemeint. Er floh zu dem Kumanen-Chan Kutesk, den seine Siege über Bulgaren und Griechen reich und weithin gefürchtet gemacht hatten, und gewann denselben durch das Versprechen, seine Tochter zu ehelichen und ihm Siebenbürgen abzutreten, zu seinem Bundesgenossen. Mit zahlreichen Horden fiel Kutesk in Ungarn ein, verwüstete und plünderte alles Land nördlich bis Munkács, bis er bei Ungvár auf Ladislaus' Kriegsmacht stieß und geschlagen und geschreckt aus dem Lande floh (1086). Im folgenden Jahre erlitt Kutesk, mit dem Petschenegen-Chan Tzelgu verbündet, bei Kule eine Niederlage gegen die Griechen; Salomo, der sich in Kutesk's Heere befand, wurde umzingelt, schlug sich aber durch und entfloh über die Donau. Sein Ende ist zweifelhaft. Daß er im Verlaufe des Kampfes seine Gemalin nach Admont gebracht, er selbst, nachdem er eine zeitlang hilflos herumgeirrt, nach Stuhlweißenburg gegangen, wo er an dem Eingang der Kirche von dem ihn erkennenden Bruder als Bettler Almosen empfing, und endlich in Pola, am weiten Meere, sein Leben in Armuth und Buße beschlossen, indeß seine Gattin alle Bewerbungen fern hielt und als Nonne, wie eine Heilige starb, ist eine Sage, die zum Theil auf Verwechslung beruht. Sophia, Heinrich's IV. Schwester und Salomo's Witwe, vermälte sich vielmehr zum zweiten Male mit Wladislav Hermann von Polen.

Nach des kinderlosen Zvonimir Tode, dem Gregor VII. (1076) die Königskrone verliehen, eroberte Ladislaus (1091) als Schwager desselben Croatien auch über die Berge hinaus und stiftete, „um durch bischöfliche Sorge die von der Verehrung Gottes zum Götzendienste Abgefallenen wieder auf den Weg der Wahrheit zu leiten", das Bisthum zu Agram (1093—94), wo er den Böhmen Duh zum ersten Bischofe bestimmte, als ihn ein neuer Einfall der Kumanen von seinen Eroberungen nach Ungarn zurückrief. Dieses wilde Volk war unter Kopulch eben damals verheerend in Siebenbürgen eingebrochen und streifte bis an das linke Ufer der Theiß. Ladislaus besiegte sie. Die Gefangenen wurden getauft und in das Innere von Ungarn, zwischen Theiß und Donau, verpflanzt; Kopulch aber und eine Schaar fanatischer Heiden wiesen das dargebotene Kreuz zurück und fielen im Kampf für den Glauben der Väter.

Von allen Ungarn benachbarten Fürsten geschätzt oder gefürchtet, wandte der treffliche König sein Augenmerk auch dem Gange der inneren Entwickelung Ungarns zu und faßte auf einer Synode zu Zabolcz (im Juni 1092) mit seinen Bischöfen, Aebten und weltlichen Großen jene Beschlüsse, die als „Ladis= laus'Decret" von nun an einen Theil des ungarischen Rechtes bilden. Die Bestimmungen sind fast nur kirchlichen Inhalts und schließen sich in Stoff und Form meist den fränkischen Synodal-Beschlüssen und Capitularien an. Zum ersten Male in diesen Decreten erscheint der Palatin. Ladislaus starb am 30. Juli 1095 und wurde 1198 heilig gesprochen. Einer späteren Nach-richt zufolge hatten die Fürsten des ersten Kreuzzuges ihn ersucht, die Leitung des Pilgerheeres zu übernehmen. Aber sein unerwarteter Tod machte den Plan zu nichte.

Ihm folgte der Sohn seines Bruders Gejsa, Koloman (Kalmani), als König. Dieser hatte seinen Bruder, den Herzog

Almus zum König von Croatien wählen lassen, der jedoch, mit seiner Stellung unzufrieden, einen Aufstand hervorrief, in dessen Folge Koloman in der Kirche zu Belgrad am Meere sich selbst zum Könige krönen ließ. Zwar suchte er seinen Bruder für den Verlust durch den dritten Theil Ungarns schadlos zu halten, aber Almus war auch damit unzufrieden und floh nach Deutsch- land zu Heinrich V. In diese Zeit fallen die Vorläufer des ersten Kreuzzuges. Die nicht unverschuldeten Neckereien, denen die Kreuzfahrer auf dem Zuge durch Ungarn ausgesetzt waren, zu rächen und den Herzog Almus nach Ungarn zurückzuführen, waren die beiden Gründe zu dem erfolglosen Kriegszuge, den König Heinrich V. 1108 gegen die Ungarn unternahm. Almus, der einsah, daß ihm der Augenblick ungünstig sei, trat eine Wall- fahrt nach Jerusalem an.

Nachdem einmal die Könige Ungarns über Croatien herrschten, lag es nahe, an die Eroberung von Dalmatien zu denken. Koloman ersah hiezu den günstigsten Augenblick, als die Flotte Venedig's, das über diese Küste gebot, eben in Palä- stina weilte, um die Kreuzfahrer zur See zu unterstützen, und die Inselstadt selbst mit Elementarereignissen kämpfte. Koloman nahm Spalato ein, zwang die Bewohner ihm einen festen Thurm an der östlichen Ecke der Stadt zu überlassen, unterwarf Trau und Zara (1105), bis der heilige Bischof Johannes von Trau zuletzt den Frieden vermittelte. Zum Andenken daran ließ der König einen Thurm der heiligen Maria er- bauen und mit einer passenden Inschrift versehen. Ueberall gelobte indeß der König, die Rechtsgewohnheiten der Städte zu achten, zumal in Spalato, das bis auf jenen Thurm vollkommen frei blieb.

Almus kehrte von seiner Wallfahrt verbittert zurück und trat in das von ihm erbaute Kloster Dömös, wo er eine Verschwörung gegen Koloman ersann, die dieser an Almus und dessen fünfjährigem Knaben Bela durch Blendung und Haft in jenem Kloster vergalt (1113). Bald darauf wurde der König selbst von unerträglichem Kopfschmerzen heimgesucht. Sein ita⸗ lienischer Leibarzt, Draco, legte ihm, nach Art der damaligen Heilkunde, ein beißendes Pflaster auf das Ohr, das ihm größere Qualen verursachte, als die Krankheit selbst. Der König riß das Pflaster herab und zeigte es dem Grafen Otmar, der den aus⸗ strömenden Eiter für ausfließendes Gehirn ansah und den König an sein nahes Ende erinnerte. Koloman bangte, daß sein Sohn Stephan durch den geblendeten Almus um die Krone gebracht werden könnte. Er berieth sich mit einigen Vertrauten und sendete nach Dömös, um Almus umzubringen. Aber die Mönche schützten diesen; unverrichteter Dinge kehrte der Abgeschickte heim und verunglückte in den Wäldern von Pilis mit dem Pferde. Unterdessen war König Koloman (4. Februar 1114) aus dem Leben geschieden. Seine erste Gemalin, die sicilische Busilla, hatte ihm zwei Söhne, Ladislaus und Stephan, ge⸗ boren; jener starb vor dem Vater. Seine zweite Gemalin, die Tochter des Fürsten Vladimir Monomach von Kijev, welche er als der Untreue verdächtig verstieß, brachte in Rußland, wohin sie floh, den Prinzen Boris zur Welt und starb 1116 als Nonne.

Koloman's Regierung wird von den Ungarn nicht mit Unrecht gepriesen. Denn nicht nur durch Eroberungen hat er geglänzt; er schließt sich durch seine Gesetzgebung den großen Vorgängern Stephan und Ladislaus an. Aber die nach ihm genannten Decrete unterscheiden sich von denen der beiden an⸗ deren großen Gesetzgeber dadurch, daß sie die Privatarbeit eines gleichzeitigen Geistlichen Alberich sind, der seine Zusammenstel⸗ lung dem Erzbischofe Seraphim von Gran († 1096) widmete. Der Verfasser gehörte wahrscheinlich den aus Frankreich einge⸗

wanderten Cistercienfern an, für welche Ladislaus im Jahre 1091 die Abtei des heiligen Aegidius zu Szümegh im Szalader Comitat gestiftet hatte, deren beständiger Verkehr mit der Abtei Saint Gilles in Languedoc sich urkundlich nachweisen läßt.

Das sehr jugendliche Alter Stephan's II. benützte der venetianische Doge Ordelafo Falieri, um der ungarischen Schutzherrschaft über die dalmatinischen Seestädte ein Ende zu machen, und wurde in diesem Streben von dem deutschen und dem griechischen Kaiser begünstigt. Zara, Sebenico, Trau und ein Theil des am Meere gelegenen Croatien kehrten unter Venedigs Herrschaft zurück. Der Doge lief triumphirend in die Inselstadt ein und legte sich wieder den Titel Herzog von Dalmatien und Croatien bei. Aber bei der Erneuerung des Krieges (1117) verlor Falieri sein Leben und sein Nachfolger (1118) Dominicho Michiel schloß mit Stephan II. auf fünf Jahre Waffenstillstand, wonach den Venetianern ein Theil von Dalmatien blieb. Auch Stephan bedurfte den Frieden wegen seiner Mißhelligkeiten mit Vladislav II. von Böhmen und mit Leopold IV. von Oesterreich.

Auch Rußland zog Stephan's Blicke auf sich, wo damals der Großfürst Vladimir Monomach alle kleineren ruthenischen Fürstenthümer an sich zu ziehen trachtete. Vladimir Monomach begann damit, daß er den Theilfürsten Jaroslav, Schwager des Polenfürsten Boleslav III. Schiefmaul, vertrieb. An Boleslav's Hofe lebte ein angesehener Mann, Peter Vlast oder Peter von Skrzyn genannt, angeblich als Jüngling aus Dänemark gekommen, nun aber bei dem Herzog im Besitz des vollsten Vertrauens. Dieser rieth seinem Herrn zur List. Er ging mit dreißig zuverläßigen Begleitern nach Haliez, stellte sich hier als vertriebenen und erbitterten Feind des Polenherzogs dar, und gewann hiedurch so wie durch persönliche Tüchtigkeit rasch des Fürsten Gunst und Vertrauen. Eines Tages ziehen beide in die Wälder zur Jagd. Bei eifriger Verfolgung des Wildes sieht sich der Fürst plötzlich vereinzelt im Walde und nur Peter Plast und die Seinigen bleiben in dessen Nähe. Plötzlich fallen sie über ihn her, binden ihn und führen ihn gefangen nach Polen. Nur gegen großes Lösegeld wird er aus der Haft entlassen. Aber ein zweiter Versuch, den Boleslav 1121 machte, den vertriebenen Schwager in sein früheres Fürstenthum Vladimir einzuführen, mißglückte und Jaroslav suchte nun in Ungarn am Hofe Stephan's II. Hilfe. Dieser gewährte sie, aber vor der Stadt Vladimir, die Andreas, des Großfürsten Sohn, entschlossen vertheidigte, wurde Jaroslav, der sich den Mauern unvorsichtig näherte, von zwei aus einem Hinterhalte hervorstürzenden Männern erschlagen. Sein Tod veränderte die Lage der Dinge. Nun begehrte das ungarische Heer drohend die Rückkehr, und da auch für die Polen in Stephan's Heer der Hauptgrund ihrer Unternehmung mit Jaroslav's Tode hinwegfiel, gaben die Verbündeten die Belagerung auf und kehrten jeder in seine Heimat zurück.

Wahrscheinlich auf diesem Zuge lernte Stephan seinen Halbbruder Boris kennen, dessen Schicksal ihn rührte und dem er, als Boleslav von Polen demselben seine Tochter Judith vermälte, das Zipserland anwies. Als nun nach Vladimir's II. Tode die Söhne des Przemysler Fürsten, Rostislav und Vladimirko, in Streit geriethen und letzterer in Ungarn Hilfe suchte, eroberte Stephan 1127 Rostislav's Gebiet Przemysl für sich und führte den Vladimirko in den Besitz von Svenigorod ein. Da auch diesmal der Ungehorsam der Großen ihn zur Rückkehr gezwungen, hielt er strenges Gericht. Unter denen, die seiner Rache entflohen, befand sich Herzog Almus,

sein Oheim, der an dem byzantinischen Hofe die freundlichste
Aufnahme fand. Denn seine Schwester Piroska — als Kaiserin hieß sie Irene — war Johann's des Kumanen Gemalin,
die durch ihre Frömmigkeit die Griechen entzückte; „alles", sagte
einer von ihnen, „was sie von ihrem Gemal oder von des
Reiches Einkünften bekam, legte sie nicht ihren Kindern bei
Seite, noch wandte sie es auf eitlen Putz, sondern sie spendete
zeit ihres Lebens Almosen davon. Auch ein Kloster hat sie zu
Constantinopel zu Ehren des Allmächtigen erbaut, von den
prächtigsten eines". Stephan's Verlangen, den Almus aus
dem griechischen Reiche zu verweisen, wurde zurückgewiesen.
Da rächte sich Stephan (1128) durch einen Einfall in Johann's
Reich und durch Schleifung von Belgrad, dessen Mauersteine
zu Wasser auf die syrmische Seite geschafft wurden, um aus
ihnen Semlin zu erbauen. Als Krankheit den König zur Rückkehr zwang, gelang es dem Kaiser das fruchtbare Land an der
Mündung der Save, welches die Griechen Franco-Chorion
(Frankenland) nannten, zu erobern. Aber die Wiedereinnahme
von Branizova, wo Johannes eine Besatzung zurückgelassen, durch
die Ungarn machten wieder alle Erfolge des Kaisers zu nichte. Da
inzwischen Almus gestorben war, zeigten sich beide Theile zu
einem Friedensschlusse geneigt. Er wurde auf der Bodroger
Insel geschlossen.   •

König Stephan war kränklich und kinderlos. Dies mahnte
ihn um so mehr, an die Zukunft des durch seinen Tod verwaisten
Landes zu denken. Es war die Wahl zwischen Boris und Bela,
dem blinden Sohne des Almus, der in der Abtei St. Benedict
zu Pécs-Várad im Verborgenen lebte. Der König, gemüthlich
von Natur und erfreut, dem unglücklichen Jüngling die Grau-
samkeit des Vaters vergüten zu können, ließ den zwanzigjäh-
rigen Bela an seinen Hof kommen und stellte ihn den Magnaten

als seinen Nachfolger vor. Er wies ihm Tolna zum Wohnsitz an, gab ihm einen fürstlichen Hofstaat, vermälte ihn mit Helena, Tochter des ihm befreundeten Fürsten Uros von Serbien, und erlebte noch die Freude, aus dieser Ehe einen Sohn, Gejsa, geboren zu sehen. Vergeblich nahm sich Boleslav III. von Polen seines Schwagers Boris an, den man in Ungarn für einen Bastard hielt; er mußte sich mit dem Fürstenthum Prze-mysl begnügen. Wieder erkrankte Stephan; diesmal ernster denn je. Stephan hatte neue Schaaren der von den Byzantinern geschlagenen Kumanen in sein Reich aufgenommen und ihnen fruchtbare Gegenden (jetzt Klein-Kumanien) zu Wohnplätzen angewiesen, dadurch aber die Ungarn verletzt. Kumanische Günst-linge klagten an seinem Sterbelager über Gewaltthätigkeiten, die sie von den Eingebornen zu erdulden hätten. Erzürnt schwur der König, daß er, sobald er genesen, für jeden erschlagenen Kumanen zehn Ungarn wolle tödten lassen. Die Drohung blieb unerfüllt: denn der König starb im April 1131, nachdem er das Mönchskleid angelegt hatte. Er wurde zu Großwardein begraben.

Bela II. der Blinde wurde ganz von seiner Gemalin gelenkt. Die leidenschaftliche herrschsüchtige Serbin, die, mit dem Gemale zugleich gekrönt, ihn bald darauf mit einem zweiten Sohne beschenkte, sann auf nichts, als wie sie an denen Rache nehmen könnte, die dereinst ihren Gatten des Augenlichtes be-raubt. Als daher zu Arad ein großer Landtag abgehalten wurde, trat sie, schön und majestätisch, mit ihren beiden Kindern in die Versammlung, deutete auf den blinden König hin und forderte die Anwesenden auf, an jenen, die den Frevel ersonnen und vollführt, blutige Vergeltung zu üben. Alsbald wurden viele der Vornehmsten im Reiche ergriffen und grausam hin-gerichtet. Es war dies ein höchst unkluger Schritt; denn viele, die sich schuldig fühlten, entflohen und schlossen sich Boris an, der Ansprüche auf die Krone erhob. Daraus entstand ein Krieg, der sich bis 1135 hinzog und an dem Böhmen für Bela II., Polen für Boris theilnahm. Auch Leopold der Heilige, dessen Sohn Adalbert mit Bela's Schwester Hedwig vermält war, wurde in den Streit gezogen, den endlich der deutsche König Lothar beilegte.

Noch inniger wurden Bela's Beziehungen zu Lothar's Nachfolger Konrad III., der für sein zweijähriges Söhnlein Heinrich um Sophia, die neunjährige Tochter Bela's und Helena's, warb. Das Osterfest 1139 feierten die deutschen Abgeordneten bei Bela, fanden Gewährung ihrer Bitte und wurden mit reichen Geschenken entlassen. Am 11. Juni — am Pfingstsonntage — ging an Bela's Hofe die feierliche Uebergabe der jugendlichen Braut an die aus Deutschland gekommene glänzende Gesandtschaft vor sich. Der König ließ einen Reliquienschrein des St. Blasius bringen, hob darauf sein Töchterchen und sagte zu den Gesandten: „Seht, meine Tochter übergebe ich euch in Gottes Namen mit ihrem Schutzheiligen". Dann trennte sich der blinde Vater unter Segenswünschen von dem geliebten Kinde und gab eine Ausstattung mit, an welcher viele Lastthiere zu tragen hatten. Die Brautfahrt ging durch das Murthal an Grätz vorüber; es kam aber Befehl von Konrad, das Königskind bis auf weiteres im Jungfrauenstifte zu Admont mit zwei Gespielinnen zu lassen und nur die schöne Ausstattung an den Hof zu bringen. Heinrich, der ihr zugedachte Bräutigam, starb und so blieb die Königstochter im Kloster.

Zwei Jahre darauf (1141) starb Bela II. Er hatte seinem erstgebornen, Gejsa, Ungarn sammt Croatien und Dalmatien, dem jüngsten, Stephan, die syrmische Provinz, dem mittleren,

Ladislaus, das von Serbien abgesonderte südliche Bosnien bestimmt, welches Urosch, des Königs Schwiegervater, zu seines Enkels Gunsten abgetreten und nach welchem Bela schon seit 1138 den Titel eines Königs von Rama — dies war des Landes früherer Name — angenommen hatte.

König Gejsa argwohnte, seine Schwester Helena werde wohl gar mit Gewalt von den Vorstehern des Klosters Admont zurückgehalten; darum sandte er einen seiner Verwandten mit großem Gefolge dahin und ließ sie zurückfordern. Der Abt Gottfried, ein erfahrener würdiger Mann, kam mit dem ungarischen Abgesandten überein, daß die Entscheidung Sophien selbst überlassen bleiben sollte. Sie traten in die Vorhalle der Kirche vor die Pforte des Jungfrauenklosters. Die Boten, die Mönche und Brüder, das Volk stehen ringsum erwartungsvoll. Die Pforte wird geöffnet, Sophia tritt, von den frommen Schwestern umgeben, hervor. Da fällt ihr Blick auf eine lachende Welt; das liebliche Thal liegt vor ihren Füßen, majestätische Felsenketten ragen rings um sie empor. Die Königstochter tritt auf die Schwelle: „Heilige Maria", ruft sie, den Blick gegen Himmel, „meine Beschützerin, Mutter des Herrn, meines himmlischen Bräutigams, blicke herab! Unter Deinem Schutze, von Dir geleitet, trete ich über Deine Schwelle, unter Deinem Schutze bin ich entschlossen, über dieselbe zurückzukehren. Dir empfehle ich mich, Jungfrau der Jungfrauen! Und Du, o heiliger Blasius, Märtyrer Christi, Beschützer von Admont, Herr und Beherrscher dieses Ortes, der Du mich, als mein Vater mich Dir anempfahl, als Fremdling unter Dein Dach aufgenommen, Dich bitte ich flehentlich, verlaß mich nicht!" Sie weinte, die Jungfrauen weinten mit ihr, Mönche und Brüder, auch die Gesandten standen gerührt und stumm, letztere die ihr bestimmten Kleinodien und Gewänder tragend. Dann

kehrte sie in ihre stille Behausung zurück, den Gesang anstim-
mend: „Das Reich der Welt und allen irdischen Schmuck ver-
achte ich", in den die Umgebung einfiel. Die Gesandten weih-
ten die Geschenke dem Kloster und auch der König wurde be-
sänftigt. Sophie aber starb im Kloster am 15. October eines
unbekannten Jahres.

9.

Fortgesetzte Nachfolgestreitigkeiten im Herzogthum Böhmen.

Vier Tage nach Herzog Vladislav's Tode, am 16. April
1125, bestieg den böhmischen Fürstenstuhl Soběslav I., ein
Mann von so trefflichen Eigenschaften, daß ihn der Domherr
Vincenz von Prag in seiner Chronik „Vater des Vaterlandes"
nennt. Durch diesen Vorgang sich verletzt fühlend, floh Otto II.,
Theilfürst von Olmütz und Brünn, zu dem deutschen Könige
Lothar, der in dem Benehmen der Böhmen, die den Soběs-
lav frei auf den Herzogstuhl erhoben hatten, eine Verletzung
der Rechte des Reiches erblickte. Dem aber hielt Soběslav
sein gutes Schwert entgegen und entflammte die nationale
Begeisterung, indem er aus der Kirche Vrbčan im Kaurimer
Kreise die Fahne des heiligen Adalbert erhob, auf dem
St. Wenzelsspeere befestigte und als Kriegsbanner durch
einen geharnischten Priester dem Heere, als dieses noch . im
Winter im Thale bei Kulm sein Lager schlug, vorzutragen
befahl. Hier kam es zur Schlacht. Am 18. Februar 1126 stieß
Otto mit seiner Schaar auf Soběslav's Mannen. Ein tiefer
Schnee hatte die Deutschen ermüdet, mancher hatte die schweren
Waffen von sich gethan, als die noch ungeschwächten böhmischen

Streiter den Angriff begannen. Das Treffen war blutig, die Niederlage der Deutschen vollständig. Otto lag todt auf dem Schlachtfelde und Lothar, der sich selbst bei dem Heere befand, ward eingeschlossen und zu einem Vergleich mit seinem Gegner gezwungen,
welcher endlich das Verhältniß Böhmens zu dem deutschen
Reiche regelte. Künftighin, so lautete das Uebereinkommen, wird
der von den Böhmen gewählte Herzog von dem deutschen König
bloß die Bestätigung einholen.

Otto's Familie verließ das Land. Von den mährischen
Theilfürsten blieb nur sein Bruder Wenzel, dem Soběslav Olmütz
verlieh, dem Herzog zugethan, die andern dagegen standen immer
für die Seniorat-Erbfolge ein. Soběslav nahm daher sie und
den Břetislav gefangen, der ein Sohn von Vratislav's II.
gleichnamigem Sohne war und den jene als den ältesten Prinzen
in den Vordergrund schoben, und machte sich dadurch zum Allein-
herrscher in Böhmen und Mähren. Im Jahre 1130 entspann
sich in Soběslav's Abwesenheit eine Verschwörung, die von
den gefangenen Přemysliden ausging, die aber entdeckt
und vereitelt wurde. Nun hielt Soběslav auf dem Vyšehrad
strenges Gericht. Břetislav wurde geblendet und starb, wogegen sich sowohl die Unschuld Vratislav's, aus der konradi-
nischen Linie, als auch des Bischofs Meinhard von Prag
erwies. Aber die Strenge scheint ihre heilsame Wirkung gehabt
zu haben. Von nun an zeigt sich kein Zwist mehr während
Soběslav's Leben im Hause der Přemysliden; auch von Verhaf-
tung oder Bestrafung anderer Edlen im Lande wird nicht mehr
gesprochen. Vratislav erhielt Brünn schon 1130, Konrad II.
Znaim erst 1134 zurück; das durch Wenzel's Tod († 1130)
erledigte Olmütz kam 1135 an Leopold, Bořivoj's Sohn.
So mächtig war nun wieder Böhmen geworden, daß Polen
den durch zwölf Jahre rückständigen Tribut im Betrage

von 6000 Mark Silber entrichtete und Sobĕslav durch diese Summe in den Stand gesetzt wurde, die Prager Burg nach Art der italienischen Städte aus hartem Material und in verbesserter Weise umzubauen. Sein ganzes Trachten war nun darauf gerichtet, die Nachfolge seinem ältesten, aber noch minder-jährigen Sohne, dem Prinzen Vladislav zu verschaffen. Es gelang, demselben von König Konrad III. die Belehnung mit Böhmen zu erwirken, doch ohne Vorwissen der Großen des Landes, die Sobĕslav auf einer Versammlung zu Sadĕka am 29. Juni 1138 zur Anerkennung dieses Schrittes zwang.

Im Jahre 1139 starb Boleslav III. Schiefmund von Polen, das nun unter dessen Söhne getheilt wurde. Vladislav bekam Krakau und Schlesien, Boleslav Masovien und Kuja-vien, Mieczyslav Gnesen und Pommern, Heinrich Sandomir; Vladislav sollte als der älteste über die Brüder Großherzog sein. Vladislav war mit Agnes, Tochter Leopold's IV. von Oesterreich, vermält. Ohnehin der Tracht und Sitte der Polen abgeneigt, genügte der Babenbergerin die Seniorat-Stellung ihres Mannes nicht; sie schalt ihn einen halben Fürsten und halben Mann, der, zufrieden mit dem vierten Theile des Landes, so viele kleinere Fürsten weibisch neben sich dulde. Solchen Einflüsterungen gab endlich Vladislav nach, verlangte Steuern von den Unterthanen seiner Brüder und suchte diese bald ganz aus ihrem Lande zu treiben. Aber er wurde von ihnen an der Pilica und dann, nachdem der Erzbischof von Gnesen über Vladislav und dessen Gemalin den Bann der Kirche ausgesprochen, noch einmal vor Posen geschlagen und floh, indeß Agnes vergeblich Krakau zu halten versuchte, über Ungarn nach Deutschland, wohin ihm endlich auch Agnes mit den Kindern folgte.

Die Wirren in Polen machten auch Soběslav von Böhmen besorgt und auf Sicherung seiner Grenzen bedacht. Insbesondere baute er Hostin Hradec (jetzt Arnau) neu auf und
verweilte dabei meistens in dem Hofe zu Chwojno. Da befiel
ihn eine tödtliche Krankheit, der er am 14. Februar 1140
erlag. Sieben Monate später starb seine Witwe, die ungarische
Adleyta, mit der Soběslav in glücklicher Ehre gelebt hatte, ge-
brochenen Herzens. Kinder überlebten ihn vier: Wladislav,
Soběslav II., Wenzel und die Tochter Marie, welche in erster
Ehe mit Leopold V. von Oesterreich, in zweiter mit Hermann,
Herzog von Kärnten, vermählt war.

Die Großen beachteten Soběslav's letzte Anordnungen
nicht; sie erhoben nach dem Senioratsgesetze Wladislav II.,
Wladislav's Sohn, zum Herzog, und Konrad, der deutsche König,
ertheilte ihm nicht nur 1140 die Belehnung, sondern ließ es geschehen, daß sich der neue Herzog mit Gertrude, Konrad's Stief-
schwester und Schwester Leopold's V. von Oesterreich, vermälte.
Der früher mit Böhmen belehnte Wladislav, Soběslav's Sohn,
begab sich nach Ungarn zu seinen mütterlichen Verwandten. Wladislav II. erließ aber eine allgemeine Amnestie. Nun kehrte auch
Otto III., Sohn des bei Kulm gefallenen Otto II. von Olmütz,
aus Rußland zurück und erhielt sein' väterliches Land, dessen
Bischof Heinrich Zdik, des Geschichtschreibers Cosmas Sohn, die
Versöhnung bewirkte. Dieser Heinrich war 1126 auf den Bischof
Johann II. von Olmütz gefolgt, hatte zu Jerusalem den vom
heiligen Norbert kurz zuvor gestifteten Orden der Prämonstratenser kennen gelernt, nahm selbst das Kleid dieses Ordens und
faßte den Entschluß, demselben in Böhmen Eingang zu verschaffen. Auf diese Weise wurde das Kloster Strahov (Mons
Sion), bald auch jene zu Leitomyšl und Selau, die
letzteren ursprünglich Benedictinern gehörig, gegründet.

Nächst Zdik hatte Vladislav seine Erhebung dem Načerat zu verdanken, der unter den weltlichen Großen im höchsten Ansehen stand. Doch in ihren Erwartungen getäuscht, traten dieser und andere Große mit den mährischen Fürsten Konrad, Otto, Vratislav, Vladislav, Soběslav's Sohn, und mit Bořivoj's Söhnen in geheimes Einvernehmen. Vergeblich erinnerte Vladislav die gegen ihn verbündeten Fürsten an ihre Pflicht. Sie wählten sich vielmehr Konrad II. von Znaim zum Großherzog und zogen mit großer Waffenmacht nach Böhmen, wo es beim Berge Vysoká, etwas westlich von Kuttenberg im Časlauer Kreise, zur Schlacht kam. Schon drangen die rosenrothen Banner Vladislav's siegreich vor, als in seinen Reihen der Ruf einiger Verräther: „Fliehe, wer fliehen kann!" erscholl. Vladislav wurde geschlagen, aber auch Načerat fiel. Jener eilte nach Prag, übergab die eiligst in Vertheidigungsstand gesetzte Stadt seinem Bruder Diepolt und seiner Gemalin, der muthigen Gertrud, und begab sich selbst, Hilfe suchend, an den deutschen Königshof. Konrad III. eilte nach Prag, das er ohne Schwertstreich bezog. Konrad von Znaim zog dem deutschen Heere entgegen; als aber seine Späher auf dem Pilsener Felde „die nahen Berge im Sonnenlicht von den vergoldeten Helmen, Schilden und Brünen der zahlreichen Schaaren wiederstrahlen" sahen, zog Konrad nach Mähren zurück und die Verbündeten zerstreuten sich. Mähren, welches der Bischof Heinrich in Folge dieses Krieges mit dem Bann belegte und Vladislav 1143 verwüstete, wurde durch einen päpstlichen Legaten wieder entsühnt und Otto III. und Vratislav erhielten, indem sie sich von Konrad lossagten, ihre Besitzungen wieder. So war die Ruhe wieder hergestellt.

III.

Die Zeiten der Kreuzzüge.

10.

Oesterreichs Erhebung zum Herzogthum.

Leopold IV. starb am 15. November 1136, die Markgräfin Agnes acht Jahre darnach. Sie und ihre Söhne baten den Papst Innocenz II., sich für sie bei Kaiser Lothar bezüglich der Belassung im Besitze der Mark zu verwenden. Nicht vergebens; Lothar verlieh die Mark Leopold V., des verstorbenen Markgrafen jüngerem Sohne, vielleicht um dadurch sein freies Verleihungsrecht zu wahren.

Vortheilhaft für den neuen Markgrafen war es, daß sein Stiefbruder Konrad III., Herzog von Franken aus dem Geschlechte der Staufen (1138), nach Lothar's Tod zum deutschen König erhoben wurde. Zwar begann nun der hartnäckige Kampf der Welfen und Staufen; aber das babenbergische Haus ging mit erhöhtem Glanze aus demselben hervor. Kaum war Konrad zum Thron gelangt, als er von Heinrich dem Stolzen, der über Bayern und Sachsen gebot, die Abtretung Sachsens verlangte, unter dem Vorwand, es sei Reichsrecht, daß kein Fürst zwei Herzogthümer in einer Hand vereinige. Da jener sich weigerte, wurden ihm durch Fürstenspruch seine beiden Herzogthümer aberkannt, das Herzogthum Sachsen dem Askanier Albrecht dem Bären, Bayern dagegen dem Markgrafen von Oesterreich verliehen. Heinrich behauptete sich im Besitz von Sachsen; ein plötzlicher Tod (1139) hinderte ihn, auch Bayern wieder zu erobern. Er hinterließ sein Land und seine Ansprüche seinem unmündigen Sohne, Heinrich dem Löwen, für welchen Welf, sein väterlicher Oheim, die Waffen ergriff.

Die Bürger von Regensburg hielten treu zu den Welfen und Bedrängten, von dem Pfalzgrafen Otto von Wittelsbach fortgerissen, den Herzog Leopold in der Burg. Um sich zu retten, zündete Leopold die Stadt an und entkam mit den Seinigen in der allgemeinen Verwirrung. Bald stand er von neuem vor Regensburg und diesmal zwang er es zur Unterwerfung. Nicht lange darauf wurde Herzog Leopold von einer Krankheit befallen, der er am 18. October 1141 im Gebiete von Passau erlag. Zu Heiligen-Kreuz ist er begraben.

Man konnte es als einen Zug der Versöhnlichkeit betrachten, daß König Konrad den jüngeren Bruder Leopold's, Heinrich II. (von Späteren Jasomirgott genannt) zunächst nur mit der Mark Oesterreich belehnte und das Herzogthum Bayern unbesetzt ließ. Auf dem Reichstage zu Frankfurt (1142) verständigte man sich. Albrecht der Bär gab Sachsen auf, womit der dreizehnjährige Heinrich der Löwe belehnt wurde. Heinrich's Mutter Gertrude reichte in Frankfurt dem Halbbruder des Königs, Markgrafen Heinrich Jasomirgott, die Hand und Konrad war über die gelungene Versöhnung so erfreut, daß er die prunkvolle Vermählungsfeier vierzehn Tage lang auf eigene Kosten anrichten ließ. Damals leistete der junge Welfe

Heinrich auf Bayern Verzicht; dennoch zögerte der König bis in das Jahr 1143 mit der Belehnung Heinrich Jasomirgott's, da durch jene Verzichtleistung Welf veranlaßt wurde, nunmehr für seine persönlichen Ansprüche auf Bayern die Waffen zu erheben.

Allen diesen Kämpfen und Wirren machte der zweite allgemeine Kreuzzug ein Ende. Die Begeisterung für das gelobte Land, welche der heilige Bernhard in Frankreich erweckt hatte, wirkte bald auch auf andere Völker. In England, in Italien, in Böhmen, in Ungarn rüsteten sich viele tapfere Männer. Am tiefsten aber war der Eindruck, den das gegebene Beispiel auf die Deutschen ausübte. In begeisterter, wenn auch, da er französisch sprach, den meisten unverständlicher Rede, riß Bernhard den König und die Fürsten dahin. Der alte Welf und sein Gegner Heinrich Jasomirgott nahmen das Kreuz, bald hernach Vladislav, der Herzog von Böhmen mit dem Fürsten Konrad von Znaim, der Markgraf Ottokar von Steier und der mächtige Bernhard von Kärnten.

Das deutsche Heer brach im Frühling 1147 von Regensburg auf und nahm seinen Weg über Ungarn und Constantinopel nach Kleinasien; ihm folgte bald das französische unter Ludwig VII. nach. In Asien theilten sich die Deutschen. König Konrad und die ihm beistimmenden Fürsten zogen gen Iconium, während der Rest den Bischof Otto von Freisingen, des Königs Bruder, zu seinem Führer erkor und den Weg gegen Ephesus nahm. Jener war kürzer, aber gefahrvoll, dieser länger, doch sicher. Der Weg, den Otto einschlug, ging die Meeresküste entlang ohne Hindernisse, außer denen, welche das Anschwellen der sich in das Meer ergießenden Küstenflüsse verursachte, und in den vielen bevölkerten und reichen Handelsplätzen welche sie berührten, durften die Pilger hoffen, reichlich mit Speise versehen zu werden. Aber die tückischen Griechen verschloſſen ihnen ihre Städte und ließen ſie unverſorgt. Noch übler erging es dem von Konrad befehligten Heere, das durch die Griechen abſichtlich irregeleitet, von den Türken überfallen und aufgerieben wurde. Kaum der zehnte Theil des prächtigen Heeres ſammelte ſich nach und nach wieder um Konrad. Unter den Umgekommenen befanden ſich Bernhard von Kärnten und Jurik, der Marſchall des Herzogs von Böhmen; auch deſſen Kanzler Bartholomäus wurde vermißt. Der Biſchof von Freiſingen kam in ſchlechter Beſchuhung, von Hunger und Kälte gequält, in eine Stadt zurück, wo er durch ſeinen Aufzug ſelbſt der Griechen Mitleid erregte. Während Konrad die weitere Führung der deutſchen Ritter dem franzöſiſchen Könige überließ, ging er, von den meiſten Fürſten gefolgt, nach Conſtantinopel zurück. Unter dieſen befanden ſich der Herzog Wladislav von Böhmen und Heinrich Jaſomirgott, der ſich vermuthlich ſchon damals mit des Kaiſers Nichte Theodora oder Gertrude, wie ſie wahrſcheinlich ſeit ihrer Vermälung hieß, verlobte.

Dem deutſch-franzöſiſchen Heere, das endlich unter vielen Beſchwerden und neuen Verluſten an ſein Ziel gelangte, folgten endlich im Frühjahre 1147 Konrad III. und ſeine Fürſten, unter ihnen Heinrich Jaſomirgott, nach. Aber die verſuchte Eroberung von Damascus ſcheiterte an der Uneinigkeit der chriſtlichen Fürſten, worauf die Deutſchen mißmuthig den geweihten Boden verließen. Konrad kehrte zur See nach Pola im Hiſterreiche zurück und ritt von dort über Aquileja nach Salzburg (1149.) In ſeiner Geſellſchaft reiste Heinrich Jaſomirgott zurück.

Die heimkehrenden Fürſten trafen zu Hauſe nicht alles nach Wunſch an. Als Wladislav II. über Kyjev und Krakau nach Böhmen kam, erfuhr er, daß Sobĕslav, Sobĕslav's Sohn, in ſeiner Abweſenheit aus Deutſchland gekommen ſei, in der Hoff nung, Anhang zu finden, daß ihn aber Diepold, dem der Herzog, als er das Kreuz nahm, die Regierung anvertraut hatte, verhaftet und in einen der Prager Thürme gesperrt habe. Vladislav ließ den Gefangenen auf die Burg Přimda führen.

In Deutschland gaben der alte Welf und Heinrich der Löwe von neuem zu schaffen. Nach einem verunglückten Zuge gegen letzteren starb Konrad III. 1152 zu Bamberg. Sein Sohn Friedrich war noch ein Kind. Konrad, den Vortheil des Reiches mehr als den seines Hauses im Auge, übertrug die Vormundschaft über ihn seinem Neffen Herzog Friedrich von Schwaben, genannt der Rothbart (Barbarossa) und empfahl diesen sterbend den Fürsten des Reiches, von denen er auch zu Frankfurt am Main einstimmig gewählt wurde (1152).

An den neuen König wandte sich sofort Heinrich der Löwe mit seinen Ansprüchen auf Bayern. Heinrich Jasomirgott von Oesterreich aber fand sich mehrerer Vorladungen ungeachtet nicht ein, theils weil keine derselben auf gehörige Weise ergangen, theils weil sein Anrecht auf Bayern durch Konrad's Belehnung so zweifellos war, daß jede weitere Untersuchung ihm unpassend schien. Doch wurde ihm, um dieser Verletzung der Form willen, auf einem Reichstag zu Goslar das Herzogthum Bayern abgesprochen und seinem Gegner, dem Welfen, verliehen. Zwar blieb jener für den Augenblick noch im Besitze des Landes und auch die im October 1155 wiederholte Belehnung Heinrich des Löwen setzte diesen nicht in Bayerns Besitz. Auch mißbilligten manche Fürsten, daß die von König Konrad mit so vielen Opfern erzielte Trennung Bayerns und Sachsens aufgehoben werden sollte. Erst im Herbst 1156 auf dem Reichstage zu Regensburg gelang die Beilegung des Streites. Wir theilen den Hergang mit den Worten des Augenzeugen Otto von Freisingen mit: „Schon in der Mitte des September kamen die Fürsten in Regensburg zusammen und erwarteten einige Tage hindurch die Ankunft des Königs. Als hierauf sein fürstlicher Oheim (Heinrich Jasomirgott) ihm im Felde begegnete, machte jener in der Entfernung von etwa zwei deutschen Meilen unter Gezelten Halt und, während alle Großen und angesehenen Männer herbeiströmten, wurde der Entschluß, den er schon lange im geheimen verborgen hielt, veröffentlicht. Der Inhalt der Uebereinkunft war folgender: Heinrich der ältere (Jasomirgott) gab die bayerische Herzogsgewalt in den sieben Fahnen zurück. Nachdem diese dem jüngeren Heinrich (dem Löwen) überliefert worden, stellte der Kaiser durch zwei Fahnen die Ostmark sammt den ihr altersher zugehörigen Comitaten zurück. Hierauf schuf er aus dieser Mark mit den erwähnten Gauen, deren drei gezählt werden, mit Einvernehmen der Fürsten, ein Herzogthum, und übergab dasselbe nicht blos ihm, sondern auch seiner Gemalin durch zwei Fahnen, und damit nicht in der Folge dies durch einen seiner Nachfolger geändert oder verletzt würde, bekräftigte er es durch einen Freiheitsbrief." So weit Otto von Freisingen, dessen Bericht durch den sogenannten „kleinen Fridericianischen Freiheitsbrief" — im Gegensatze zu dem sogenannten „großen", der offenbar falsch ist — Bestätigung findet.

Der Belehnungsact und die Urkunde (ausgestellt am 17. September 1156) sind für die Entwickelung der Landeshoheit in Oesterreich ungemein wichtig geworden. Denn nun stand dem österreichischen Herzog ein freilich nur auf ihn und seine Gemalin Theodora beschränktes Verfügungsrecht über sein Land zu. Er war fortan ausschließlicher Gerichtsherr in seinem Gebiete, nur zum Besuche der kaiserlichen Hoftage in Bayern verpflichtet und von der Heeresfolge, ausgenommen in einem an Oesterreichs Grenzen entbrannten Reichskriege, befreit. Die Annahme aber, daß damals Oesterreich ob und unter der Enns sei vereinigt worden, ist falsch. Gewisse Theile des Landes ob der Enns, z. B. das Machland, gehörten schon lange früher unter die babenbergische Amtsgewalt; andere Striche gehörten noch lange darnach nicht zu Oesterreich. 1156 kamen wahrscheinlich nur der Mühlkreis, die Riedmark und das Hausruckviertel an die Babenberger.

Die von allen Fürsten gebilligte Beendigung des großen Streites erregte die allgemeinste Freude in Deutschland. Otto von Freisingen, der selbst bei der Lösung des Streites zugegen war, überlebte sie nicht lange, da er 1158 starb.

11.

Kaiser Friedrich der Rothbart und die lombardischen Städte — König Vladislav II. von Böhmen — Zerstörung Mailands.

Zur Zeit, als Deutschland der große Investiturstreit und nach dessen Beendigung der Kampf der Welfen und Staufen entzweite, wurde auch Italien von ähnlichen Bewegungen erschüttert, deren Mittelpunct für den Norden der Halbinsel das altehrwürdige Mailand war. Hier eiferten im Geiste Hildebrand's die Reformatoren Landulf und Ariald (um 1050) gegen den weltlich gesinnten Erzbischof Guido. Der Streit, der sich zunächst auf kirchliche Fragen einschränkte, betrat gar bald auch den Boden des weltlichen Rechtes, als nach Landulf's Tod dessen Bruder Herlembald, ein Ritter, an die Spitze des Mailänder Volkes trat und dem Erzbischof die schuldige Lehenstreue versagte. Indem nun Herlembald mit eiserner Faust seine Gegner daniederhielt, lernte die städtische Commune ohne Erz-

bischof als unabhängiges Gemeinwesen bestehen, und als dann
wieder ein Erzbischof an die Spitze trat, waren die republika-
nische Gesinnung und deren Anmaßung bereits erstarkt und
durch eine ähnliche Entwickelung in den andern Städten der
Lombardie unterstützt. Ueberall standen sich nach Mailands Vorbild eine bischöflich-kaiserliche und eine päpstlich gesinnte
Volkspartei gegenüber, als Herlembald im Jahre 1075 im offenen Kampfe mit seinen Gegnern fiel, nachdem er die Seinigen
ermahnt, der Rechte der römischen Kirche eingedenk, sich nicht
durch Todesfurcht schrecken zu lassen. Der Sieg schwankte in den
einzelnen Städten zwischen beiden Parteien, und da abwechselnd
Bischöfe und Gegenbischöfe um die Gunst der leichtbeweglichen
Menge buhlten, geriethen immer mehr Hoheitsrechte in den
Besitz der Gemeinde, an deren Spitze Consuln standen.

Im Jahre 1127 gerieth Mailand mit Como in einen
neunjährigen blutigen Kampf; den sonst so lieblichen See färbte
die unheimliche Glut des brennenden Como und der in Asche
gelegten Dörfer. Endlich ging Como, so wie auch Lodi, das ein
paar Jahre früher mit Mailand gekämpft hatte, in das Mai-
ländische Gebiet auf. Auf diese wechselseitigen Fehden der lombardischen Städte hatten auch die Staufen ihre Pläne gebaut,
als Konrad im Kampfe mit Kaiser Lothar in Italien auftrat
und wirklich in Mailand Anhänger fand. Aber eben dies war
der Grund, aus dem ihm viele andere Städte versagten, und der
Herzog brachte von seinem fruchtlosen Zuge nichts in seine
Heimat zurück, als jenen entschiedenen Haß gegen die italienischen Republiken, der sich traditionell in seinem Hause erhielt.
Die Aufgabe, das kaiserliche Ansehen, welches während dieser
Kämpfe tiefer und tiefer gesunken war, zu neuer Macht zu erheben,
und vor allem das übermüthige Mailand zu demüthigen, fiel nun
Kaiser Friedrich I. zu, der zu dem bevorstehenden gewaltigen

Kampfe um treue Bundesgenossen warb. Dies Streben hat
den Mittelpunct von Friedrich's Thätigkeit in der nächstfolgen-
den Zeit gebildet. Mit Böhmen wurde der Anfang gemacht.

Im Streite Friedrich Barbarossa's mit Heinrich Jasomirgott hatte Vladislav II. von Böhmen noch für den letztern,
seinen Schwager, Partei ergriffen. Aber auch Friedrich hatte
nun allen Grund, seinen Neffen nicht auf das äußerste zu
reizen. Freilich fehlte es an mittelbaren Feindseligkeiten nicht.
Budissin wurde den Böhmen entrissen und dem Markgrafen
Konrad von Meissen verliehen, und Vladislav verweigerte dem
Könige die dreihundert Reiter zu dessen Römerzuge zu stellen
(1154). Dazu kamen Zwistigkeiten im Schoße des Přemysli-
den-Hauses. Prinz Udalrich hatte schon auf dem Reichstage
zu Merseburg (1152) Ansprüche gegen Vladislav erhoben; im
Jahre 1153 aber floh er von neuem mit dem der Haft zu
Přimda entsprungenen älteren Bruder Soběslav und mit
Bořivoj's Sohne Spitigněv an Friedrich's Hof und suchte
dessen Gunst zu gewinnen. Der Kaiser benützte dies, um den
Herzog zu schrecken, und nahm sie ehrenvoll auf. Zu Pfingsten
1156 hielt Friedrich einen glänzenden Hoftag zu Würzburg,
den er durch seine Vermählung mit Beatrix von Burgund ver-
herrlichte. Auch Herzog Vladislav von Böhmen und Diepold, sein Bruder, waren zugegen. Daniel aber, der Bischof von
Prag, und Gervasius, der Probst von Vyšehrad und Kanzler
des Herzogs, unterhandelten insgeheim mit dem Kaiser, der dem
Herzog die Rückgabe von Budissin und die Verleihung der
Königskrone versprach, wenn er ihn auf dem nächsten Zuge nach
Italien unterstützen würde. Der Vertrag wurde beiderseits
beschworen, doch vorläufig noch geheim gehalten. Spitigněv
kehrte mit Vladislav nach Böhmen zurück, während Udalrich
und Soběslav noch bei dem Kaiser blieben.

Vor dem Mailänder Zuge wurden auch die Angelegenheiten in Polen geordnet. Noch immer lebte Vladislav von Polen zu Altenburg in der Verbannung und reizte den Böhmenherzog auf, die „Flamme des rothen Drachen" (Friedrich Rothbart)
gegen Herzog Boleslav von Polen zu schüren. Wirklich unternahm 1157 Friedrich einen siegreichen Zug nach Polen über
die Oder. Boleslav erschien baarfuß, das bloße Schwert um den
Nacken, vor dem Kaiser und fiel ihm zu Füßen. Er leistete den
Lehenseid, gab dem Bruder sein Erbtheil zurück, stellte dreihundert Reisige zum nächsten italienischen Zuge und zahlte dem
Kaiser eine Summe. Vladislav blieb mit seiner Familie in
Altenburg und starb 1162. Durch des Kaisers Vermittlung erhielten nun des Vertriebenen Söhne Boleslav, Mieczislav und
Konrad das Land Schlesien als ihr Erbtheil zurück (1163),
und hiemit beginnt die besondere Geschichte von Schlesien,
dessen Fürsten sonach eine Babenbergerin als Ahnfrau verehrten.
Der Umfang von Schlesien war damals unzweifelhaft auf den
Breslauer Kirchsprengel beschränkt. Es gehörte demnach das
jetzige österreichische und preußische Schlesien dazu, mit Ausschluß
jener Gebiete, die, wie Auschwitz, Zator und Ziewerz zum Bis-
thume Krakau, von Glatz, das zur Pragerkirche, und von Troppau und Jägerndorf, die zu der Olmützer gehörten. Seit uralter
Zeit war dies so begrenzte Gebiet in drei Theile geschieden, die
man nach den Hauptorten das Oppelner, das Breslauer und das
Glogauer Land, oder Ober-, Mittel- und Niederschlesien nannte.

Friedrich sandte noch vor Beendigung des polnischen Zuges
den Bischof Daniel von Prag nach Ungarn, um auch von dem
Könige Gejsa II. Hilfstruppen zu erlangen. Dieser Daniel
tritt nun in der böhmischen Geschichte bedeutsam hervor. Er
war ein Sohn des Prager Domherrn Magnus und hatte seine
Bildung zu Paris empfangen. Seit 1148 war er Bischof

von Prag und zu manch wichtigen und schwierigen Staats-
geschäften verwendet. Er hatte zu Anfang des Jahres 1157 die
Vermälung Friedrich's, des ältesten Sohnes Vladislav's, mit
Gejsa's Tochter Elisabeth zu Stande gebracht. Nun kam er zum
Feste St. Stefan nach Ungarn und kehrte reichlich beschenkt zu
dem Kaiser mit der Nachricht zurück, daß diesem Gejsa fünfhundert „Saracenen" zur Verfügung stelle.

Vor dem Zuge nach Mailand beschied der Kaiser die Fürsten nach Regensburg (Febr. 1158), wo sich auch Vladislav
von Böhmen einfand und von Friedrich die Königskrone
empfing. „Da wir wissen", so lautet die betreffende Urkunde,
deren Original sich im kaiserlichen Archive zu Wien befindet,
„daß Dein Land an Gold und Silber und anderen Kostbarkeiten
Ueberfluß habe, Dir also diese und ähnliche Dinge nicht selten
sind, so nimm aus Gottes Gnaden und aus Unserem Wohlwollen
die Königskrone, die wir Dir hier überreichen, und mit ihr die
königliche Macht und Würde für Dein gesammtes Reich." Sie
wurde ihm auch für seine Nachfolger verliehen. Der König
sollte sich der Krone an jenen Tagen bedienen, an denen die
Bischöfe und Erzbischöfe des Reichs den Kaiser zu krönen pfleg-
ten, nemlich zu Ostern, Pfingsten und Weihnachten, überdies an
den Tagen der beiden Landesheiligen Wenzel und Adalbert.

Der Eindruck, den diese Standeserhöhung und die damit
eingegangene Verpflichtung zur Heeresfolge nach Italien unter
den Böhmen hervorrief, war sehr verschieden. Der König, der
Hof, die Geistlichkeit. endlich der junge thatenlustige Adel waren
hocherfreut, da sich ihnen die Aussicht eröffnete, auf Italiens Ge-
filden durch ruhmvolle Thaten zu glänzen. Der ältere Adel aber
sprach auf einem Landtage zu Prag unverhohlen seine Unzufriedenheit mit dem ohne sein Vorwissen eingetretenen Ereignisse
aus. Der König sprach: „Er zwinge keinen, ihm in den Krieg

zu folgen; wer ihm folge, den werde er mit Ehren und Gütern reichlich bedenken; wer aber nicht wolle, der möge immerhin daheim seiner Ruhe und Bequemlichkeit unter Weibern pflegen." Die Worte wirkten wie Zauber. Auf den Straßen sang und sprach man von Mailand, und nicht blos der Adel waffnete sich, auch der Landmann verließ den Pflug und führte in der ungeübten Hand Schild und Lanze. Zum Sammelplatz für die Streiter war Prag bestimmt. Das rosenrothe Banner des Königs zog den anderen voran; dann folgte die schmucke Mannschaft, von den weinenden Frauen, die ihren Gatten die lieben Kleinen zum Abschiedskusse entgegenbrachten, noch einmal begrüßt. Die Böhmen zogen über die Tyroler Alpen dem Etschthale zu. Hinter Verona erblickten sie den Gardasee und athmeten in Olivengehölz und unter Granatäpfelbäumen die milden Lüfte Italiens ein. Die rohen Krieger verstanden dies freilich nicht und hieben das kostbare Gewächs zu Pferdefutter und Feuerung nieder. Daher boten die Veroneser dem Könige große Summen an, um ihn zum Aufbruch aus ihrer Gegend zu bewegen. Wladislav wandte sich nun gegen das mit Mailand verbündete Brescia, wo er des Kaisers Ankunft abwartete, die um zwei Wochen später erfolgte. Die Einwohner der Stadt flehten den König und den Bischof Daniel um Vermittlung an, und erhielten des Kaisers Gnade, obgleich unter harten Bedingungen. Indessen trafen auch die übrigen Abtheilungen des kaiserlichen Heeres ein: die Herzoge von Oesterreich und Kärnten mit der ungarischen Hilfsschaar durch Friaul, die Franken, Rheinländer und Schwaben über Chiavenna am Comersee. Das gewaltige Heer lagerte bald an den Ufern der Adda.

Die Adda, an sich schon ein reißender Strom, war so eben besonders angeschwollen, die Brücken waren abgeworfen, die Mailänder am jenseitigen Ufer auf der Wache. Nur bei Cassano stand, als der Kaiser dort eintraf, noch der Rest einer Brücke. Doch lag dort eine Hauptschaar der Feinde zu ihrer Bewachung. Etwa eine Miglie unterhalb der Kaiserlichen standen Bladislav's Zelte. Am 23. Juli saßen eben der König, sein Bruder Diepold und Bischof Daniel zu Mittag an der Tafel, als sich ein Freudenlärm im Lager erhob. Bladislav eilte dahin. Ein verwegener böhmischer Reiter, Odolen mit Namen, hatte es gewagt, von zwei Kameraden begleitet, der Gewalt des Stromes zu trotzen. An der gefährlichsten Stelle glaubte man vom Ufer aus bald die Reiter, bald die Pferde oben zu sehen; dennoch kamen Odolen und einer von seinen Gefährten glücklich hinüber; der dritte, minder beherzt, ritt in das Lager zurück. Sobald dies Bladislav sah, ließ er die Trommel rühren, stürzte sich mit dem eigenen Rosse in die brausenden Wogen und erreichte, von seinen Rittern gefolgt, das andere Ufer. Freilich hat bei diesem Wagestück manch' Braver den Tod gefunden. Unbeschreiblich war hier der Jubel, bei den Feinden die Bestürzung.

Auch ein ergötzliches Zwischenspiel fehlte dem ernsten Kampfe nicht. Drüben auf einer Anhöhe, nahe dem Flusse, stand ein Landpfarrer von ganz behaglichem Aeußeren. Er war wohlgenährt und statt eines Panzers in Pelzwerk gehüllt, mit einer Schleuder bewaffnet, indeß das silberne Haar, das ihm die heißen Schläfen umwehte, im Sonnenglanz wie ein Kriegshelm schimmerte. Der Arme mühte sich ab, den Feind in das Wasser zu drängen, wurde aber gefangen und, so wie er gekleidet war, vor den König geführt, der ihn auf Bitten Daniel's zum Heil seiner Seele lächelnd entließ.

Als man im deutschen Lager die große Bewegung unter den Mailändern bemerkte, glaubte der Kaiser, es sei ihnen neue Verstärkung zugekommen; doch bald enttäuschte ihn zu seiner freudigsten Ueberraschung der bekannte böhmische Trommel-

schlag, und verwundert sah er den König Wladislav zur Herstellung einer Brücke Anstalten treffen, während sein Bruder den
Feind verfolgte. Viele Schlösser und Dörfer gingen in Flammen auf, aber die Nacht brach herein, ehe die Brücke troß der
doppelten Anstrengung an beiden Ufern vollendet war.

Am folgenden Morgen, den 24. Juli, erneuerte sich der
Kampf. Die Verluste waren beiderseits groß, bis die Brücke
vollendet war, und nun auch der Kaiser den Böhmen Hilfe
brachte. Diese hatten inzwischen an einer andern Stelle eine
zweite Brücke geschlagen, die jedoch unter der Last der hastig vorwärts stürmenden Böhmen und Ungarn zusammenbrach und
viele in den Wellen der Adda begrub. Aber der Bischof von
Prag ging im Pfeilregen unbekümmert einher und spendete den
Sterbenden den lezten Trost. Erst am 25. Juli waren so viele
Brücken geschlagen, daß nun das ganze Heer gefahrlos hin-
überzog.

Ueber Lodi rückte der Kaiser gegen Mailand vor. Es war
am 5. August und das Heer bezog zwei Miglien von der Stadt
ein Lager. Ekbert, der Graf von Pütten und Formbach, wagte
sich mit mehreren Edlen und etwa tausend Mann Begleitung
in die Nähe von Mailand; aber die Unkunde der Gegend, die
Ueberzahl der unerwartet hervorbrechenden Feinde und die ein-
brechende Nacht zog ihnen aller Tapferkeit ungeachtet eine
schwere Niederlage zu und Ekbert, der lezte seines Geschlechtes,
wurde durch die Lanze eines mailändischen Jünglings durch-
bohrt oder, nach einem andern Berichte, gefangen genommen
und zu Tode gemartert. Noch lange nachher vernahm man in
deutschen Städten Klagelieder über sein bitteres Schicksal.

Am 6. August stand der Kaiser hart vor Mailand. In
sieben Abtheilungen umgaben seine Truppen die Mauern. Die
dritte Schaar befehligte Wladislav, an dem vierten Posten stand

Heinrich Jasomirgott und die anderen Herren von Oesterreich.
Die fünfte Abtheilung führte der Kaiser Friedrich selbst. Auch
hier zeichnete sich vor allen Vladislav mit seinen Böhmen aus.
Denn als die Mailänder durch das St. Dionysius-Thor einen
Ausfall auf das Lager des Pfalzgrafen Ludwig machten und
es hart bedrängten, war er schleunig zur Hand und ließ die Trommel rühren. Als dies der Pfalzgraf vernahm, munterte er die
Seinigen, die schon zu wanken begannen, von neuem auf. Bald
erschien Vladislav selbst in glänzender Rüstung und erlegte den
Anführer und Fahnenträger mit dem Speere. Die Nacht machte
dem wüthenden Kampf ein Ende. Die Mailänder wagten nun
keinen ähnlichen Ausfall mehr. Aber es waren auch mehrere
Edle Böhmens unter den Gefallenen, die am folgenden Tage
vom Bischof Daniel in der Abtei von Chiaravalle mit vieler
Trauer begraben wurden. Vladislav nahm nun sein Quartier
in der Abtei St. Dionys, nahe bei dem gleichnamigen Thore.
Auch Heinrich von Oesterreich that sich an dem ihm zugewiesenen Thore hervor.

Die zunehmende Noth zwang endlich die stolzen Mailänder, um Gnade und Frieden zu bitten. Der Patriarch Pe-
regrin von Aquileja, der Bischof Eberhard von Bamberg und
der Bischof Daniel von Prag verwendeten sich für sie durch König Vladislav bei dem Kaiser. Friedrich wurde gnädig gestimmt
und auf Grund gänzlicher Unterwerfung ließ er sich um so ge-
neigter finden, als die Hitze des Sommers, der Staub und der
Leichengeruch in seinem Lager Krankheiten zu erzeugen begannen. Den Friedens- und Gnadenbrief für die Mailänder hatte
der Capellan Vincenz von Prag, welcher uns eine genaue
Beschreibung aller dieser Vorgänge hinterlassen hat, nieder-
zuschreiben die Ehre. Die Mailänder Bürger sollten Lodi,
Como und die anderen dem Kaiser ergebenen Städte unange-

fochten laſſen, 10.000 Mark Kriegskoſten zahlen, den Eid der Treue ſchwören, die zerſtörten kaiſerlichen Pfalzen von neuem erbauen, die gefangenen Cremoneſen und Paveſen durch die Hand des Königs von Böhmen entlaſſen, und ihre zwölf von dem Kaiſer zu beſtätigenden Conſuln erſcheinen, um demüthig Abbitte zu leiſten. Zur Sicherheit deſſen ſtellten die Bürger drei⸗ hundert Geißeln. Die erſchütternde Abbitteleiſtung fand am Tage Mariä Geburt ſtatt. In langem Zuge zwei und zwei zo⸗ gen die vornehmſten Mailänder vom Thore bis vor das Zelt, wo der Kaiſer auf dem Throne ſaß: voran die Geiſtlichkeit in ihrem Ornate, darunter der Erzbiſchof, dem der Kaiſer den Frie⸗ denskuß gab, dann die zwölf Conſuln, barfuß, jeder ein bloßes Schwert über dem Nacken, das ſie zu des Kaiſers Füßen nieder⸗ legten. Der Conſul Oberto de Orto, ein Mann, der in der vul⸗ gären und lateiniſchen Sprache gewandt war, führte das Wort; bekannte die Schuld der Stadt und erwirkte Verzeihung. Wäh⸗ rend des nun erfolgenden feſtlichen Gottesdienſtes ſetzte der Kai⸗ ſer, in Gegenwart aller geiſtlichen und weltlichen Fürſten, dem Könige Wladislav ſelbſt eine äußerſt koſtbare Krone auf das Haupt, die ihm, dem Kaiſer, kurz vorher von dem Könige von England verehrt worden war.

Bald darnach ergriff eine ſchwere Krankheit den König und Daniel. Wladislav kehrte in ſein Land zurück, nachdem ihn der Kaiſer perſönlich beſucht und von der Mailänder Schatzung 1000 Mark Silbers geſchenkt hatte. Den Biſchof aber erbat ſich der Kaiſer, da ihm dieſer durch ſeine vielfachen Kenntniſſe, na⸗ mentlich der italieniſchen Sprache, unentbehrlich geworden. Wla⸗ dislav ließ dies nur ungern geſchehen. Daniel, von ſeinem ge⸗ treuen Vincenz begleitet, zog von Stadt zu Stadt der Lombar⸗ den, um die Beſchlüſſe eines großen Reichstags auf dem roncaliſchen Felde, wonach der Kaiſer künftighin die Obrig⸗

keiten in den lombardischen Städten ernennen sollte, zu voll-
ziehen und die Geißeln dafür in Empfang zu nehmen.

Mailand hatte, auf seine Capitulation mit dem Kaiser sich
stützend, gehofft, daß jene Beschlüsse auf ihr Gemeinwesen keine
Anwendung finden würden. Als daher Daniel und andere Fürsten kamen, um auch hier den Stadtrath zu erneuern, entstand
ein Volksauflauf, der sein und seiner Gefährten Leben in die
höchste Gefahr brachte. Das Volk rief: fuora, fuora, muora,
muora (heraus mit ihnen, nieder mit ihnen!) und warf die
Fenster des Palastes, worin sie wohnten, mit Steinen ein. Die
Consuln beschwichtigten zwar die Menge, dennoch war dies die
erste Ursache neuer Kriege gegen diese stolze Stadt; der erzürnte
Kaiser ächtete sie im April 1159 und berief zur Vollziehung
der Strafe neue Heere aus Deutschland.

Dazu kam nach Adrian's IV. Tode (1159) eine zwiespäl-
tige Papstwahl, indem die kirchlich gesinnte Partei unter den
Cardinälen Roland als Alexander III., die weltlich gesinnten Gegner Octavian als Victor IV. erhoben. Nachdem eine
Kirchenversammlung, welche der Kaiser nach Pavia berief, Victor als den rechtmäßigen Papst anerkannt hatte, sprach Alexander III. über den Gegenpapst und den Kaiser den Bannfluch
aus (1160). Vergeblich beschickte der Kaiser die fremden Höfe,
um sie für Victor zu stimmen; überall, nur nicht in Deutschland, erkannte man den Papst Alexander III. an. Der König
Geisa II. von Ungarn zumal, den Daniel von Prag für die
Partei des Kaisers stimmen sollte, gab eine ausweichende Antwort. Daniel kehrte nach Prag zurück und hatte Mühe, den über
sein langes Ausbleiben unwillig gewordenen König gnädig zu
stimmen.

Kaiser Friedrich hatte indessen, von den deutschen Fürsten
nur schlecht unterstützt, die Stadt Mailand selbst nicht ein-

schließen können und sich daher mit der Einnahme und Zerstörung ihrer Bundesgenossin Crema (1160) begnügt. Erst im
folgenden Jahre langten neue Heerhaufen im Lager Friedrich's
an, mit denen derselbe nun an eine enge Umschließung Mailands
schritt. Am 1. März 1162 fielen die Consuln der auf das
äußerste bedrängten Stadt, um Gnade flehend, dem Kaiser zu
Füßen; am 4. brachten 300 auserlesene Bürger die Schlüssel
und die Hauptfahnen der Stadt und leisteten gleich den Consuln den Eid der Treue; am 6. endlich erschienen alle Bürger,
den Strick um den Hals und mit eingeäschertem Haupte. Friedrich saß bei Tische und ließ die Mailänder im Regen stehen, und
als er sich endlich zeigte, als die Mailänder den Fahnenwagen
(carroccio), der sie so oft zum Siege geleitet, vor seinen Augen
zertrümmert hatten, schenkte ihnen Friedrich das Leben; aber die
Stadt sollte zerstört werden, so wie sie einst an Lodi gethan.

Wurden in Wirklichkeit auch nicht alle Häuser eingerissen,
blieben auch namentlich die Kirchen verschont, so hörte doch
Mailand, dessen Bewohner in vier Flecken vertheilt sich an-
bauen mußten, als Gemeinwesen auf. Dennoch hat die Le-
benskraft dieser Stadt dem Machtspruche des Kaisers getrotzt;
im weiteren Verlaufe des Krieges wurde sie wieder hergestellt
und zu ihrem Schutz eine Festung errichtet, welche die Mailänder ihrem päpstlichen Gönner zu Ehren und dem Kaiser zum
Trotz Alessandria nannten. Mailand blühte gerade in Folge
dieser Kämpfe wunderbar rasch wieder empor und derselbe Kaiser, der ihr Todesurtheil ausgesprochen, feierte später (1186)
mit höchster Pracht im Dome der ihm jetzt befreundeten Stadt
die Vermälung seines Sohnes Heinrich mit Constanze, der
Erbin von Sicilien.

12.

Ungarns innere Zustände — Erneute Thronfolge-streitigkeiten in Ungarn und Böhmen — Vladislav's II. Tod.

Aus dem Dunkel barbarischer Zeiten und aus den Stür-men, die es durchtobten, tritt Ungarn unter Gejsa's II. Regie-rung zum ersten Male wieder nach vielen Jahren in bestimmteren Umrissen hervor. Otto von Freisingen, der als Kreuzfahrer das Reich durchzog, schildert es mit folgenden Worten: „Ungarn ist ein rings von Wäldern und Bergen, zumal dem Apennin umgebenes Land, einst Pannonien genannt, im innern eine weitausgedehnte, von mächtigen Strömen und Flüssen bewäs-serte, in seinen Hainen von allerlei Wild bevölkerte und von Natur so anmuthige und fruchtbare Fläche, daß man es als den sichtbaren Garten Gottes oder ein zweites Egypten betrachten kann. Aber so schön das Land, so wild sind seine Bewohner, so geschmacklos die vermeintlichen Zierden von Häusern und Kir-chen. Die Ungarn haben gebräunte Gesichter, tiefliegende Augen, kleine Gestalt und so rohe Sitten und Sprache, daß man mit Recht Fortuna anklagen oder vielmehr die göttliche Langmuth bewundern muß, die solchen Ungethümen von Menschen dies herrliche Land zur Behausung verliehen. Darin aber sind sie Nachahmer der griechischen Schlauheit, daß sie an nichts Großes ohne große und viele Vorberathung sich machen. Die Großen des Landes bringen sich zum Hofe des Königs selbst ihre Stühle mit und berathen fleißig das Wohl des Staates. Der Gehorsam gegen den Fürsten ist unbedingt. Das ganze Land ist in mehr als 70 Comitate getheilt, aber aus allen fließen zwei Drittel der Einkünfte in die Casse des Königs, und im weiten Reiche

9

hat niemand außer dem König ein Recht auf Münze und Zoll. Wenn ein Graf über Verletzung des Königs, sei es mit Recht oder nicht, angeklagt wird, so ergreift ihn, auch wenn ihn sein Gefolge umgibt, ein einziger, wenn auch geringer Vote des Königs, verhaftet ihn und führt ihn im Namen desselben zur Folter. Der König versammelt nicht, wie es bei uns Sitte, sei- nes Gleichen über ihn zu Gerichte; der Angeklagte genießt kein Recht der Vertheidigung, der Wille des Fürsten gilt als Gesetz Zum Kriege, den der König anbefiehlt, versammelt sich alles widerspruchslos. Die in den Dörfern angesiedelten Colonen rüsten je neun den zehnten oder auch sieben den achten; die andern bleiben zum Anbau des Landes zu Hause zurück. Die aber, welche zum Ritterstande gehören, dürfen nur aus den triftigsten Gründen daheim verweilen. In dem Heerhaufen des Königs sind die ‚Gäste‘, deren Zahl namhaft ist, und die bei ihnen Fürsten genannt sind, dem König schützend zur Seite. Alle schreiten dann finster in finsterer Rüstung einher, bis auf die, welche die Fremden in der Führung der Waffen und in deren Glanze nachahmen."

Dies mit etwas starken Farben aufgetragene Bild bedarf einiger Ergänzung. Das Land ist in Gaue getheilt, in Comi- tate, für welche die Burgen den Mittelpunct bilden. Dort auf der Burg, die oft noch blos mit hölzernen Mauern umwallt ist, haust der Graf, dem als Richter ein Hofbeamter zur Seite steht. Der königliche Hof selbst ist das Vorbild jener Ver- fassung im Gau, so daß dort dem Grafen der Palatin, dem Richter der judex curiae entspricht. Um die Burg wohnen in Flecken hörige Leute von allerlei Gewerben, oder sie bebauen in größerer Entfernung von ihr die zugehörigen Ländereien. Von dem Gemeinde- wird das Sondergut unterschieden und durch besondere Mahlzeichen sichtlich gemacht; wo nicht ein Wald oder

Hügelzug, ein Weg oder ein altes Flußbett sich dazu anläßt, werden künstliche Wälle oder Hügel von Stein, ein Grabmal, die Quelle, die den Wanderer labt, benützt, oder ein Baum mit einem Kreuze gekennzeichnet. Im Schatten des Waldes treffen wir Eichelmast, auf der Weide tummelt sich das Roß, der Hörige fällt das Holz, bricht den Marmor. Mit Schlingen übt er den Hausenfang, er weidet das Vieh, das Weib dreht die Hand-mühle oder holt aus dem Wasser den Hanf. Aber nach der Ar-beit ist Erholung gegönnt, etwa unter dem Birnbaum des Dor-fes, wo sich in der Osterwoche die Bursche zu ländlichem Spiele versammeln. Heimlich naht sich wohl auch in dieser Zeit noch der Landmann dem Brunnen, den Bäumen, der Quelle, dem Felsen, um die ihm entfremdeten heidnischen Mächte durch Opfer sich gnädig zu stimmen.

Aber das ursprüngliche einfache Bild der Gauverfassung ist nun schon vielfach getrübt durch die wachsende Macht der Barone, durch die zahllosen Ausnahmen der Kirchengüter und Gemeindeländereien von der Gerichtsbarkeit der Burgen, und durch das von den Königen begünstigte Aufblühen der Städte. Denn zwischen den Burghörigen, welche für den Schutz, den sie von dem Grafen genießen und für das Burgland, das sie be-bauen, allerlei Dienste leisten, wohnen die „Gäste", die Frem-den, die unter dem Schutze des Königs nur diesem ein Kopfgeld, „die freien Denare", entrichten und oft unter selbstgewählten Richtern stehen. Die Einwanderungsgeschichte dieser Deutschen in Ungarn ist fast völlig dunkel. Die Sage bezeichnet zwar den König Geisa II. als jenen, der diese „Sachsen" oder „Flandrer", unter welchen beiden Benennungen die Deutschen in Urkunden erscheinen, in das Land berufen, und die Forschung neigt sich dahin, sie vom Niederrhein einwandern zu lassen; doch wird es schwer, diese Thätigkeit mit Bestimmtheit in einzelnen

Fällen zu erweisen, zumal der Mongolensturm die ersten Pflan-
zungen an vielen Orten sammt der Erinnerung an dieselben ent-
wurzelt hat.

Neben den Burghörigen werden die „Jobbagionen" genannt, das sind jene, welche für das von ihnen bebaute Burgland nur Waffendienste leisten, und die „Jobbagionen des Königs", die sich gegen Belehnung mit königlichen im Gau gelegenen Ländern zum unmittelbaren Dienst unter dem königlichen
Banner verpflichten. Die harte Knechtschaft ist meist einem mil-
deren Verhältniß gewichen. Die leibeigenen Bauern und die
Knechte, theils Nachkommen der bei der Eroberung des Landes
vorgefundenen Bevölkerung, theils Verbrecher, können freigelassen werden. Der Preis der Loskaufung einer ganzen Familie
sammt dem von ihnen bewohnten Hause beläuft sich auf hundert
Byzantiner, um deren 24 oder einen Dienst von gleichem Werthe
der einzelne Knecht befreit wird. Oft aber schenkt sie der Herr
aus Dankbarkeit für treue Dienste oder zu seinem Seelenheile
an eine Kirche, der sie dann jährlich eine bestimmte Menge Wachs
zu bringen, die Glocke zu läuten haben oder zu anderen Diensten
verpflichtet werden. Solche freigelassene Knechte sind (von slav.
duša, die Seele) die Dušeniken, gleichsam das Seelengeräth
ihrer Herren.

Gejsa's II. Regierung war keine friedliche. Zuerst hatte
er mit dem schon genannten Prätendenten Boris zu kämpfen,
der auf eine ihm vom König Konrad III. von Staufen ge-
machte Zusage gestützt, Preßburg überfiel, wofür sich Gejsa durch
einen Einfall in die Ostmark und die Besiegung Heinrich Jasomirgott's auf dem zwischen dem „mösischen Thore" und der
Leitha gelegenen Virfelde rächte. Boris schloß sich hierauf dem
französischen Kreuzheere an, welches 1147 seinen Weg durch

Ungarn nahm, und fand bei Kaiser Manuel Zuflucht und Hilfe. Während Gejsa, der sich mit Euphrosine, der Schwester des russischen Großfürsten Isjaslav Mstislaviez, vermälte, seinem Schwager gegen den Fürsten Vladimirko von Haliez, zu Hilfe zog, fielen die mit Vladimirko verbündeten Griechen in Ungarn ein, zumal der Archižupan der Croaten Bacchinns sich mit Hilfe Gejsa's von der byzantinischen Oberherrschaft loszureißen suchte. Manuel nahm den Archižupan eigenhändig gefangen und entließ ihn auf das Versprechen des Gehorsams. Weniger glücklich war Manuel in Ungarn. Als Gejsa gegen ihn heranzog, kehrte er schleunig zurück. Bald ergab sich zu einem neuen Kriege Gelegenheit; denn Andronikos, einst Manuel's Günstling, rief gegen seinen kaiserlichen Anverwandten den König von Ungarn zu Hilfe, der mit einem aus Böhmen und „Sachsen" (Deutschen) gesammelten Heere in das griechische Reich einfiel.

Dies änderte sich, als Gejsa starb, welcher außer mehreren Töchtern noch drei unmündige Söhne, Stephan III., Bela und Gejsa hinterließ. Außer diesen überlebten ihn zwei Brüder, Stephan und Ladislaus. Stephan hatte sich mit Maria, der Nichte des byzantinischen Kaisers, vermält, und angelockt durch das glänzende Loos seines Bruders war auch Ladislaus nach Constantinopel gekommen. Nach Gejsa's Tode strebten sie nach der Krone. In der That setzten die Ungarn den Sohn Gejsa's ab und Ladislaus II., Gejsa's Bruder, als König ein, und als dieser bald (1163) starb, trat dessen Bruder Stephan IV. mit seinen Ansprüchen hervor. Doch statt sie verwirklichen zu können, kam er als Flüchtling zum Kaiser Manuel, während die Ungarn Stephan III., Gejsa's Sohn, wiederum anerkannten. Auch Manuel that dies, indem er dessen Bruder Bela mit seinem einzigen Kinde Maria verlobte, ihn zu Constantinopel zum künftigen Herr-

scher erzog, ihm den Namen Alexius und den Titel „Despot" ver-
lieh. Als aber Stephan III. seinem Bruder Bela das ihm vom
Vater bestimmte Erbtheil entzog, und auch Stephan IV. seine Ansprüche auf Ungarn von neuem erhob, nahm Manuel sich beider
gegen den König von Ungarn an, während dieser von Deutschland
und Rußland, vor allem aber von dem Böhmenkönige Bladislav
Hilfe bekam. Freilich war Stephan III. damals (1164) ein
Kind, und was in seinem Namen geschah, war das Werk seiner
Mutter und Vormünderin. Durch ihr Zuthun kam es, daß
Friedrich und Svatopluk, Bladislav's Söhne, ihre Schwieger-
söhne wurden.

Bladislav's II. Zug nach Ungarn ließ gräuliche Ver-
wüstungen an allen Orten, die seine Schaaren berührten,
zurück; es war dies so die damalige böhmische Kriegsart. Vor
den Griechen hatten sich die Ungarn hinter die Theiß zurückgezogen; erst die ihnen von Bladislav zugeführten Verstärkungen
flößten ihnen von neuem Muth ein. Manuel und Stephan IV.
ergriffen die Flucht; Bladislav's Krieger bezogen die erbeuteten
Zelte. Der Kaiser unterhandelte nun mit den Ungarn, wobei
Bladislav den Vermittler spielte. Stephan III. blieb König,
Bela wurde versorgt, Stephan's IV. Anspruch zurückgewiesen.
Auch eine Heirath zwischen Bladislav's Enkelin Helene und
Manuel's Enkel Peter wurde verabredet, manches Geschenk zwischen den drei Höfen gewechselt und die junge Braut im folgenden Jahre wirklich nach Constantinopel geführt, um dort erzogen
zu werden; auch zwischen den ungarischen Magnaten und der
Königin-Mutter suchte Bladislav versöhnend zu wirken. Mit
reichen Geschenken an Gold, Silber, Gewändern und Pferden
bedacht, kehrte Bladislav nach Böhmen heim.

Der Friede währte nicht lange. Als der König von Ungarn
Sirmium und andere im letzten Vertrage den Griechen ab-

genommene Plätze besetzte, knüpfte Manuel Bündnisse gegen
Ungarn mit den russischen Fürsten Primislaus und Rostislav,
sowie mit Jaroslav von Halicz an. Stephan IV. warf sich nach
Semlin und wurde hier von den Ungarn belagert. Ehe ein
griechisches Entsatzheer erschien, war Semlin in die Hände der
Ungarn gefallen. Schon früher hatte Stephan IV. geendet;
sein Diener hatte ihm bei einem Aderlaß Gift eingeträufelt.
Mit Semlin fiel ganz Sirmium den Ungarn in die Hände,
ging aber ebenso rasch in andere Herrschaft über. Da erschienen
Gesandte Stephan's III. vor dem Kaiser und sagten die Unterwerfung Sirmiums und Dalmatiens zu. Der Kaiser kehrte selbst
nach Constantinopel zurück, indeß Nikephoros Chaluphes im
Namen des Kaisers die Unterwerfung von 57 Städten Dalmatiens entgegennahm. Manuel hielt den Erfolg für bedeutend genug, um einen Triumphzug in Constantinopel von der
Akropolis bis zur Sophienkirche zu feiern. Aber die Ungarn
brachen neuerdings in Sirmium ein. Da griff Manuel Ungarn
von drei Seiten an: ein griechisches Heer erschien an der Donau,
ein zweites drang von Siebenbürgen in das südöstliche Ungarn
ein, während ein drittes von der russischen Grenze heranzog.

Um diese Zeit war im Abendlande der Kampf zwischen
Kaiser und Papst auf das heftigste entbrannt. Nach Victor's IV.
Tod veranlaßte Friedrich Barbarossa die Wahl eines neuen Ge-
genpapstes Paschal III. und ließ die versammelten Fürsten
(1165) auf einem Reichstage zu Würzburg schwören, daß sie
nie Alexander III. oder einen dem Kaiser feindlichen Papst
anerkennen würden. Nur die Erzbischöfe Konrad von Mainz
aus dem wittelsbachischen und Konrad von Salzburg aus dem
babenbergischen Hause weigerten sich, diesen Eidschwur zu leisten.
Paschal III. krönte 1166 den Kaiser Friedrich zu Rom, aber
im Rücken des Kaisers bereitete sich ein drohendes Bündniß vor.

Papst Alexander III. dachte damals daran, die abendländische
Kaiserkrone dem byzantinischen Kaiser zu verleihen; in vielen
Städten Italiens zählte Manuel Anhänger. In dieser Gefahr
sandte Barbarossa Otto von Wittelsbach und den Herzog Heinrich Jasomirgott, der ja dem griechischen Kaiser anverwandt war,
nach Constantinopel (1167). Heinrich war von seiner Gemalin
Theodora begleitet. Aber so freundlich auch der Empfang war,
den man ihnen dort bereitete, der Zweck ihrer Sendung wurde
nicht erfüllt; denn der abenteuerliche Plan, Manuel zum abendländischen Kaiser zu erheben, scheiterte, wenn überhaupt ernstlich
gemeint, nicht in Folge dieser Gesandtschaft, sondern angeblich
daran, daß Manuel Constantinopel, Alexander Rom zur Hauptstadt des neu zu begründenden römischen Weltreiches machen
wollte.

Auch der von Heinrich für Ungarn vermittelte Waffenstillstand hatte keinen Erfolg. Die Ungarn eroberten Dalmatien
wieder, doch nicht für lange Zeit. Auf dem nach Constantin benannten Platze zu Constantinopel befanden sich aus alter Zeit
zwei weibliche Statuen, von denen die eine beim Volke „die
Römerin", die andere „die Ungarin" hieß. Sie hatten beide
im Laufe der Zeiten gelitten und jene war umgestürzt. Manuel
befahl die erstere wieder aufzurichten, die Ungarin dagegen um-
zustürzen. Es war dies zur Zeit, als der Kaiser den Andronikos
Kontostephanos mit einem Heere über die Save sandte, den der
ungarische Graf Dionys mit 37 Comitatsbannern in Sirmien
erwartete. Die Griechen blieben in der Schlacht Sieger. Das
große Schlachtbanner, das seines Umfanges wegen auf einem
Wagen von vier Paar Rindern geführt worden war, fünf Grafen, 800 Streiter fielen den Griechen in die Hände. Dalmatien
wurde wieder byzantinisch. Da setzte ein unerwartetes Ereigniß
den langwierigen Kämpfen hier im Osten ein Ziel. Kaiser Ma-

nnel's zweite Gemalin Maria genas eines Sohnes, welchem
nun der bisher von Bela geführte Name Alexius beigelegt
wurde, und den auch Manuel sogleich als einzigen Thronerben
verkündigen ließ. Bela's Verlobung mit Manuel's Tochter
wurde unter dem Vorwande zu naher Verwandtschaft rückgängig
gemacht und auf des Kaisers Geheiß entband der Patriarch die
Byzantiner des dem Bela als Thronfolger geleisteten Eides.
Manuel gab ihm der Kaiserin Schwester, die Tochter Boe-
mund's III. von Antiochien, zum Weibe und ernannte ihn zum
Cäsar. Das dem Bela abgetretene Dalmatien wurde 1171
von byzantinischen Truppen überzogen und Constantin Sebastus
zum Gouverneur des Landes verordnet. Bela's Stellung war
peinlich geworden, er rang sich aus diesen Verhältnissen los,
wozu Stephan's III. Tod ihm die Gelegenheit bot.

Auch in Böhmen gingen inzwischen wichtige Aenderungen
vor sich. Die furchtbare Seuche, welche 1167 im Heere des
Kaisers Friedrich wüthete, raffte unter andern Opfern auch den
Herzog Diepold und den Bischof Daniel von Prag hinweg.
Adalbert, des Königs Vladislav II. Sohn, wurde 1168 zum
Bischof von Passau, dann (1. November) zum Erzbischof von
Salzburg erwählt. Dies zog einen gänzlichen Bruch des böhmischen Hofes mit dem kaiserlichen nach sich, da Adalbert sich
P. Alexander III. anschloß. Erzürnt verwüstete der Kaiser das
bischöfliche Land. Da legte Adalbert alle weltlichen Hoheitsrechte
in die Hände desselben zurück, behielt nur die geistliche Würde
und entzog sich weiteren Verfolgungen durch ein mehrjähri-
ges Weilen in den Bergen Kärntens und Steiermarks. Auch
Vladislav war des Kämpfens müde geworden. Der alte König
entsagte 1173 der Krone, ohne sich viel um den Kaiser zu
kümmern, zu seines ältesten Sohnes Friedrich Gunsten

und zog sich für den Rest seiner Tage in das Kloster Strahov zurück. Ob ihm Judith — sie war seine zweite Gemalin (seit 1153) und des Landgrafen von Thüringen Ludwig III. hochgebildete Tochter — in das Kloster gefolgt, ist unbekannt. Das Nonnenkloster zu Teplic und die erste steinerne Brücke über die Moldau zu Prag verdanken ihr die Entstehung.

Sobald der Prinz Udalrich, Soběslav's Sohn, die in Böhmen eingetretene Veränderung erfuhr, trat er vor den Kaiser, in dessen Diensten er so viele Jahre zugebracht hatte, und bat um den versprochenen Lohn seiner Treue, um die Einsetzung auf den erledigten Fürstenstuhl und um die Befreiung seines unglücklichen Bruders Soběslav, der zum zweiten Male, und nun schon das dreizehnte Jahr, in der Haft auf der Burg Primda schmachtete. Der Kaiser beschied den alten König und dessen Sohn nach Nürnberg vor sich; aber die Beiden gingen mit den Vornehmsten des Landes zu Rathe, beschlossen blos Gesandte nach Nürnberg zu senden und ihnen eine ansehnliche Summe Geldes mitzugeben, um den Kaiser zu ihren Gunsten zu stimmen. Vergebens; der Kaiser verlangte dringend, daß Soběslav freigegeben werde, wozu sich endlich Wladislav's Sohn entschloß. Der Freigelassene wird nach Prag gebracht, hier mit großem Gepränge empfangen, zieht in Demuth baarfuß zur Kirche, um Gott für seine wunderbare Erlösung zu danken, dann begrüßt er den König und dessen regierenden Sohn, von denen er den Friedenskuß empfängt, und zieht sich nach diesen Förmlichkeiten in seine Herberge zurück. Aber die Nachricht, daß Friedrich ihn den nächsten Morgen zu blenden beabsichtige, verscheucht den Schlummer von seinen Augen, er flieht noch dieselbe Nacht nach Ermendorff, wo der Kaiser eben einen Hoftag versammelt hat, und wohin ihm der Fürst Friedrich nachfolgt. Hier wurde nun diesem das „Herzogthum" Böhmen aberkannt, zu dessen

Besitz er nicht in Folge einer freien Wahl der Stände, sondern nur durch den Willen seines Vaters gelangt sei. Der königliche Name in Böhmen ward wieder abgeschafft, und Udalrich als der rechtmäßige Herrscher durch fünf Fahnen mit Böhmen belehnt. Aber Udalrich entsagte zu Gunsten seines älteren Bruders Sobĕslav II. und beide schwuren dem Kaiser, zu dessen Zuge in die Lombardei Hilfstruppen auszurüsten. Friedrich blieb als Geißel in den Händen des Kaisers. Dem König Vladislav II. sagte der neue Herzog von Böhmen ein Gnadenbrot zu. Aber jener verschmähte es und begab sich auf ein Landgut seiner Gemalin, Merane in Thüringen, wo er in Gesellschaft derselben und seiner Schwiegertochter Elisabeth noch vier Monate in stiller Zurückgezogenheit lebte.

Vladislav II. starb am 18. Januar 1174 und wurde im Stifte Strahov bestattet. „Fürwahr, so lange Vladislav lebte, war er ein gottesfürchtiger Freund und Wohlthäter der Kirche, indem er sowohl Ordenspriester vom Ausland berief als auch Gotteshäuser erbaute. Durch sein Zuthun kamen die Cistercíten und Prämonstratenser in das Land, die gleich Sonne und Mond Böhmen erleuchteten. Er war es, der den Strahoverberg Sion nannte und die Räuberhöhle in ein Bethaus umstaltete, das seines gleichen sucht. Ein anderes Haus unseres Ordens hat er zu Doxan für Nonnen gestiftet, von denen die ersten aus Dünewald im Cölner Sprengel kamen, ein drittes für das ‚graue Leben‘ zu Plaß, ein viertes und zwar für Benedictiner-Nonnen zu Teplic, dessen Gründerin vor allem die Königin Judith war, ein fünftes zu Leitomischl. Sein Beispiel feuerte andere vornehme Böhmen an, um auch selbst Kirchen zu erbauen, an deren Begründung er Antheil nahm.“ Mit diesen wenigen aber inhaltsreichen Worten beschließt der Chronist Gerlach, seit 1186 erster Abt des Prämonstratenserklosters

Mühlhausen und Fortsetzer der von Vincenz von Prag bis 1167 geführten böhmischen Geschichte seine Darstellung von Vladis-lav's Wirken.

13.

Heinrich Jasomirgott's Tod — Aufblühen von Wien — Der venetianische Handelsstaat.

Auch die Tage Heinrich Jasomirgott's waren gezählt, sie sollten in bitterer Sorge um die Zukunft des Landes schließen. Noch immer nemlich war Friedrich Rothbart gegen den Salz-burger Erzbischof feindlich gesinnt. Auf einem glänzenden Reichs-tage zu Regensburg setzten die Suffragane den Erzbischof ab und ihm den Propst Heinrich von Berchtesgaden entgegen. Nur einer von den anwesenden Fürsten widersprach, es war der alte Herzog Heinrich von Oesterreich. Das sollte er schmerzlich büßen. Der Kaiser forderte, von Italien aus, den böhmischen Herzog Sobĕslav II. zum Kriege gegen Heinrich auf. Ein Grenzstreit diente zum Vorwand, und bald stand Sobĕslav mit 60.000 Mann, auch von Ungarn, Steiermark, Rußland und Polen her unterstützt, an der Grenze. Heinrich wich hinter die Donau zurück, das Marchfeld litt alle Drangsale des Krieges. Heinrich's Söhne unternahmen zur Widervergeltung einen ähnlichen Raubzug nach Mähren, den Sobĕslav durch einen noch schrecklicheren nach Oesterreich vergalt. Das Unglück des Herzogs und seines Landes fand Mitleid; Papst Ale-xander III. verhängte über Sobĕslav den Kirchenbann, und selbst der Kaiser schien mit ihm unzufrieden zu werden. Da stürzte Heinrich Jasomirgott von seinem Streitrosse, brach sich das Bein und starb am 13. Januar 1177 an der Wunde.

Es ist Heinrich's Zeit, in welcher endlich und plötzlich Wien aus seinem Halbdunkel ans Licht tritt. Das römische Castell Vindobona, das einst an seiner Stelle gestanden, hatte der Strom der Völkerwanderung schon längst vertilgt; dennoch befanden sich im eilsten Jahrhundert, als auf dem erst jüngst den Ungarn entrissenen Boden ein neues Geschlecht von deutschen Ackerbauern und Kriegern sich niederließ, auf jener classischen Stelle vom hohen Markte an der Wipplinger Straße hinab dem tiefen Graben zu, und rechts und links gegen das Roth=gäßchen und gegen die Donau hin, zahlreiche Ueberreste jener Befestigungswerke, die das römische Municipium einstmal um=gaben. Noch um die Mitte des zwölften Jahrhunderts werden das „Castell" und der alte Wall genannt. Die Kirche St. Ru=precht war damals die Pfarrkirche, während St. Stephan noch eine Capelle ist. Am heutigen Hof steht die Markgrafenburg. Eine Reihe von Straßen „unter den Bognern" (Bognergasse), die „Goldschmied=", „Schuster=", „Küfergasse", „unter den Badern" (Stubenthor?) eröffneten sich schon damals regem Handelsverkehr und Gewerbsbetriebe. Der hohe Markt wurde schon damals auf vier Seiten von Häusern umschlossen, während eine der Gassen, „die Heidenhainstraße" (an der Stelle der jetzigen Singerstraße), gleich den „Heidenthürmen" der Stephans=kirche und der als Wahrzeichen der Stadt berühmte „Stock im Eisen" an die fernen Zeiten erinnern, in denen die alte Bevöl=kerung zu ihren Göttern im Dunkel des Wienerwaldes statt in dem Säulenwalde eines gothischen Domes gebetet.

Heinrich Jasomirgott erhob die Stadt zu seiner Residenz; unter ihm wurde, um Raum für die Bedürfnisse einer größeren Pfarrgemeinde zu gewinnen, St. Stephan umgebaut. Die Westfaçade, der älteste Theil des jetzigen Domes, gehört erst dem dreizehnten Jahrhundert an. Ein Jahr vor seiner Erhebung

zum Herzog von Oesterreich berief Heinrich Jasomirgott schottische
Mönche nach Wien, wies ihnen die Mittel zur Erbauung eines
Klosters und einer Kirche auf der Freiung an und bestimmte die
letzte zu seiner Ruhestätte.

So wuchs Wien zu immer höherem Glanze empor; der
Waarenzug und die Kreuzfahrten trugen das wesentlichste zu
dem Aufschwunge bei. Das Nibelungenlied hat den neu erblü-
henden Ort gefeiert; es läßt dort den Hunnenkönig zu einem
Pfingsten siebenzehn Tage lang das Beilager mit Chriemhilden
begehen, und Otto von Freisingen führte nicht ohne Stolz den
Ursprung der Stadt bis auf die Römerzeiten, das Fabiana der
Alten, zurück.

Inzwischen hatte die lange Fehde Kaiser Friedrich's I. mit
der Kirche und mit den lombardischen Städten ein Ende gefunden. Von seinem Vasallen, dem Herzog Heinrich dem Löwen
im entscheidenden Augenblicke im Stich gelassen, erlag er bei
Legnano dem Bunde der oberitalischen Städte (1176). Zwar
hatte er an dem durch den griechischen Kaiser schwer verletzten
Venedig eine Bundesgenossin gefunden; diese aber war als
Handelsmacht geneigt und bemüht, den Frieden herbeizuführen,
und wurde endlich sogar zum Orte ersehen, wo der Papst und
der Kaiser zusammentrafen (1177).

Zu Chioggia wurde Friedrich Barbarossa durch einen Le-
gaten Alexander's III. vom Banne gelöst. Dann fuhr er nach
Venedig, wo ihn der Doge Ziani, der Patriarch, die Bischöfe,
Clerus und Volk empfingen. Er stieg am St. Marcusplatze aus
Land und zog zur St. Marcuskirche, die schon damals in ihrer
orientalischen Pracht, mit den hohen runden Kuppeldächern,
der rundbedachten Vorhalle, den vielen Säulen aus Granit,
Porphyr, Serpentin, den Mosaiken und den bronzenen Thüren

den Blick des Beschauers verwirrte. Unter der Halle stand der
Papst, von seinen Cardinälen umgeben, während der Kaiser in
Demuth sich nahte. Friedrich küßte Alexander den Fuß; dieser
hob ihn weinend empor und gab ihm den Friedenskuß. Dann
reichte Friedrich dem Papste die Rechte und führte ihn ein in
den Tempel, über den kostbaren spiegelnden Marmorboden, die
gewaltigen Pfeiler entlang, welche die riesigen Kuppeln trugen,
aus denen ein schwaches Dämmerlicht auf die goldgeschmückten
und mit Mosaiken gezierten Wände herabfiel und den bewältigen-
den Eindruck geheimnißvollen Dunkels hervorrief. Dort stand
der Altar, von vier weißen Marmorsäulen getragen, eine griechische Arbeit des eilften Jahrhunderts. An diesem las der
Papst am folgenden Tage, am Feste St. Jakobs, die Messe und
nach derselben begleitete ihn der Kaiser die Stufen hinab und
hielt ihm bei dem Besteigen des Zelters den Steigbügel. Dann
wurde zwischen dem Kaiser und den lombardischen Städten
Friede auf sechs Jahre geschlossen. Binnen dieser Zeit sollten
zwei Schiedsrichter in jeder Stadt von beiden Parteien aufgestellt werden, um die noch schwebenden Streitfragen zu lösen.
Im Jahre 1183 kam der Costnißer Friede zu Stande;
derselbe anerkannte des Kaisers Oberhoheit, doch scheint sich
diese auf die Bestätigung der von den Städten gewählten
Consuln beschränkt zu haben.

Venedig zeichneten er und der Papst durch vielfache Gnadenbezeugungen aus. Friedrich gewährte ihm die Bestätigung seiner
alten Handelsfreiheiten, der Papst ertheilte allen, die am Himmelfahrtstage die Kirche San Marco andächtig besuchten, einen
Ablaß. Dem Dogen, so heißt es, gab er einen kostbaren Ring
mit den Worten: „Empfangt ihn als Unterpfand der Herrschaft,
die Ihr und Eure Nachfolger über das Meer stets behalten werdet." Seit dieser Zeit wurde das Fest am Himmelfahrtstage

prunkvoller denn früher. Der Doge, von einem glänzenden Gefolge umgeben, fuhr in einem prächtigen Schiffe, dem Bucentoro, mit dem Bischof von Castello zur Insel S. Helena. Dort
reichten die Mönche dem Bischof Kastanien und Rothwein dar,
dem Dogen aber einige Damascener Rosen in einem silbernen Becher. Der Doge nahm eine davon; die übrigen vertheilte er an
seine Umgebung. An der Mündung des Porto del Lido wandte
der Bucentoro sich gegen das Meer; der Patriarch segnete den
Ring und der Doge warf das Kleinod mit den Worten in das
Meer: „Meer! wir vermälen dich zum Zeichen unserer wahren
und ewigen Herrschaft.“ Dies Fest und der Ablaß, mit dem es
verbunden war, lockten jährlich Fremde und Geld in die Stadt.

Mit der Erzählung dessen, was zu Venedig, dieser in ihrer
Art einzigen Inselstadt, sich zutrug, treten wir in den Kreis
jener Landschaften ein, welche, von Griechen, Slaven und Ita-
lienern bewohnt, das adriatische Meer umgeben. Die dem Insel-
staate gegenüberliegende dalmatische Felsenküste mit ihren un-
zähligen Vorbergen, Landzungen und Buchten, mit ihren Fels-
eilanden und dunklen Waldungen, unter deren Schutze die üp-
pigste Pflanzenwelt aufschoß, dann die Wunderwelt des Meeres
und die Kunde von fernen Ländern, die jedes heimkehrende Schiff
dem Bewohner Venedigs brachte, die Waaren der drei Welttheile, die hier zu Markte kamen, erzeugten ein höchst eigenthüm-
liches Leben. Zara war ein vortrefflicher Stapelplatz für ihre
verschiedenen Waaren, Curzola bot ihnen das trefflichste Bau-
holz. Freilich schlossen sich an die neue Erwerbung unablässige
Fehden um deren Behauptung mit Byzanz und Ungarn an,
die bis in das fünfzehnte Jahrhundert sich hinziehen; aber diese
Kämpfe gerade erzogen Venedig zur Weltmacht, bis die Kreuz-
züge ihm auch den Welthandel verschafften. Bereits der Doge

Ordelafo Falieri († 1117) legte nach orientalischem Vorbild ein Arsenal an, aus welchem die verschiedenen Fahrzeuge, die Galandrien mit Thurm und Mast, Segel und Ruder, die Palandrien mit Doppelverdeck, Wurfmaschinen und Thürmen, die Dromonen und die Transportschiffe, deren sich Venedig zur Ueberfahrt der Pilger häufig bediente, hervorgingen. Drüben im heiligen Lande genossen sie umfassende Rechte. Sie besaßen in allen christlichen Städten ihr eigenes Quartier, eigene Badstuben, Bäckereien und Markt mit Korn, Wein und Oel, ihr eigenes Maß und Gewicht und eigene Gerichtsbarkeit, später sogar ein ganzes Drittel von Tyrus. In Venedig selbst, das bereits über Hunderte von Segeln gebot, womit es die Normannen Unteritaliens angriff und Constantinopel erzittern machte, legte man um diese Zeit auch zu der ersten Nationalbank den freilich noch wenig beachteten Grund.

So war das kleine, von armen Fischern bewohnte Venedig zu einer Weltmacht erwachsen, deren Flotten die Meere beherrschten. Zu diesem Aufschwung war ihm der Umstand von Vortheil gewesen, daß man es ehedem zu Constantinopel als einen Theil des griechischen Reiches betrachtete, so daß die Venetianer die Städte desselben beinahe als heimatlichen Besitz ansehen mochten. Sie versahen das griechische Reich mit allen Bedürfnismitteln, Genüssen und Zierden des Lebens und brachten nach andern Ländern den Ueberfluß seiner reichen Erzeugnisse. In der Hafenstadt von Constantinopel hatten sie eigene Straßen und selbst die allen Ausländern strenge verschlossenen Inseln waren ihnen geöffnet. Ein günstiger Handelsvertrag schloß ihnen die reiche Kornkammer Siciliens auf und setzte sie in den Besitz des Handels mit den hier verfertigten kostbaren Seidenstoffen. 1175 wurde auch mit dem König von Armenien eine Uebereinkunft geschlossen; die nördlichen Völker, Bulgaren,

Petschenegen, Slaven und Russen nahmen gern die Fremdlinge auf, die sie für den Ueberfluß ihrer Landeserzeugnisse mit
Waffen und Kriegsgeräthen versahen.

14.

Erwerbung der Steiermark durch die Babenberger — Der dritte Kreuzzug — Gefangennehmung Richard's Löwenherz.

Schon um die Mitte des zehnten Jahrhunderts erscheinen
zwei Marken des Herzogthums Kärnten, „die untere Mark",
„die Mark an der Saune" oder „an der Drau" genannt, und
die „obere Mark", welche seit der Mitte des eilften Jahrhunderts dauernd von Kärnten geschieden sind. Die „obere Mark"
kam an den Grafen Arnold von Lambach, dessen Sohn Gottfried nach seinen Siegen über die Ungarn schon im J. 1042 als
Markgraf erscheint. Nach ihm, welcher Pütten besaß, nannte man
diese obere Mark auch Püttener Mark, die untere hieß wohl
auch Cilliermark. Als Gottfried um 1055 starb, fiel die obere
Mark den Grafen von Traungau zu, deren Stammburg Steier
(Stiraburg) am gleichnamigen Flusse dem Lande Steiermark
die Benennung verlieh, indem er allmälig auch auf die untere
Mark Anwendung fand. Ottokar IV. von Steier hatte eine
Gräfin von Pütten, Lambach und Wels zur Gemalin; darum
beerbte sein Sohn gleichen Namens den Gottfried. Ottokar VI.
fügte zu seinen Besitzungen reiche Güter im Mürzthal mit der
Vogtei über das Kloster Lambrecht, das die Mürzthaler gestiftet hatten. Er starb am 22. November 1122, der Sage
nach auf der Jagd durch einen Eber getödtet. Er hatte von seiner Gemalin Elisabeth, der Schwester des babenbergischen Mark-

grafen Leopold des Heiligen, einen Sohn, den er dem Schwiegervater zu Ehren Leopold nannte. Dieser stiftete das Cistercienserkloster Rein nördlich von Grätz und starb in jungen Jahren
(1129); ihm folgte sein unmündiger Sohn Ottokar VII., dessen Mutter Sophia das Land verwaltete und (1140) die Cillier
Mark erwarb. Ottokar VII. nahm auch an dem Kreuzzuge
Theil, auf welchem Graf Bernhard von Marburg starb, dessen
Erbe nun größtentheils an jenen kam. Neue Erwerbungen
machte derselbe Ottokar, als bei der Belagerung Mailands der
tapfere Graf Ekbert III. von Formbach, Neuburg und Pütten
fiel und mit ihm das mächtige Geschlecht erlosch. Aus Freude
über die Geburt eines Sohnes stifteten er und seine Gemalin
Kunigunde das regulirte Chorherrenstift Vorau (1162) in der
nördlichen Steiermark, nahe der österreichischen und ungarischen
Grenze. Auch die Karthause zu Seiz, die älteste in Deutschland,
hat er 1164 in einer wildromantischen Gegend, eine Stunde
südlich von Gonowitz, im jetzigen Cillier Kreise, gestiftet. Nochmals beschloß Ottokar nach Palästina zu gehen, starb aber bereits am 31. December 1164 zu Fünfkirchen in Ungarn. Letzt-
willig noch hat er verfügt, daß man seinen sechs Mark schweren
goldenen Becher nach seinem Tode zerbreche und an Klöster
vertheile.

Ottokar VIII. wurde anfangs von seiner Mutter Kunigunde geleitet, die nachmals als Nonne zu Admont ihr Leben
beschloß. 1180 wurde er wehrhaft gemacht und ihm von Kaiser
Friedrich I. bei dem Sturze Heinrich's des Löwen die Würde
eines Herzogs ertheilt. Doch wurde Ottokar plötzlich von der
„Miselsucht" befallen, einer Krankheit, welche die Pilger aus dem
Morgenlande mitgebracht. Wer mit der „Miselsucht" behaftet
war, verfiel in tiefe Melancholie und wurde von seinen Mit-
menschen gemieden. In seiner trüben Stimmung und auf An-

rathen der Edlen seines Landes übergab er die Steiermark durch einen förmlichen Erbvertrag an den Herzog Leopold VI. von Oesterreich, da er keine Hoffnung auf einen Leibes-erben hegte. Daher berief er eine große Versammlung in die damals steierische Stadt Enns. Es kamen der Herzog Leopold von Oesterreich, sein Sohn Friedrich und viele Edle dieses Landes mit dem Herzog Ottokar, dessen Rittern und Ministerialen am 17. August 1186 in Ottokar's Burg auf dem St. Georgenberge, außerhalb des jetzigen Schlosses Ennseck, zu-sammen. Herzog Leopold und sein Sohn Friedrich wurden förmlich und feierlich als die Erben der Steiermark nach Otto-kar's Tode erklärt, der Erbvertrag von vielen edlen Zeugen unterschrieben, die Siegel Ottokar's und Leopold's zur Bekräfti-gung angehängt.

Leopold VI. der Tugendsame, dem auf diese Art Steiermark zugedacht war, Jasomirgott's älterer Sohn (geb. 1137), war nach des Vaters Tode mitten im Winter über die Alpen nach Italien geeilt, wo er von Kaiser Friedrich zu Pesauria im Gebirge bei dem einstigen Schlosse Candelare die Belehnung mit Oesterreich empfing. Im Frühling 1182 trat er eine Pilger-fahrt nach Jerusalem an, auf welcher ihn ein zahlreiches Gefolge, darunter der Abt Ulrich von Kremsmünster, der auf der Rück-kehr bei Accon starb, begleitete. Da in Palästina damals tiefer Frieden herrschte, kehrte er bald wieder heim und brachte unter anderm ein Stück des Kreuzes, so groß wie eine Mannshand, mit sich, welches er dem Kloster Heiligenkreuz überließ. Da kam 1187 die Nachricht, daß Jerusalem in die Hände Saladin's gefallen sei. Den hochbetagten Kaiser hinderten weder sein Alter noch ein Leben voll ruhmreicher Thaten, nach der Palme des christlichen Helden zu greifen. Auf einem großen Reichstage zu

Mainz, am 17. März 1188 nahm Friedrich mit vielen Fürsten das Kreuz. Um Fasten 1189 brach er von Regensburg auf und fuhr bis Wien die Donau hinab, während die Hauptmacht zu Lande dahinzog. Mit dem Kaiser waren sein gleichnamiger Sohn, dann Berchtold von Andechs, Graf von Meran und viele deutsche Bischöfe, aus Oesterreich unter andern der Abt Isenrich von Admont. Das Städtchen Mauthausen an der Donau wurde von dem vorüberziehenden Pilgerheere verbrannt, da sich die Bewohner erfrecht hatten, von den Wallfahrern einen Zoll zu erpressen. Hingegen erfuhren die Pilger zu Wien die weit berühmte Milde des Herzogs, der ihnen um billige Preise Lebensmittel verkaufte und sie reichlich beschenkt von dannen ließ.

In Ungarn war Bela III. seinem Bruder Stephan in der Herrschaft gefolgt; eine Gesandtschaft der Ungarn hatte ihn aus Constantinopel geholt, wo er, bevor ihn der griechische Kaiser ziehen ließ, das eidliche Versprechen geleistet hatte, bei allen seinen Regierungshandlungen stets den Vortheil des griechischen Reiches im Auge zu behalten. Als Bela in Ungarn eintraf, verweigerte ihm der Erzbischof Lukas von Gran wegen des auf ihm ruhenden Verdachtes, zur griechischen Kirche zu neigen, die Krönung, bis Papst Alexander III. ausdrücklichen Befehl dazu gab. Dennoch dauerten die heimlichen Umtriebe wider den König fort. Bela III. setzte endlich die Königin Agnes und den Árpáden Albrich gefangen, wogegen sein jüngerer Bruder Gejsa nach Oesterreich und dann weiter nach Böhmen entkam, wo er vom Herzog Soběslav gefangen genommen und an Bela ausgeliefert wurde, der ihn in engeren Gewahrsam brachte. So lange Manuel lebte, ließ Bela Dalmatien, das ja einst ihm zugedacht worden war, unangegriffen; nach seines Gönners Tode aber riß er den byzantinischen Antheil an sich, nahm auch die Unterwerfung der Stadt

Zara entgegen, welche sich damals der venetianischen Herrschaft entzog, und behauptete sich gegen Venedig im Besitze der Stadt. Bela's Gemalin Agnes von Antiochien starb 1184, nachdem sie dem Könige zwei Söhne, Emmerich und Andreas, geboren. Letzterer war vorübergehend König von Halicz, wurde freilich bald wieder durch den rechtmäßigen Fürsten aus Volodar's Stamme, Vladimir Jaroslavicz, verdrängt, doch führten seitdem die Könige Ungarns den Titel: „König von Halicz" in Urkun=den fort. Margaretha, die Wittwe Heinrich's des Königs von England, wurde Bela's zweite Gemalin; sie war die Schwester des Königs Philipp August von Frankreich und brachte fran=zösische Sitte an den ungarischen Hof, so wie auch fortan man=cher Jüngling aus Ungarn nach Paris ging, um sich dort an der Hochschule zu bilden.

So standen die Sachen in Ungarn, als Friedrich Barba=rossa auf seinem Kreuzzuge dahin kam. König und Königin begegneten dem gefeierten Kaiser mit der ihm gebührenden Achtung. Zu Preßburg feierte Kaiser Friedrich II. das Pfingst=fest, darauf zu Gran die Verlobung seines Sohnes Friedrich mit Bela's Tochter Constantia. Während das Kreuzheer durch das fruchtbare Land, mit allem reichlich versorgt, langsam hin=abzog, vergnügten sich Bela und Friedrich in einem anmuthi=gen Forste auf einer Donauinsel vier Tage mit der Jagd und beim Abschied verehrte die Königin dem Kaiser ein Zelt, mit Scharlachvorhängen und Tapeten auf das prächtigste ausge=schmückt, mit einem bequemen kostbar ausgestatteten Pfühle und einem gepolsterten Elfenbeinstuhle versehen, das so groß war, daß es kaum auf drei Wagen fortgebracht werden konnte. Das Familienfest benützte die mildgesinnte Königin, um zwischen ihrem Gemal und dessen Bruder Gejsa, den jener nun schon seit fünfzehn Jahren gefangen hielt, Frieden zu stiften. Auch

Friedrich legte sein Fürwort ein und der unglückliche Prinz erhielt die Freiheit. Er schloß sich mit zweitausend Ungarn seinem Wohlthäter an. Auch böhmische Pilger trafen bei Friedrich ein, dessen Heer Bela mit Brot, Wein und Futter versah.

„Nachdem wir", erzählt ein österreichischer Pilger, „auf Schiffen über die Drau gesetzt, wobei einige Menschen und Pferde ertranken, kamen wir zu St. Johann Baptist den 24. Juni in die Mark, die zwischen Ungarn und Griechenland liegt. Von dort gelangten wir nach Sirmium, überschritten hier die Save glücklich an ihrer Mündung und befanden uns bald auf griechischem Boden, fünf volle Wochen, nachdem wir bei Preßburg Ungarn betreten. Hier feierten wir an den Ufern der Save in der halb verfallenen Stadt Weissenburg oder Belgrad das Fest der Apostel. Die Luft war die ganze Zeit hindurch, als wir Ungarn durchzogen, ungemein still und so gemäßigt, daß wir nichts von den Mücken, Bremsen, Fliegen und Schlangen sahen, die sonst in Ungarn den Reisenden zu belästigen pflegen. Am 2. Juli kamen wir nach Brandiz durch lauter Wälder und ließen hier die Schiffe zurück, die Friedrich mit wahrhafter kaiserlicher Freigebigkeit dem König von Ungarn verehrte. Der Duy von Brandiz empfing den Kaiser mit viel scheinbaren Ehren, doch zeigte die Folge das Gegentheil; er und alle Griechen erwiesen sich treulos.' Die Griechen lenkten oft die Kreuzfahrer von der bulgarischen Heerstraße ab und machten den Weg, auf dem sie uns führten, uneben. Da war es ein Glück, daß die Ungarn, die des Weges kundig waren, zwei bis drei Tagmärsche dem Hauptheere voranziehend, den folgenden die Pfade bahnten". Zu dieser Treulosigkeit kamen noch versteckte Angriffe mit vergifteten Pfeilen, welche Griechen und in griechischem Sold stehende Bulgaren, Walachen und Serben auf die Kreuzfahrer aus ihren Verstecken abschossen. Die Pilger kamen nach Nissa, wo sie der Großgraf von Serbien und Rascien, ein Feind der Griechen, wohl aufnahm und mit Lebensmitteln und Geschenken erfreute. Angeblich erbot er sich auch sein Land von dem Kaiser zum Lehen zu nehmen; aber Friedrich wies dies von sich, wohl um nicht in selbstverschuldete Feindschaft mit den Griechen zu gerathen; dagegen ließ er die Verlobung der Tochter des Herzogs Bertold von Meran mit dem Sohne des Großgrafen zu. Neue Gefahren drohten den Pilgern, als sie von Nissa noch immer durch den Bulgarenwald weiter zogen. Auf diesem Wege starb der Admonter Abt (10. August) und fand hart an der Straße im Schatten des Waldes sein kühles Grab. Nach sechswöchentlicher Fahrt durch den Bulgarenwald kam man nach Philippopolis, dann nach Adrianopel, wo der Kaiser den Winter zubrachte, indeß die Ungarn die lange Fahrt gereute und mit Friedrich's Erlaubniß von neun ungarischen Grafen sechs in ihr Land zurückkehrten. Im Winterlager kam es mit den Griechen zu offenem Kampfe und nur die Gefahr, mit der hiedurch Constantinopel bedroht wurde, führte zu einem Friedensvertrage, worauf die Kreuzfahrer im März 1190 auf griechischen Schiffen über die Dardanellen gesetzt wurden und nun den Boden Kleinasiens betraten. Hier war es, wo Friedrich beim Uebergange des Heeres über den Fluß Saleph, um einer Stockung auf der versperrten Brücke abzuhelfen, in den reißenden kalten Fluß setzte. Ein Strudel erfaßte ihn und die zu Hilfe Eilenden brachten nur seinen Leichnam an das Ufer. Der jüngere Friedrich, sein Sohn, führte die Truppen weiter, zunächst nach Antiochia, wo der große Kaiser seine Ruhestätte fand.

Um diese Zeit rüsteten sich auch die beiden Könige Richard Löwenherz von England und Philipp August von Frankreich. Auch der Herzog von Oesterreich, der biß dahin mit größter Spannung den Gang der Ereignisse im Morgenlande verfolgt hatte, nahm mit seinem Bruder Heinrich das Kreuz. Selbst der todessieche Ottokar von Steier legte dies Zeichen an. Leopold schiffte sich 1190 zu Venedig ein, wurde aber durch die Herbststürme gezwungen, in Dalmatien zu Sabire zu landen und zu überwintern, und konnte erst im folgenden Frühling mit anderen Rittern die Fahrt fortsetzen, die ihn ohne Verzug nach Accon in Syrien brachte. Dort traf auch bald der König von Frankreich und später König Richard ein. Letzterer hatte auf der Fahrt die Insel Cypern erobert und daselbst den Usurpator Isaak gefangen genommen, den er später als Sclaven einem seiner Vasallen schenkte. Gerade hiedurch hat Richard den Herzog von Oesterreich höchlich beleidigt, denn Isaak war des letzteren naher Verwandter.

Leopold nahm an den letzten Kämpfen der Christen vor Accon Theil. Aber im Lager vor dieser Stadt herrschte große Uneinigkeit. Denn der Markgraf Konrad von Montferrat, ein naher Verwandter des Herzogs von Oesterreich, strebte nach der Krone des heiligen Landes, worin ihm König Veit hindernd im Wege stand. Ein Vertrag brachte endlich Accon in die Hände der abendländischen Ritter. Die Thore wurden geöffnet und die Sieger besetzten sofort die verschiedenen Herbergen. Der Herzog von Oesterreich pflanzte sein Banner auf den vorzüglichsten Palast. Aber der englische König, heißt es, der in ihm den Verwandten Isaak's und Konrad's, seiner Todfeinde, erblickte, riß das Banner herab und sparte auch sonst gegen die Deutschen die beleidigendsten Aeußerungen nicht. Leopold kehrte mit Einbruch des Winters in seine Heimat zurück, wo er den Herzog von Steiermark am Ende seiner Tage traf. Am 8. oder 9. Mai 1192 starb Ottokar VIII.; schon am 24. darauf wurde Leopold von dem Kaiser zu Worms feierlich mit Steiermark belehnt und führte nun den Titel Herzog von Oesterreich und Steier. Ottokar aber, der letzte seines Geschlechtes, wurde in der Karthause Seiz neben seinen Eltern begraben, bis 1227 seine Ueberreste und die seiner Eltern nach Gräß, dann nach Rein übertragen wurden. Dort ruhen sie noch.

Auch Richard Löwenherz blieb in Palästina nicht mehr lange. Nachdem er mit Saladin einen Frieden geschlossen, wonach den Christen die Küste von Thrus bis Joppe blieb und die Pilgerfahrt nach Jerusalem offen stand, eilte er nach seinen Landen, in welchen Johann, sein Bruder, inzwischen Unfrieden gestiftet. Eine Krankheit verzögerte die Rückkehr des englischen Königs bis zum 9. October 1192, worauf er sich mißmuthig mit seiner Gemalin und geringem Gefolge in Accon einschiffte; die übrigen Pilger verließen allmälig das Land. Aber Richard's Schiff wurde nach vielen Gefahren an die Küste von Istrien nach Pola verschlagen und Richard sah sich zur Landung gezwungen. Er überließ Gemalin und Gefolge dem unsicheren Meere; er selbst zog als Templer verkleidet durch Friaul über Friesach nach Wien, wo er vielleicht bei dem lebhaften Verkehre der Stadt leichter und unerkannt zu entkommen hoffte. Er wurde indeß von dem Grafen Meinhard von Görz, gleich Leopold, einem Verwandten des noch vor Richard's Abgang aus Palästina ermordeten Konrad, verfolgt, bei Wien in einer gemeinen Herberge erkannt und gefangen genommen.

Die Sage hat schon früh diesen Vorfall umgestaltet und ausgeschmückt. Sie nennt als Ort der Gefangennehmung Erdberg, damals ein Dorf, jetzt eine der Vorstädte Wiens. Um nicht erkannt zu werden, schleicht der König durch das Land, dreht in des Herzogs Küche den Bratspieß und wird an dem Ringe, den er am Finger trägt, von einem Diener des Herzogs, der den König zu Accon gesehen, erkannt und gefangen. Auch die Entstehung des österreichischen Wappens, des weißen Querbalkens in rothem Felde, wird mit diesen Ereignissen in Verbindung gebracht; das Wappen, heißt es, mahne an das blutgetränkte Wamms des Herzogs, der, als er „in der Heidenschaft" blutbespritzt focht, nur an jener Stelle weiß geblieben, wo ihn das Wehrgehänge bedeckte.

Leopold hielt den König auf Dürrenstein in ehrenvoller Haft. Die Kunde von Richard's Gefangennehmung flog mit Blitzesschnelle durch alle Reiche; in England selbst aber wußte man längere Zeit nicht, was ihm begegnet. Nach einer lieblichen Sage zog sein treuer Sänger Blondel de Nesle aus und kam nach Dürrenstein. Blondel sang ein Lied, mit dem er oft in besseren Zeiten das Herz seines Gebieters erfreut; da gab sich Richard ihm zu erkennen, indem er auf den ersten Vers, den der Minnesänger anhob, mit dem zweiten antwortete.

Am Dienstag nach Palmsonntag, den 23. März 1193, übergab Leopold zu Mainz auf Grund eines abgeschlossenen Vertrags seinen Gefangenen dem Kaiser, und dieser brachte ihn zuerst auf die Burg Trifels, dann zu Worms in anständigen, doch strengen Gewahrsam. Richard nahm für seine Person seine Krone vom Kaiser zum Lehen, und als er auf einem Hoftage zu Speier die gegen ihn erhobenen Beschwerden vernahm, rechtfertigte er sich so lebhaft und mit so überzeugender Macht, daß der Kaiser bewegt von seinem Throne herabstieg und den König umarmte, und daß auch Leopold bis zu Thränen soll gerührt worden sein. Seit diesem Tage genoß Richard größere Freiheit und Kaiser Heinrich wies ihm zu Mainz einen angenehmen Aufenthalt an. Endlich wurden beide über das Lösegeld einig; es betrug 100.000 Mark Silber Cölner Gewicht und außerdem 50.000 Mark zur Bestreitung des in Apulien bevorstehenden

Krieges, wovon 20.000 dem Herzog von Oesterreich für die Auslieferung Richard's an den Kaiser waren zugesagt worden; für die pünctliche Entrichtung wurden dem Kaiser sechzig, dem Herzog sieben Geißeln gestellt. Durch Steuern und aus den Kirchenschätzen wurde der größte Theil des Lösegeldes eingebracht und dem Kaiser gezahlt, der nun am 4. Februar 1194 den König entließ. Obgleich Richard auch den Rest der zu entrichtenden Summe in England erheben ließ, unterließ er dennoch nicht, bei dem Papste Cölestin III. gegen Kaiser Heinrich und Herzog Leopold von Oesterreich Beschwerde zu führen und, indem er besonders den letzteren anklagte, daß er ihn, wie einen Farren oder Esel, an den Kaiser verkauft hatte, das Einschreiten des Papstes zu fordern. Cölestin gab dieser Forderung Gehör und nachdem er dreimal vergeblich Leopold zur Zurückgabe der Geißeln und Verzichtleistung auf das bedungene Lösegeld aufgefordert hatte, sprach er am 6. Juli in einer feierlichen Versammlung der Cardinäle über den Herzog den Bann aus, belegte das Land Oesterreich mit dem Interdicte und übertrug die Verkündigung und Vollstreckung dieses Beschlusses dem Bischof Adalhard von Verona, als Legaten des apostolischen Stuhles. Leopold aber, weder geschreckt durch diese Maßregel des Papstes, noch beunruhigt durch mancherlei Landplagen, die das Volk als die Wirkung der von dem apostolischen Stuhle verhängten Kirchenstrafe betrachtete, ließ durch Balduin von Bethune dem König Richard melden, daß, wenn dem Wormser Vertrage nicht zur gehörigen Zeit genügt würde, die englischen Geißeln mit ihrem Leben den Meineid ihres Königs büßen würden. Diese Drohung bewog Richard Löwenherz zur vollständigen Erfüllung des Vertrages.

Aber Lopold erlebte dies nicht mehr. Er hatte in einem Turniere zu Grätz, wo er das Weihnachtsfest feierte, am St.

Stephanstage, 26. December, indem er mit seinem Pferde stürzte, das Unglück, sich ein Bein auf eine so gefährliche Weise zu zerschmettern, daß schon am folgenden Tage der eintretende Brand die Abnahme des Beines nothwendig machte; und da kein Arzt dem Herzog diesen gefahrvollen Dienst zu leisten willig war, so rief Leopold seinen Kämmerer und setzte selbst eine Art auf das zerschmetterte Bein, das aber erst durch den dritten von dem Kämmerer ausgeführten Schlag abgetrennt wurde. Am anderen Morgen deuteten die Aerzte dem Herzog die große Gefahr an, in der er schwebe. Jetzt auf dem Sterbebette fühlte er Reue wegen des gegen den päpstlichen Stuhl bewiesenen Ungehorsams und bat um Aussöhnung mit der Kirche; aber sowohl der Pfarrer des Ortes Hartberg, als der Erzbischof Adalbert von Salzburg forderten von ihm Entlassung der englischen Geißeln, Verzichtleistung auf das Lösegeld des Königs von England und Zurücksendung des bereits empfangenen Geldes. Erst nachdem Leopold die Erfüllung dieser Bedingungen eidlich gelobt, ertheilte ihm der Erzbischof die Lösung vom Banne. Nachdem der Herzog das Ordenskleid der Cistercienser angethan, starb er am 31. December 1194 und wurde seinem Wunsche gemäß zu Heiligenkreuz begraben.

Sterbend hatte Leopold der Tugendsame verfügt, daß ihm Friedrich I., sein älterer Sohn in Oesterreich, Leopold der jüngere in Steiermark folge. Friedrich weigerte sich sofort nach dem Tode seines Vaters, dessen Versprechen zu erfüllen, und ließ sich zwar, da die Geistlichkeit das Begräbniß des Herzogs untersagte, nach acht Tagen bewegen, die Geißeln des Königs Richard zu entlassen und ihnen 4000 Mark Silber für den König Richard anzubieten; da aber die Gesandten es für gefährlich hielten, so viel Geld auf einer so weiten Reise mit sich zu führen, so war ihre Weigerung dem Herzog Friedrich ein erwünschter Vorwand,

die Summe zu behalten und alle Ermahnungen des Papstes
verschafften dem König nicht die völlige Zurückerstattung des
Geldes, das vielmehr zur Herstellung der Stadtmauern von
Wien, Enns, Heimburg und Neustadt verwendet worden sein soll.

Als im Jahre 1195 der Papst Cölestin einen abermaligen
Zug gegen die Moslemin predigte, nahmen viele deutsche Fürsten,
an ihrer Spitze Kaiser Heinrich VI., das Kreuz. Dem Beispiele
schlossen sich auch Friedrich I. von Oesterreich „zum Seelenheile
seines Vaters", der Herzog von Kärnten und der von Meran an. Die Ritter traten diesmal (im Frühling 1197) den
Weg über Sicilien an und landeten nach glücklicher Fahrt zu
Accon am 22. September desselben Jahres. Zu den deutschen
Pilgern hatte sich auch die Witwe des Königs Bela III.
von Ungarn, Margarethe, gesellt, deren Gemal an der Erfüllung des Kreuzzuggelübdes der Tod gehindert. Aber auch sie
starb schon am achten Tage nach ihrer Ankunft zu Tyrus. Die
übrigen Pilger kehrten auf die erschütternde Nachricht von dem
Tode des Kaiser Heinrich nach Deutschland zurück. Unter ihnen
war auch Friedrich von Oesterreich, der indeß bald darnach
starb (16. April 1198). Auf dem Todtenbette bat er die österreichischen Grafen seiner Umgebung, seine Gebeine in die geliebte
Heimat zu führen und in dem Kloster Heiligenkreuz, das er
noch sterbend bedachte, zur Ruhe zu bringen. Walter von der
Vogelweide widmete ihm einen rührenden Nachruf:

Gelehrter Fürsten Krone, mit auserwählter Tugend,
Mit Zucht, mit Kunst, mit Güte, hat Gott zu sich genommen.
Er lebte tadelsohne mit alter Kunst in Jugend,
Nach Preiß stand sein Gemüthe; sein Name war gekommen
Zu hohen Ehren: Friederich, der nach dem Himmel warb.
Gott geb' ihm ew'gen Segen, den Wunsch soll jeder hegen,
Da edler Fürsten, die ihm gleich, noch selten einer starb.

15.

Böhmens Erhebung zum Königreich — Die Venetianer erobern Constantinopel — Bruderzwist in Ungarn.

Soběslav II. von Böhmen verlor seine Herrschaft bald im Kampfe gegen Leopold VI. von Oesterreich, Konrad Otto von Znaim und den Sohn Wladislav's Friedrich. Dieser eroberte Prag, vor dessen Thor er seinen Gegner an der Stelle schlug, die dann lange Zeit das Schlachtfeld (bojiště) hieß und durch eine Kirche bezeichnet war, welche Friedrich's Gemalin Elisabeth, wie sie gelobt, erbaute und den Johanniter-Rittern schenkte. Soběslav floh aus dem Lande und starb schon im folgenden Jahre (1180). Damals kehrte auch Adalbert, der Erzbischof von Salzburg, der bis dahin zu Melnik in stiller Zurückgezogenheit gelebt, mit dem Kaiser ausgesöhnt, in seinen Sprengel wieder zurück (1183).

Friedrich hatte dem Kaiser für seine Einsetzung in Böhmen eine große Summe Geldes versprochen. Als er nun zur Aufbringung derselben eine ungewohnt drückende Steuer erhob, wurde er von den Böhmen vertrieben und Konrad Otto als Herzog im Lande begrüßt. Dies gab dem Kaiser, zu welchem Friedrich floh, den Anlaß, Mähren von Böhmen zu trennen und als reichsunmittelbare Markgrafschaft dem Konrad Otto, Böhmen Friedrich zu verleihen. Beide zerfielen bald und es kam zu neuen Kämpfen, wobei Friedrich die Leitung des wider Konrad Otto gerichteten Zuges Přemysl Otakar, seinem tapferen Bruder, übertrug. Am 10. December 1185 kam es bei Lodenitz im Znaimer Kreise zu heißer Schlacht. Das Schlachtgetöse, der Hörnerklang und Trommelschlag, das Stampfen der Rosse und Geklirr der Waffen soll man selbst in dem

anderthalb Meilen vom Schlachtfelde entfernten Kloster Kaunitz gehört haben. Der Sieg wurde ·von Přemysl theuer erkauft. 4000 Mann bedeckten das Schlachtfeld. Der Gründer
des Klosters Kaunitz, Graf Wilhelm, hatte in der Schlacht einen
Fuchspelz über dem Panzer an; als er nach Hause kam, fand er
ihn an tausend Stellen durchlöchert, ohne daß der Graf Schaden
gelitten hätte. Konrad Otto gab in Folge der Schlacht den
Markgrafentitel und damit zugleich alle Ansprüche auf reichsunmittelbare Stellung wieder auf.

Wie Konrad Otto unter den Laienfürsten, so strebte unter
den Priestern der Bischof von Prag, Heinrich Břetislav,
ein Vetter des Herzogs, nach politischer Selbständigkeit und
floh endlich zum Kaiser, bei dem er über wirkliche oder vermeint-
liche Kränkungen klagte. Er kehrte mit einer Goldbulle in seinen
Sprengel zurück, des Inhalts, daß er Reichsfürst, von dem böhmischen Herzoge unabhängig und nur dem Kaiser unterthan sei.
Herzog Friedrich starb bald darnach, am 25. März 1189,
und hatte Konrad Otto von Mähren, den der Kaiser nun
auch mit Böhmen belehnte, zum Nachfolger. Konrad Otto
begleitete 1190 Heinrich VI., als dieser zur Besitznahme des
Königreiches Sicilien auszog; eine im Lager vor Neapel aus-
gebrochene furchtbare Seuche raffte ihn am 9. September 1191
hinweg. In Böhmen riß nun Wenzel II., Soběslav's I.
jüngster Sohn, auf kurze Zeit die Herrschaft an sich, welche ihm
Přemysl Otakar streitig machte. Da der Kaiser diesem Böhmen, seinem Bruder Vladislav Heinrich Mähren verlieh,
verließ Wenzel das Land, wurde von dem Markgrafen von Meißen, dessen Schwester die Gemalin Přemysl Otakar's war, gefangen und verscholl im Getöse der Waffen.

Přemysl Otakar I. hatte von dem Kaiser die Belehnung
um den Preis von 6000 M. Silber erhalten, für deren richtige

Zahlung sich der Bischof Heinrich Břetislav verbürgte. Jetzt
aber säumte der Herzog sein Versprechen zu erfüllen. Da wurde
der Bischof, welcher sich der Unannehmlichkeiten, die er vor-
aussah, durch eine Wallfahrt nach St. Jago de Compostella
entziehen wollte, aufgehalten, am kaiserlichen Hofe Einlager
zu leisten genöthigt und endlich, da der Herzog auch jetzt keine
Anstalten traf, ihn zu erlösen, selbst von dem Kaiser mit den
Fahnen Böhmens belehnt. Aber der Bischof-Herzog starb schon
am 15. Juni 1197 zu Eger, und nachdem die Großen anfangs
den Prinzen Wladislav Heinrich erhoben, gelangte endlich dennoch dessen abwesender älterer Bruder Přemysl Otakar am
6. December 1197 unter allgemeiner Zustimmung zur Herrschaft. Freiwillig entsagte der edle Wladislav Heinrich der
Macht, die er nicht durch Bürgerblut behaupten wollte, wogegen ihm sein älterer Bruder Mähren unter dem Namen einer
„Markgrafschaft" als böhmisches Lehen abtrat.

Nach Heinrich's VI. Tode trat Přemysl Otakar gegen den
Preis der erblichen Königswürde Philipp von Schwaben bei
und wurde, als er dem neugewählten deutschen König zu Hilfe
zog, mit diesem zu Mainz an demselben Tage gekrönt. Dagegen
schrieb Innocenz an Přemysl Otakar: „So wenig man Trauben
von Dornen lesen oder aus Stein Honig saugen kann, so wenig
ist Philipp im Stande eine Krone zu verleihen, die er selbst
noch nicht empfangen". Přemysl Otakar that nun alles, sich in seiner neuen Würde zu befestigen. Er hatte in zarter Jugend Adele,
die Tochter des Markgrafen Otto von Meißen, geehelicht, sie
geliebt und in zwanzigjähriger Ehe mit ihr Söhne und Töchter gezeugt. Nun verstieß er unter dem Vorwande naher Verwandtschaft sie und die Kinder, um sich sofort mit Constanze,
der Tochter Bela's von Ungarn, zu vermälen (1199). Adele
begab sich nach Meißen, wo sie in dem von ihr gestifteten

Kreuzkloster noch zwölf Jahre lebte, indeß ihr Bruder, der Markgraf Dietrich, vergeblich vor Kaiser und Papst ihre Sache verfocht. Dadurch, daß Přemysl Otakar (1201) zu Otto IV. von Braunschweig, dem Gegenkönige Philipp's, überging, erlangte er auch von diesem die Anerkennung als König und unter dem Beistande des päpstlichen Cardinal-Legaten Guido zu Merseburg die wiederholte feierliche Krönung (1203). Seitdem nahm die päpstliche Curie Böhmen in die Zahl der Königreiche der Christenheit auf.

Die Bemühungen des großen Papstes Innocenz III., die Fürsten des Abendlandes zu einem neuen, dem vierten Kreuzzuge zu bestimmen, blieben ohne Erfolg, und selbst die Geldbeiträge für das heilige Land flossen nur spärlich in die Opferstöcke, die der Papst in den Kirchen aufstellen ließ. Statt der Fürsten nahm eine Anzahl vorzüglich französischer Ritter das Kreuz, welche sechs aus ihrer Mitte nach Venedig sandten, um wegen der Ueberfahrt zu unterhandeln. An dem greisen Dogen Enrico Dandolo fanden die Kreuzfahrer einen mächtigen Fürsprecher. Als Ville Hardouin in der St. Marcuskirche das versammelte Volk in ergreifender Rede um Erbarmen für das heilige Land anflehte, riefen der Doge und alle Anwesenden: „Wir gewähren es! Wir gewähren es!" und sogleich wurde ein Vertrag wegen Einschiffung der französischen Ritter geschlossen. Die Republik versprach überdies ihr Unternehmen durch eine Flotte zu unterstützen, wofern alle gemeinsamen Eroberungen gleichmäßig getheilt würden. Da aber Papst Innocenz III. die Bedingung setzte, daß die Kreuzfahrer keine anderen Christen angreifen dürften, und Venedig hierauf nicht eingehen wollte, schöpften viele Pilger Verdacht und schlugen einen andern Weg ein oder blieben zu Hause, und nun sollte der Rest, der sich in

Venedig zusammenfand, den Venetianern, welche Schiffe und Proviant für eine bei weitem größere Anzahl besorgt hatten, nicht blos für die eigene Ueberfahrt zahlen, sondern auch für den Schaden haften, was ihnen trotz aller Aufopferungen unmöglich war. Dem hochbetagten und halb erblindeten, aber noch immer feurigen Dogen kam die Verlegenheit der Pilger nicht unerwünscht, die nun ihre Schuld der Republik durch Kriegsdienste abtragen mußten. Es war ein prächtiger Anblick, als am 8. October 1202 Enrico Dandolo den Hafen Venedigs verließ. Drei Jahre hatte man an der Flotte gerüstet; sie betrug 300 Schiffe, von deren Masten man neben der Fahne von San Marco die Banner von Frankreich und der einzelnen Ritter flattern sah. Sie strichen an der istrischen Küste, unterwarfen Triest, dessen Bewohner Seeraub getrieben, und landeten am 10. November vor Zara. Sie fanden es von den Ungarn besetzt, den Hafen gesperrt, sprengten aber die Kette und bekamen die Stadt binnen kurzem in ihre Gewalt. Die Bewohner wurden zwar am Leben geschont, aber zum Theil ihrer Güter beraubt.

In Zara trat nun ein unerwarteter Umstand ein, welcher dem Kreuzzuge vorläufig eine andere Richtung gab. Schon früher nemlich hatte zu Constantinopel Alexius seinen Bruder Isaak vom Throne gestürzt, dessen Sohn, gleichfalls Alexius mit Namen, in das Abendland floh und bei seinem Schwager Philipp von Schwaben Hilfe suchte. Der staufische König, dem die Wirren seines eigenen Reiches die Erfüllung der Bitte unmöglich machten, sandte Boten an die Kreuzfahrer, bei denen der jugendliche Prinz später selbst erschien, um ihren Beistand zu erwirken. Der Jüngling versprach, als Gegendienst für die Wiedereinsetzung des Vaters, das Heer und die Flotte ein Jahr lang zu unterhalten, 10.000 von ihm bewaffnete Krieger zur Verfügung zu stellen und sein Leben lang 500 Ritter im Dienste des heiligen Landes zu erhalten. Nicht genug, er wollte auch dem Irrglauben entsagen und die Gewalt des römischen Stuhles anerkennen. Seine Rede rief eine bedeutende Wirkung hervor, aber die Meinungen blieben getheilt. Die Einen erblickten darin einen neuen und unerlaubten Aufschub ihres Gelübdes, die Andern dagegen lockte die Aussicht auf Beute. Diese sahen es als Pflicht der Ritterschaft an, den jugendlichen Prinzen zu unterstützen; andere wieder, besonders der Clerus, hofften eine Vereinigung der morgen- und abendländischen Kirche erzielen zu können. Vor allem aber war es den Venetianern darum zu thun, an dem gegenwärtigen griechischen Kaiser für die den Pisanern gewährten Handelsvortheile Rache zu nehmen und ihre eigenen Schiffe am Bosporus triumphiren zu sehen. So beschloß denn die Mehrzahl, den Winter über in Zara zu bleiben und mit dem nächsten Frühling die Fahrt nach Constantinopel zu unternehmen. Am 7. April 1203 verließ die Flotte den Hafen von Zara, das sich im Rücken der Kreuzfahrer, unterstützt von dem König von Ungarn, wieder erhob. Aber die Stadt wurde von dem Vicedogen Renier Dandolo von neuem bezwungen und zu einem jährlichen Tribute von 3000 Kaninchenfellen verurtheilt. Der Erzbischof von Zara mußte sich dem Patriarchen von Grado unterordnen und die Stadt, obgleich ihre Verfassung im übrigen unangetastet blieb, geloben, künftighin zu ihrem Grafen nicht einen Zaratiner, sondern einen Venetianer zu erwählen.

Wie indessen Alexius selbst auf die Flotte kam, wie diese glücklich nach Constantinopel schiffte, wie Alexius und sein Vater wieder zum Besitz des Thrones gelangt, wie er dann nicht im Stande gewesen, die früheren Versprechungen zu erfüllen, und die Kreuzfahrer bis ins Jahr 1204 hingehalten, wie diese endlich ihm selbst den Krieg angekündigt und nun während der Feindseligkeiten bis zur Eroberung der Stadt Constantinopel

(1204) in dieser eine Revolution auf die andere gefolgt — alles dieses gehört mehr in eine Geschichte des griechischen Reiches oder des Kreuzzugs, als an diese Stelle. Bei der erfolgten Plünderung der eroberten Stadt zeigten sich nur die Venetianer als gebildetes Volk. Sie retteten aus dem allgemeinen Verderben einiges: so jene berühmten vier Pferde aus vergoldetem Erz, welche nun das Hauptportal von San Marco schmücken; sie sind das einzige noch erhaltene antike Viergespann, und schmückten wahrscheinlich erst Nero's, dann Trajan's Triumphbögen. Der griechische Kaiser Constantin hatte sie nach Constantinopel bringen lassen, der Doge Dandolo schiffte sie jetzt nach Venedig. Hier stand das Gespann in der Straße San Agostino, sodann auf der Kirche. Napoleon hat es 1797 nach Paris gebracht, Kaiser Franz I. 1815 wieder gewonnen.

In der eroberten Stadt wurde nun von den Lateinern Balduin, der Graf von Flandern, zum Kaiser erwählt, zum Patriarchen der Venetianer Thomas Morosini, der auf seiner Reise nach Constantinopel Durazzo eroberte. Auch Innocenz III. söhnte sich mit den Venetianern aus, da er durch die Eroberung Constantinopels seine Pläne bezüglich des Morgenlandes gar sehr begünstigt sah. Die Venetianer erhielten von den sämmtlichen Eroberungen vertragsmäßig drei Achtel: die Cycladen und die Sporaden, die Inseln und die östliche Küste des adriatischen Meeres, die Küsten der Propontis und des schwarzen Meeres, und andere Puncte, kurz eine ununterbrochene Reihe trefflicher Häfen von Venedig bis Constantinopel. Durch einen Vertrag mit dem Markgrafen von Montferrat erhielt Venedig (1204) das wichtige Candia, Corfu gerieth zwar wieder in Verlust, wurde aber 1386 von Venedig wieder gewonnen. Der Doge nahm den Titel „Doge von Venedig, von Dalmatien und Croatien, Herr des vierten Theiles und der Hälfte des ganzen

Reiches Romanien" an. Der Titel blieb bis 1356, außerdem erhielt er vom lateinischen Kaiser den Titel „Despot". Er leistete
für seine Länder dem lateinischen Kaiser keinen Eid und trug
gleich demselben rothe Stiefletten. Nur die Venetianer in Constantinopel lebten nach eigenen Gesetzen.

Die Herrschaft der Lateiner versprach indeß keine lange
Dauer; sie vermochten es nicht, die an Religion, Sitte, Sprache
und Cultur von ihnen so völlig verschiedenen Griechen mit sich
zu versöhnen. Auch herrschten Uneinigkeiten unter den Lateinern
selbst; kaum gelang es dem Dogen Enrico Dandolo den Markgrafen Bonifacius von Montferrat und den Kaiser Balduin zu
versöhnen. Diese Uneinigkeiten benützten die Griechen zu einem
Aufstande; Johannes, König der Bulgaren, unterstützte ihn.
Es kam bei Adrianopel zu einer Schlacht, die Lateiner wurden
geschlagen; Balduin, gefangen genommen, verschwand spur-
los. Um das Maß des Unglückes voll zu machen, starb der
Doge Enrico Dandolo in eben jenen Tagen, 14. Juni 1205,
ein Mann von seltener Geistesgröße, staatsmännischem Blicke,
unvergleichlicher Feldherrngabe, ein Gegenstand der Verehrung
seinen Freunden, der Bewunderung seinen Feinden.

Den Saal des größeren Rathes im Dogenpalaste schmücken
noch jetzt eine Reihe von Gemälden, die dem Beschauer
Venedigs glanzvolle Vorzeit vorüberführen. Dort beschwören die Führer des Heeres in der Kirche San Marco dem
Volke die Zahlung des Fährgeldes; hier sieht man die Eroberung Zara's: ein langer Zug von Frauen und Jungfrauen,
in Weiß gekleidet und in demüthiger Haltung, überreichen
dem Dogen die Schlüssel der Stadt; ein drittes Bild zeigt die
ergreifende Scene, als der unglückliche Alexius dem Dogen zu
Füßen fällt und, den Empfehlungsbrief Philipp's von Schwaben
in Händen, unter vielen Versprechungen um Schutz bittet 2c.

Daß der vom Papst Innocenz III. so eifrig betriebene Kreuzzug nicht zu Stande kam, daran trugen auch die ungarischen Verhältnisse Schuld. In Ungarn war Bela III. im Jahre 1196 gestorben und Emmerich, sein älterer Sohn, in der Herrschaft gefolgt. Die Erziehung des jungen Emmerich hatte ein italienischer Priester Bernardo da Perugia zu leiten, der mit dem Cardinal-Legaten Gregor de Crescentio aus Anlaß der Heiligsprechung Ladislav's nach Ungarn kam und später von seinem dankbaren Schüler zum Erzbischof von Spalato befördert wurde. Wer mochte bei diesem Verhältniß von Lehrer und Schüler nicht an den heiligen Emmerich, dessen Namen sogar unser Prinz trug, und an den heiligen Gerhard, der ja auch aus Italien stammte, denken?

Im übrigen erwies sich Emmerich bald als ein ganz schwacher Regent; sein rühriger Bruder Andreas benützte das, um auf ein selbständiges Herzogthum Anspruch zu erheben. Sterbend hatte ihm sein Vater das Versprechen abgenommen, den von ihm, Bela III., angelobten, doch unterlassenen Kreuzzug zu unternehmen. Unter dem Vorwande dieses Kreuzzuges sammelte Andreas jetzt Truppen und bezwang mit diesen Croatien und Dalmatien, Culinus den Ban von Bosnien und Vulcan Herzog von Chulm. Auch ein Theil des ungarischen Clerus und der Herzog von Oesterreich waren dem Prinzen gewogen, und so kam es durch die Vermittlung des Kalocser Erzbischofs endlich doch zu einem Vergleiche, in welchem Emmerich jenem die Verwaltung der beanspruchten Länder überließ und den Titel: „Herzog von Dalmatien, Croatien, Bosnien und Chulm" gönnte. Papst Innocenz III. nahm für Emmerich Partei und drohte dem Andras mit dem Verluste seines Erbrechtes, wenn er den Kreuzzug noch länger hinausschiebe. Andreas dagegen verließ sich auf die Magyaren und die Bischöfe seiner Partei, die sich erkühnten, des Königs Räthe mit dem Interdicte zu belegen. Doch Emmerich, auf die päpstliche Unterstützung pochend, überfiel den Bischof von Waitzen, Boleslaus, zerrte ihn, der wohl in sträflichem Einvernehmen mit Andreas gestanden sein muß, eigenhändig die Stufen des Altars herab, ließ ihn durch Soldaten aus der Kirche schleppen und bemächtigte sich sodann des bischöflichen Schatzes. Wider Andreas zog ein königliches Heer, bei welchem auch deutsche Ritter waren, zu Felde. Er mußte nach Oesterreich fliehen, worauf auch dieses Land unter den Verheerungen der ungarischen Truppen litt. Dalmatien und Croatien kamen nun wieder in des Königs Besitz, der sich mit Constantia, der Tochter Alfonso's II. von Arragonien, vermälte.

Immer wieder drang der Papst in Emmerich und Andreas, den Kreuzzug anzutreten. Aber statt in brüderlicher Eintracht dem päpstlichen Wunsche zu willfahren, wurden die dem göttlichen Dienste geweihten Waffen in das Blut der eigenen Bürger getaucht. Emmerich trieb den Bruder bis in die dalmatinischen Küstenstädte zurück; dort aber weigerten sich die geistlichen und weltlichen Großen dem König weiter zu folgen; ja es gingen mehrere in des Andreas Lager über. Da trat Emmerich allein und blos mit dem Scepter bewaffnet mitten in das Lager seines Bruders und rief: „Wer wagt es, königliches Blut zu vergießen?" nahm dann, während alle staunend ihre Unterwerfung bezeigten, den Herzog Andreas bei der Hand, führte ihn aus dem Lager hinaus, und übergab ihn seiner Leibwache, die ihn auf das Schloß Keene bei Warasdin brachte.

Nun erklärte sich Emmerich bereit, den Kreuzzug anzutreten. Nur die Krönung seines Söhnlein Ladislaus wollte er zuvor erfüllt sehen, die am 26. August 1204 vollzogen wurde. Der König aber verfiel in gänzliche Nervenschwäche, ließ, der Auflösung nahe, den Andreas aus dem Gefängniß an sein

Sterbebett bringen und empfahl ihm als Vormund seines Sohnes und Reichsverweser das Wohl des Landes. Da er den Kreuzzug nicht angetreten, verfügte er sterbend, daß zwei Drittel seines im Kloster Beel aufbewahrten Geldvorrathes den deutschen und den Johanniter-Rittern zum Behufe ihrer Anstalten im gelobten Lande ausgezahlt und nur ein Drittel Ladislaus bleiben sollte. Emmerich starb zu Anfang Dezember 1204.

Die Königin-Witwe floh mit dem Knaben, mit der Krone und anderen Schätzen, von mehreren ihr ergebenen Bischöfen und Magnaten begleitet, nach Wien, wo sie ihr Anverwand-ter Herzog Leopold freundlich aufnahm. Schon rüstete sich An-dreas zur Wiedererlangung von Krone und Kind, da starb plötz-lich der Knabe (am 7. Mai 1205) und Constanze kehrte in ihre südliche Heimat zurück. Sie wurde später Kaiser Friedrich's II. Gemalin. Die Leiche des Knaben wurde von dem Bischofe von Raab nach Ungarn gebracht und in der königlichen Gruft zu Stuhlweißenburg beigesetzt.

Nun war Andreas II. unbestrittener Herrscher, an welchen auch Leopold die Krone auslieferte. Bei seiner Krönung schwur er nicht nur den Gehorsamseid gegen den römischen Stuhl, sondern, ein deutlicher Beweis, wie sehr im Bruderkriege das Ansehen des Königs gelitten, der Einfluß des Adels gestiegen, er schwur auch, daß er die Rechte der ungarischen Krone und die Einkünfte derselben unversehrt erhalten wolle.

16.

Gertrude von Meran.

So thätig sich Andreas als Prinz gezeigt, so schwach und unselbständig war er als König. An seiner Statt tritt uns aus dem Dunkel der Zeiten das Bild seiner Gattin entgegen, die ein Jahrzehent hindurch Ungarns Schicksale geleitet.

Gertrude, dies war ihr Name, stammte aus dem Hause Meran, dessen tragisches Schicksal an jenes der Stuart erinnert. Im bayerischen Honsigau, unweit des Würmsees, lag die Stammburg der Grafen von Andechs, wo auch jetzt noch ein gleichnamiger Wallfahrtsort liegt. Noch steht zu Mauerkirchen in Oberösterreich das uralte steinerne Standbild jenes Grafen Rapoto, der, nachdem er gegen die Ungarn tapfer gefochten, in das gelobte Land zog und endlich als Mönch in dem von ihm selbst, auf einer Insel des Ammersees erbauten Kloster Dießen sein Leben beschloß (15. Juni 954). Die Macht der Andechs begann sich jedoch erst mit dem Sturze der Welfen zu entfalten. Damals erst breiteten sie sich in Tyrol aus. Durch ihre Anhänglichkeit an Friedrich Barbarossa erhielten sie die Mark Histerreich (Istrien) 1173, dann durch Erbschaft ausgebreiteten Besitz in Franken sowie den Herzogstitel von Dachau, von Croatien und Dalmatien, wenige Jahre darnach (seit 1184) jenen von Meran. Es verfloß kaum ein Decennium, so ererbten sie auch die Pfalzgrafschaft Burgund. Als Otto II. von Meran, der letzte seines Geschlechtes, durch Gift oder Dolch sein junges Leben endete (1248), reichte seine Macht vom Jura bis zum adriatischen Meere. Der Name Meran bezeichnete den Titel der „am Meere" gelegenen Besitzungen dieses Geschlechtes; mit dem lieblichen Städtchen Meran in Tyrol hat der Beiname nichts zu schaffen, nie sind sie im Besitze dieses Ortes gewesen. Berthold V. war der Vater Gertruden's, Agnes ihre Mutter. Diese starb ihr schon 1195 vor dem Vater (†1203 oder 1204) dahin. Sie war von sieben Geschwistern die vierte. Früh sehen wir die Glieder dieser erlauchten Familie in weite Länder zerstreut. Berthold, der Namensträger des Vaters, und Eckbert treten in den geistlichen Stand; Otto führt den Titel „Herzog von Meran", wird Pfalzgraf von Burgund und ist der Vater jener unglücklichen Agnes, die ihr erster Gatte Friedrich II. der Streitbare verstößt; Heinrich ist Markgraf von Histerreich. Von den Töchtern wird Hedwig Gemalin Herzog Heinrich's I. von Schlesien, und Agnes jene Königin von Frankreich, deren blendende Schönheit, ihr zarter Teint, ihr zierlicher Fuß selbst den strengen Mönch von S. Denis begeistert, und um derentwillen sich Philipp II. August von Frankreich von seiner ersten Gemalin, der dänischen Ingeborg trennt, die er aber, durch den Bannspruch des Papstes geschreckt, wieder von sich stoßen muß, worauf sie im Kloster, trauernd um den geliebten Gatten und um das früh verlorene Kind, bald ihr Leben endet. Gertrude selbst wurde durch die Vermittlung des Herzogs Leopold VII. von Oesterreich mit Andreas vermält, aber durch Emmerich von ihrem Gatten gewaltsam geschieden und in ihr väterliches Haus zurückgesandt, während Andreas im Gefängnisse lag. Nach Emmerich's Tode kehrte Gertrude zu ihrem Gatten zurück. Mit ihr zogen manche deutsche Adelsgeschlechter ins Land und ließen sich bleibend nieder.

Das Streben der Königin ging sofort dahin, ihren Bruder Berthold zum Erzbischof von Kalocsa zu befördern. Der König war um so mehr den Bitten seiner Gattin geneigt, als sie ihm eben damals die freudige Hoffnung auf einen Sprößling gewährte. Allein der Papst hielt der Bitte entgegen, daß Berthold weder das kanonische Alter noch die erforderlichen Kenntnisse besitze, da er, wie er vernommen, kaum lateinisch lesen und die Sätze ordnen könne. Gertrude gebar einen Sohn, Bela, der sofort nach der Taufe durch den Erzbischof von Gran die Krönung empfing, und bald fand sich Gelegenheit, den Papst auch für Berthold gnädig zu stimmen. Als nemlich

kurz nach Bela's Geburt Daniel Romanovicz, der Fürst von
Bladimir, mit der Bitte vor Andreas erschien, ihm wie schon
einmal Hilfe zu leisten, sagte Andreas nur unter der Bedingung
zu, daß jener zur römischen Kirche übertrete. Der König zeigte
dies dem Papste an und machte sich anheischig, nicht nur diesen,
sondern auch andere russische Fürsten zum katholischen Glauben
zu bringen. Nun ließ auch Innocenz seine Bedenken fallen
und ernannte 1208 Berthold zum Erzbischof von Kalocsa. Dieser begab sich zu seiner weiteren Ausbildung nach geschehener
Ernennung auf die hohe Schule zu Vicenza. Aber der Papst
fand dies unschicklich und befahl ihm sofort in seinen Erz-
sprengel zurückzukehren und dort in Privatunterricht geschickter
Theologen das Versäumte einzubringen.

In glücklicher Ehe gebar die Königin noch drei Kinder:
Elisabeth, Andreas und Maria. An die Geburt der erst genannten knüpft sich eine liebliche Sage. Meister Klingesor, ein
Zauberer aus Siebenbürgen, wurde nemlich nach Eisenach an den
Hof des Landgrafen Hermann von Thüringen berufen, um sich
an dem Sängerkriege auf der Wartburg zu betheiligen. Da
saß er eines Abends zu Eisenach vor seiner Herberge und betrachtete forschend die Sterne. Die Umstehenden fragten ihn, ob er
etwas seltsames aus den Gestirnen lese. Da antwortete er:
„Ihr sollt wissen fürwahr, daß meinem Herrn dem Könige
von Ungarn diese Nacht eine Tochter geboren wird; sie wird
Elisabeth heißen und ein heiliges Leben führen. Sie soll dem
jungen Fürsten Ludwig allhier, Landgrafen Hermann's Sohne,
zum Weibe angetraut werden und durch ihren frommen Wandel dem ganzen Erdreich, besonders diesem Lande, zur Zierde ge-
reichen". Was Klingesor geweissagt, geschah. Elisabeth wurde
schon in der Wiege. und „als sie noch von der Mutterbrust die
Speise nahm", dem Söhnlein Hermann's verlobt. Im Jahre

1211 aber sandte der Landgraf Hermann nach Elisabeth, die nun vier Jahre alt ward. Gertrude empfing die Boten und beschenkte sie reichlich. Dann gab sie denselben ihr Töchterlein in einer silbernen Wiege mit vielen kostbaren Schätzen, so viele wie man nie zuvor im Thüringerlande gesehen: goldenes und silbernes Trinkgeschirr, allerlei Fingerlein (Ringlein) und Spangen mit edlen Gesteinen wohl besetzt, viele Paar Buntwerk (Pelzwerk) und reiches Gewand von Goldbrokat und Baldechin (Seide aus Bagdad), purpurnes seidenes Bettgewand, ein Badkübelein von Silber für das Mädchen und zu alledem noch tausend Mark feinen Silbers. Elisabeth blühte im fremden Lande auf der sang- und sagereichen Wartburg zur holden Jungfrau heran, ward dann mit Ludwig vermält und als Wohlthäterin im ganzen Lande gefeiert. Auch ihrer harrten Stunden der bittersten Prüfung, als nach dem Tode ihres lieben Ehegemals ihr Schwager Heinrich (Raspe) ihr alle Einkünfte entzog und sie mit ihren Kindern vertrieb. Später rief sie Heinrich wieder auf die Wartburg zurück, wo sie in klösterlichen Uebungen, von ihrem Beichtvater Konrad geleitet, 1231 ihr Leben beschloß. Eine Einladung ihres Vaters, zu ihm zurückzukehren, wies sie von sich.

Durch den Einfluß der Königin Gertrude wurden die Deutschen in Ungarn besonders begünstigt. Der König räumte (1211) den deutschen Ordensrittern lehensweise das Burzenland ein, gegen die Bedingung, Siebenbürgen durch die Anlage hölzerner Burgen wider die Einfälle der Kumanen zu sichern und das Burzenland, dessen Grenzen sich auch über das heutige Fogaras erstreckten, mit Deutschen zu bevölkern. Sie und ihre Colonisten wurden zugleich von allen Abgaben befreit. Kein Wunder, daß sich gegen diese Begünstigung des deutschen Elementes in Ungarn die Reaction der Magyaren nur zu bald fühlbar machte, an

deren Spitze der Ban von Croatien und Dalmatien, Benedictus
Both, gewöhnlich **Bankbán** genannt, stand, dessen Würde der
König indeß 1209 dem Berthold verlieh. Es ist eine spätere
unerwiesene Verläumdung, die Königin hätte ihrem Bruder Berthold die Hand zur Entehrung von Bankbán's Weibe geboten;
bereits der redliche Dlugoßz weist mit gerechter Entrüstung diese
Erzählung von sich. Im Jahre 1213 kam die Verschwörung
zum Ausbruch, zur Zeit, als der König gerade auf einem Zuge
in das Ruthenenland begriffen, an seinem Hofe aber der Herzog
Leopold von Oesterrreich anwesend war. Neben Benedict wird
insbesondere ein Graf Peter und der Erzbischof von Gran genannt. Spätere Berichte fügen hinzu: Benedict habe den Erzbischof befragt, ob er nicht die ihm zugefügte Schmach in dem
Blute der Königin abwaschen solle. Die zweideutige Antwort
habe gelautet: „Die Königin tödten, möget ihr nicht fürchten, ist
gut; wenn alle dabei sind, ich habe nichts dagegen". Benedict
und Peter überfielen am 28. September 1213 die Königin, die
eben den kleinen Bela im Schooße hielt und erdolchten sie, der
Prinz wurde von dem Grafen Mixa gerettet; Leopold von
Oesterreich entging den Meuterern nur wie durch ein Wunder.
Bei der allgemeinen Verwirrung ging auch das Reichssiegel
verloren, welches der rückkehrende König sodann durch ein neues
ersetzte. Von den Thätern wurde sofort der Obergespan Peter
ergriffen und in der folgenden Nacht erdrosselt. Auch die anderen Flüchtlinge wurden ereilt. Berthold, der 1214 in seiner Residenz überfallen und mißhandelt wurde, entkam mit einer Geldsumme von 7000 M., die seine Schwester Gertrude gesammelt,
nach Deutschland, mußte die Summe zwar auf des Papstes Geheiß wieder zurückstellen, wurde aber zum Erzbischof von Aquileja
erhoben. Der Papst verhängte nun über die Mörder der Königin, sowie über jene, welche Berthold mißhandelt, den Bann;

doch Andreas, um nicht die wechselseitige Erbitterung zu steigern, schlug alle ferneren Untersuchungen nieder.

Dennoch blieb Gertrude ihm unvergeßlich. Zur Erinnerung an sie legte er sich das Gelübde auf, an Freitagen bei Wasser und Brot zu fasten, von welcher Verpflichtung ihn später der Papst lossagte. Gertrude wurde im Cistercienser-Kloster Pilis begraben und „von ganz Pannonien beweint". Sie war in ihrem Leben gegen manches Gotteshaus wohlthätig gewesen. Die Kirche zu Breslau besaß einen goldenen Kelch, zu dem, ihrem Wunsche gemäß, eine Krone, deren sie sich sonst an hohen Festen bediente, war umgeschmolzen worden. In Ungarn gründete sie das Prämonstratenser-Kloster Lelesz und bedachte es reichlich. Unbefangene Berichterstatter lassen in der That die deutsche Fürstin als das beklagenswerthe Opfer des Fremdenhasses erscheinen. Zu Marbach, einem Kloster im Elsaß, sind damals Jahrbücher entstanden, die den Tod der Königin melden. „Aus keinem andern Grunde", so heißt es in ihnen, „soll sie gemordet sein, als weil sie gegen die einwandernden Deutschen mild und freigebig war und in allen Nöthen ihnen Zuflucht gewährte". Der Krakauer Domherr Dlugosz bezeichnet dasselbe Motiv als den Grund ihrer Ermordung. Aber Parteihaß und die Sagenbildung späterer Zeit ließen das wahre Bild Gertrudens erblassen. Die Dichtung hat sich endlich des Stoffes bemächtigt und ihn auf immer in ihre Kreise gebannt.

Im Capitelarchive zu Cividale in Friaul befindet sich unter anderm ein Psalter, der mit deutschen und byzantinischen Miniaturen geschmückt ist. Dem Psalter geht ein mit Goldbuchstaben geschriebenes Kalendarium voraus, zu welchem später mit schwarzer Tinte Zusätze gemacht sind, die über die einstigen Besitzer des Buches keinen Zweifel übrig lassen. An einer Stelle heißt es: „Bitt' für mich, deine Dienerin Gertrud; erhöre mich, die

ich für Peter flehe". Man hält wohl mit Recht diesen Peter für
den Mörder der Königin, die so oft in dem Buche gebetet.

17.

Leopold VII. der Glorreiche und der fünfte Kreuzzug.

Dem unvermälten und kinderlosen Friedrich I. von Oesterreich folgte sein Bruder Leopold VII., von der Nachwelt mit
Recht der Glorreiche genannt, bisher Herzog von Steiermark. Leopold, der von dem Grafen Ulrich, seinem Protonotar,
später Bischof von Passau, eine vortreffliche Erziehung genossen,
stand noch in sehr jugendlichem Alter, da er, obgleich bereits im
Jahre 1194 in Kaiser Heinrich's Gefolge auf der Fahrt nach
Italien, erst zu Pfingsten des Jahres 1200 in Wien vor vielen
Fürsten die Schwertleite empfing.

Leopold nahm für König Philipp entschieden Partei und
begleitete ihn 1205 nach Cöln, das er belagerte. Da, heißt es in
den Admonter Annalen, sei keiner der Fürsten trefflicher, durch
tapfere Thaten strahlender gewesen, denn Leopold. Endlich unterwarf sich die Stadt und Philipp wurde von seinem einstigen Gegner, dem Erzbischof von Cöln, zu Aachen gekrönt. Der Papst selbst
schien sich endlich zu Philipp zu neigen, dessen freundliches Wesen
ihm alle Herzen gewann. Auch der schlaue König Premysl Otakar I.
fand es jetzt seiner Politik angemessen, sich mit Philipp wieder
zu versöhnen, wozu Ludwig von Bayern, der sich so eben
mit des verstorbenen Herzogs Friedrich von Böhmen schöner
Tochter Ludmila vermält hatte, seine Vermittlung anbot. Witwe
des Grafen Albert von Bogen, wurde Ludmila die Ahnfrau des
noch blühenden Wittelsbachischen Hauses und von Dichtern die

Liebe des bayrischen Herzogs zu ihr in Liedern besungen. Dauernd wurde der böhmische König an die Hohenstaufen dadurch gefesselt, daß Philipp seine Tochter Kunigunde mit dem damals erst zwei-jährigen böhmischen Prinzen Wenzel, Otakar's Sohn, verlobte.

Da wurde Philipp von dem Pfalzgrafen Otto von Wit-telsbach ermordet und die staufisch gesinnten Fürsten, darunter der Herzog von Oesterreich, traten nun durch feierliche Anerken-nung der Wahl Otto's IV. bei. Otto rächte den an Philipp begangenen Mord und beschloß, um die Gemüther versöhnlich zu stimmen, sich mit Philipp's Tochter Beatrix zu vermälen. Daher berief er, noch ehe er den beabsichtigten Römerzug an-trat, einen glänzenden Hoftag nach Würzburg, auf dem sich auch päpstliche Legate einfanden. Zum ersten Male erschienen Pře-mysl Otakar I. von Böhmen und Leopold VII. von Oesterreich vor dem König. Die Fürsten und päpstlichen Legaten erklärten es als ihren Wunsch, daß sich Otto mit Philipp's Tochter vermäle, und wählten den Herzog von Oesterreich zu ihrem Sprecher, der dem Könige den Bescheid der Cardinäle, Prälaten und Für-sten vortrug. Der König erwiederte: „So weisem, nützlichen und gewichtigen Rathe widerstreben wir nicht und werden nach eurem Beschlusse thun. Man rufe die Jungfrau!" Beatrix trat nun an der Hand der Herzoge von Oesterreich und Bayern in den Saal und wurde vor den königlichen Stuhl geführt. Hold erröthend gab sie auf die Frage, ob sie dem König Otto ihre Hand schenken wolle, das Jawort. Nun erhob sich Otto vom Stuhle, wechselte die Ringe mit ihr und gab ihr den Brautkuß. „Seht da", sprach er, „euere Königin, ehret sie, wie es gebührt!" Allein Beatrix starb schon vier Tage nach der 1212 stattgefun-denen Hochzeit. Otto wurde, kurz nachdem er von dem Papste zu Rom die Kaiserkrone empfangen, gebannt und die Fürsten luden nun Friedrich II. von Sicilien ein, nach Deutschland zu kommen. Der Gerufene eilte herbei, wurde auf dem Wege von Constanz nach Basel von den Grafen Ulrich von Kyburg und Rudolf von Habsburg begleitet, bis ihn auf deutschem Boden zuerst von allen Fürsten Přemysl Otakar I. von Böhmen begrüßte, den Friedrich dafür durch eine goldene Bulle belohnte. Durch sie bestätigte und vermehrte Friedrich die Rechte der böhmischen Könige, befreite sie von der Pflicht auf den Hoftagen zu erscheinen, außer auf jenen, welche der Kaiser nach Bamberg, Nürnberg oder Merseburg berief, und stellte ihnen endlich jedesmal frei, den Kaiser auf dessen Romfahrt entweder mit 300 Mann oder mit 300 Mark Silber zu unterstützen. Nach dem Tode Otto's wurde Friedrich II. allgemein anerkannt.

Leopold VII. entzog sich diesen Parteikämpfen dadurch für einige Zeit, daß er nach Spanien gegen die Mauren zog. Schon 1208 hatte er zu Klosterneuburg mit vielen Landesedlen das Kreuz genommen; was ihn bewogen, dann dennoch sein Gelübde vier Jahre hindurch nicht zu erfüllen, wissen wir nicht. Da erscholl durch Europa im Jahre 1211 der Schreckensruf, Mahommed Annasir sei aus Afrika mit einer halben Million Streiter an der spanischen Küste gelandet, um das christliche Land von neuem dem Islam zu unterwerfen. Boten der spanischen Könige durcheilten alle Länder und entflammten durch das Feuer ihrer Beredsamkeit die Völker von den Pyrenäen bis zum schwarzen Meere zum heiligen Kampfe für das Kreuz. So brach denn auch Leopold nach Spanien auf, traf aber zu Calatrava die Könige von Castilien, Arragon und Navarra bereits auf der Rückkehr von dem glänzenden Siege, den sie bei Tolosa 1212 über die Mauren erfochten. Leopold ging in seine Heimat zurück, trat hier 1213 auf die Seite Friedrich's II. und rüstete, da er meinte, sein Gelübde noch nicht erfüllt zu haben, 1217 zu einem Zuge nach Palästina. Nachdem er in dem

Kloster Lilienfeld, das er vor kurzem gestiftet, die geweihte Fahne erhoben, zog er von vielen Edlen seines Landes begleitet nach Dalmatien, an dessen Grenze er mit mehreren Fürsten zusammentraf, die der gleiche Zweck hieher geführt hatte.

Auch König Andreas II. war endlich in die Lage gekommen, die schon von seinem Vater angelobte, von ihm selbst wiederholt versprochene Kreuzfahrt zu unternehmen. Wir müssen aber vorerst nachtragen, was sich in der Zwischenzeit in Ungarn und den benachbarten polnisch-russischen Gebieten begeben hatte.

Im Jahre 1198 war mit der thatenlosen Regierung Wladimir's Jaroslavicz das berühmte Geschlecht Volodar's von Halicz erloschen und hatte sich dieses Landes der Fürst Roman von Volhynien bemächtigt, ein gewaltiger Held, vor dessen Schwerte der Osten und Westen erzitterte. Endlich ließ er im Treffen bei Savichost gegen den Herzog Leszko von Polen (1205) sein Leben. Das zarte Alter seiner beiden unmündigen Söhne Daniel und Vassilko ermuthigte Roman's Feinde, besonders den Großfürsten Rurik von Kyjev, die Fürsten von Czernigov und die Polen, welche sich den Thoren von Halicz von drei Seiten näherten. In dieser Noth wandte sich Roman's Witwe an Andreas, König von Ungarn, um Hilfe. Ein ungarisches Heer schützte den Prinzen Daniel im Besitze des väterlichen Reiches. Als aber im folgenden Jahre sich Vsevolod, das Haupt der Olgoviezen, gegen Daniel erhob, vermochte Andreas dem letzteren nur das Fürstenthum Vladimir zu erhalten, während Halicz Vsevolod's Sohn Jaroslav erhielt. Doch ehe noch dieser davon Besitz nahm, bemächtigte sich Vladimir Igorevicz, Fürst von Severien, sowohl des Fürstenthums Halicz als auch Vladimirs; Roman's Familie floh zu Herzog Leszko nach Krakau, Daniel später zu seinem Beschützer Andreas, der aber, als Wladimir mit seinen Brüdern Swětoslav und Roman in Streit gerieth, dies nicht zur Wiederherstellung des vertriebenen Daniel, sondern zur Erneuerung der ungarischen Oberhoheit über Halicz benützte und dieses Fürstenthum nach mannigfachen Kämpfen im Jahre 1214 seinem zweitgebornen Sohne Koloman zuwandte. Andreas schloß mit dem Herzog Leszko von Polen ein Schutz- und Trutzbündniß wider die benachbarten russischen Fürsten ab. Auf seine Bitten ließ der Papst Koloman durch den Erzbischof von Gran krönen, aber zugleich zum Mißvergnügen der Russen eidlich verpflichten, die orientalischen Priester aus seinem Lande zu verbannen.

Andreas rüstete nun eifrig zum gelobten Kreuzzuge. Um das nöthige Geld zu erhalten, mußte er freilich abermals die Münze verschlechtern, ja die bischöfliche Kirche zu Veszprim der in ihr verwahrten Krone der Gisela und kostbarer Edelsteine berauben. So kam ein stattliches Heer von 10,000 Mann zu Stande, bei welchem sich auch der Erzbischof von Kalocsa, der Bischof Peter von Raab und Thomas von Erlau, der Abt Urias vom Martinsberge und viele andere geistliche und weltliche Großen befanden. Um Schiffe von den Venetianern zur Ueberfahrt zu bekommen, entsagte Andreas feierlich allen Ansprüchen auf Zara zu Gunsten Venedigs. So stieß denn Andreas mit seinen Schaaren zu denen der andern versammelten Fürsten und im Herbst 1217 konnte der Zug angetreten werden. Man fuhr von Spalato aus und kam nach glücklicher Fahrt — sie dauerte, was damals unerhört war, nur 16 Tage — nach Accon in Syrien. Aber wie immer trat auch diesmal unter den Christen Zerfahrenheit ein und der erste, welcher das Land verließ, war Andreas. Nachdem der König die heiligen Orte besucht, wurde er von einem Unwohlsein befallen, welches in ihm den Verdacht erregte, daß eine ruchlose Hand ihn vergiftet hätte.

Vergebens mahnte ihn der Patriarch von Jerusalem dringend an sein unerfülltes Gelübde, vergebens sprach er über ihn den Bannfluch aus. Nach nur dreimonatlichem Aufenthalt verließ Andreas das heilige Land.

Ausdauernder bewies sich der Herzog von Oesterreich, der im heiligen Lande zurückblieb und sich als ein frommer und redlicher Streiter Christi benahm. Er schloß sich hier dem Kreuzheere an, als ein Angriff auf Damiette geschah, das an der westlichen Nilmündung, nordwärts von der erst im Jahre 1250 erbauten jetzigen Stadt, lag und für den Schlüssel Aegyptens galt. Sie war durch eine dreifache Mauer und überdies durch einen aus dem Nil aufsteigenden Thurm geschützt, von dem zwei starke Ketten nach der gegenüber liegenden Stadtmauer und nach dem linken Nilufer reichten und nach Belieben fremden Schiffen die Einfahrt verwehrten. Den Thurm zu erstürmen, darauf waren die ersten Anstrengungen der Pilger gerichtet. Daher bauten sie auf ihren Schiffen aus Holz und Gebälke einen gleich hohen Thurm. Es war am Sonntag Mariä Heimsuchung (1. Juli 1218), als die vier Schiffe mit dem auf ihnen errichteten Thurme dem feindlichen nahten. Da brachen die Fallbrücken sowohl des Herzogs von Oesterreich als jene der Hospitaliter, und mehr als hundert Ritter fanden den Tod in den Wellen. Nun aber erbauten die Deutschen unter dem Beistande eines geschickten Baumeisters ein Werk, das allgemeine Bewunderung erweckte. Sie verbanden zwei Schiffe durch Balken und Taue auf das festeste mit einander, errichteten darauf vier hohe Mastbäume und eben so viele Segelstangen und stützten durch dieselben einen Thurm, welcher aus Brettern und Netzwerk zusammengesetzt und gegen das griechische Feuer mit Thierhäuten auf dem Dache und den Seiten gesichert war. Nun wurde die gewaltige Maschine mit vieler Mühe und Gefahr den angeschwollenen Fluß hinan in die Nähe des feindlichen Thurmes gebracht. Mit vieler Mühe wurden die Anker an der nördlichen Seite desselben befestigt. Um die neunte Stunde des Tages begann der Angriff, indeß der Patriarch von Jerusalem vor dem heiligen Kreuzholze inbrünstig betend im Staube lag. Es war ein furchtbarer Kampf. Unablässig warfen die Saracenen von den Mauern Geschosse gegen die schwimmende Burg; unablässig waren die Christen die geschleuderten Brände zu löschen bemüht. Endlich gelingt es jenen einen Theil der Fallbrücke, welche die Belagerer schon an den Thurm angelegt hatten, mit Oel zu bestreichen, wodurch die Wirkung des griechischen Feuers verstärkt und beschleunigt wird. Die Angst und Noth der auf dem Doppelschiffe befindlichen Kreuzfahrer wird noch dadurch vermehrt, daß die an dem vorderen Ende der langen Fallbrücke angebrachte Wendebrücke von der Last der Löschenden sich bog und diese in der Gefahr schwebten, sämmtlich ein Raub der Wellen zu werden. Der Fahnenträger des Herzogs von Oesterreich hatte wirklich das Unglück, von der Brücke herab zu stürzen, und das österreichische Banner fiel in die Gewalt der Saracenen, welche schon den Sieg errungen zu haben wähnten und ein schallendes Freudengeschrei erhoben. Erst nach einer Stunde wurden die Christen Meister des Feuers und pflanzten unter lautem Jubel die Fahne des Kreuzes auf die Höhe des Thurmes. Die Saracenen setzten dessenungeachtet den Kampf in den unteren Stockwerken fort, bis die Pilger vor dem Thore des Thurmes ein gewaltiges Feuer anfachten und durch den heftigen Rauch die Besatzung zwangen, den Kettenthurm dem Herzog von Oesterreich zu übergeben.

Am 1. Mai 1219 verließ Leopold VII., von allen ob seiner Tapferkeit gepriesen, Aegypten, noch ehe sich Damiette den Kreuzfahrern ergab (November 1219).

Kaiser Friedrich II., an den sich Herzog Leopold mit un-
verbrüchlicher Treue schloß, zeichnete denn auch den hochverdienten
Fürsten durch allerlei Gnadenbezeugungen aus, wohl auch um
ihn dadurch noch enger an sich zu fesseln. Nach der Ermordung des Erzbischofs Engelbert von Cöln wurde der Herzog
von dem Kaiser zum Reichsverweser bestellt. Seinen Sohn
Heinrich verlobte Friedrich mit Leopold's Tochter Margaretha,
nachdem dessen Verlobung mit der Tochter des Königs von
Böhmen Agnes wegen der obsiegenden Neigung derselben für
das Klosterleben rückgängig geworden. Am 1. November 1225
fand zu Nürnberg die Vermälung des Paares, sowie die Verlobung Heinrich's, des Sohnes Leopold's mit Agnes, Tochter
des Landgrafen Hermann's I. von Thüringen, statt. Im folgenden Jahr bereits wurde Margaretha zu Aachen feierlich gekrönt.

Bei dem Streite des Kaisers mit Papst Honorius III.
über die Nichterfüllung des von jenem vor Jahren abgelegten
Kreuzzugsgelübdes nahm Leopold eine vermittelnde Stellung
ein. Zu San Germano, wo der Kaiser bei Strafe des Bannes
noch einmal feierlich schwor, im August 1227 den Kreuzzug antreten zu wollen, war Leopold nebst anderen Fürsten zugegen.
Als dann das Unternehmen wegen eingerissener Seuchen mißlang, berief der Kaiser, um sich wegen des unterbliebenen Zuges
zu rechtfertigen, die Fürsten auf einen Reichstag zu Ravenna.
Herzog Leopold eilte dahin, kam aber nur bis nach Venedig, da
ihm die Lombarden den Durchzug verwehrten. Mit dem Banne
des Papstes beladen, trat der Kaiser 1228 die Meerfahrt an,
kehrte aber, als er vernahm, daß in seinem Rücken die „Schlüssel-
soldaten" in sein sicilisches Königreich eingebrochen, zurück,
schloß mit dem Papste bald darnach den Frieden von San Germano und erhielt die Lösung vom Banne, 1230. Unter den

Vermittlern dieses Ereignisses wird neben dem Patriarchen von Aquileja, dem Erzbischof Eberhard von Salzburg, den Herzogen von Meran und Kärnten auch Leopold von Oesterreich genannt. Doch erlebte dieser den endlichen Friedensschluß nicht; er starb zu San Germano den 28. Juli 1230 und wurde im Kloster S. Benedict am Monte Cassino von Cardinälen begraben; nur seine Gebeine wurden ausgesotten und nach dem Cistercienserkloster Lilienfeld, seiner Stiftung, zur Bestattung gebracht. Der Kaiser betrauerte tief den Tod des herrlichen Mannes; nicht minder sein Land, das er durch die Erwerbung der bei dem Tode des Markgrafen Heinrich von Kärnten ledig gewordenen Freisinger Lehen in Krain, durch die käufliche Erwerbung der Grafschaft Retz von der Witwe des Burggrafen Friedrich von Nürnberg, der bis dahin dem Grafen von Hannsberg gehörigen Stadt Linz und anderer Orte vergrößert hatte. Von seiner Gemalin Theodora, die während der Abwesenheit Leopold's auf der Kreuzfahrt sein Land besonnen und muthig lenkte, wurden ihm drei Söhne: Leopold, Heinrich und Friedrich, und vier Töchter: Margaretha, Constanze, Gertrud und Agnes geboren. Von seinen Söhnen überlebte ihn nur der jüngste, Friedrich II., der Streitbare genannt.

18.

Die goldene Bulle Andreas' II.

So wenig König Andreas II. mit seiner Kreuzfahrt ausgerichtet, hatte sie ihm doch bei den Zeitgenossen den Beinamen „der Hierosolymitaner" oder „Kreuzfahrer" eingetragen. Seinen Rückweg hatte Andreas, um die Gefahr auf dem Meere zu vermeiden, über Land genommen, hatte zu Antiochien seinen Sohn

Andreas mit der Tochter des Königs Leo von Armenien verlobt, dann, als er durch Kleinasien zog, den Sultan von Iko-
nium zum Christenthum zu bekehren versucht, hatte als Braut
seines ältesten Sohnes Bela die Tochter des Kaisers Theodorus
Laskaris mit sich genommen und war endlich auf dem Durchzug
durch Bulgarien von Johann Asan, dem König des Landes, an-
gehalten und nicht eher entlassen worden, als bis er dem Bul-
garenfürsten seine vierzehnjährige Tochter als Gemalin verheißen
und wegen der künftigen Erfüllung seiner Versprechungen hin-
längliche Bürgschaft gestellt hatte. Die Vermälung hat denn
1220 auch stattgefunden.

Der zurückkehrende König fand zu Hause viel zu thun.
Sein Sohn Koloman war durch Mstislav Mstislaviec, Fürsten
von Novgorod, aus Halicz vertrieben worden und wurde, obgleich vom Vater 1218 in sein Reich wieder zurückgeführt, gefangen genommen und nicht eher in Freiheit gesetzt, als bis
Andreas seinen gleichnamigen Sohn mit Mstislav's Tochter
Maria verlobte. Doch Maria starb bald und von Halicz, das
Mstislav unter dem Namen eines ungarischen Lehens beherrschte,
blieb dem König und dem Prinzen Andreas nichts als ein un-
fruchtbarer Titel.

Schlimmer noch als dieser Verlust war die Zerrüttung,
welche der König im eigenen Lande antraf. Das Streben des
immer mächtiger werdenden Adels war nemlich nun schon auf
die Erwerbung königlicher Güter und Einkünfte gerichtet. Die
Abwesenheit des Königs hatte dies Streben begünstigt und das
Beispiel des Adels in den unteren Kreisen verderblich nachge-
wirkt. Das Landvolk hatte hie und da die bischöflichen Zehnter
und königlichen Gefällseinnehmer erschlagen, die Juden und
Ismaeliten hatten durch falsche Münze und Münzeinwechseln
den Stoff der Unzufriedenheit genährt. Bei der Schwäche des

Königs nahm sein Sohn, der talentvolle Bela, der Sache sich
an. Er wendete sich mit einer eingehenden Schilderung von dem
Zustande des Reiches und dem Grund alles Uebels an den
Papst, der den König aufforderte, die veräußerten Güter wieder
an die Krone zu bringen und ihn von dem Eide löste, welchen
er etwa wegen Nichtzurücknahme geleistet. Der Befehl des
Papstes erregte unter den Reichsbaronen nicht geringe Unzufriedenheit, und selbst der König fügte sich ihm nur theilweise.
In jedem Comitate wurden Richter bestellt, um das, was
jemand mit Gewalt an sich gebracht hatte, ihm sogleich wieder
zu nehmen. Der Zehent sollte der Geistlichkeit ohne Weigerung
entrichtet, nicht aber von Mächtigen an sich gerissen werden.
Aber alle diese Verfügungen vermieden künstlich den Haupt-
zweck, dessen Erreichung Bela und sein Anhang anstrebte: Wie-
dereinziehung der vergabten Schloßgüter. Der Theil des Adels,
welcher aus der Freigebigkeit des Königs Nutzen gezogen, nährte
den Unfrieden im königlichen Hause durch die schwarze Verläumdung, daß Bela seinem Vater die Krone rauben wolle. Er-
grimmt über solche Neckereien griff Bela zu den Waffen und
wurde von dem zahlreichen niederen Adel begünstigt. Da vermittelte auf den Befehl des Papstes die Geistlichkeit den Frieden,
dessen Ergebniß die „goldene Bulle" war (1222).

Die goldene Bulle enthält einunddreißig Bestimmungen,
von denen wir nur die wichtigsten herausheben wollen. „Da"
— so beginnt die Urkunde — „die Freiheit der Edlen unseres
Reiches und auch der Andern, welche ihnen der heilige König
Stephan verlieh, durch die Gewalt einiger Könige theils aus
ihrem eigenen Antriebe, theils auf den Rath böser Menschen
oder aus Gewinnsucht verkümmert wurde, baten oft unsere
Edlen unsere und unserer Vorgänger im Reiche Majestät um
Reform der Regierung. Um daher, wie es unsere Pflicht ist,

ihrer Bitte zu willfahren und um im Interesse der königlichen Würde in Zukunft die Erbitterung zu verhüten, zu der es in letzter Zeit oftmals zwischen uns und euch gekommen, so gestatten wir sowohl ihnen als den übrigen Bewohnern unseres Reiches die von dem heiligen König ihnen gestattete Freiheit und überdies folgende die Reform des Reiches bezweckende Rechte." Der König wird künftighin jährlich am Feste des heiligen Königes, wenn nicht dringende Nothdurft des Reiches oder Krankheit ihn hindert, in eigener Person, im Verhinderungsfalle der Palatin, zu Stuhlweißenburg Gericht halten. Die Jobbagionen (adeligen Burgummohner) des Königs darf derselbe nicht verhaften einem Mächtigen zu Gefallen, bevor sie zu Gerichte vorgeladen und abgeurtheilt worden. Der König wird künftig weder von den Leuten der Kirche, noch von den königlichen Jobbagionen eine Abgabe erheben und nicht bei diesen, außer auf ihr Verlangen, Herberge nehmen. Jobbagionen und Obergespäne sind dem König in Angriffskriegen nur gegen Sold, im Vertheidigungskriege alle ohne Ausnahme zu folgen verpflichtet. Der Palatin soll über alle Bewohner des Reiches zu Gericht sitzen, aber dort, wo es sich um Leben oder Eigenthum eines Adeligen handelt, nur mit des Königs Vorwissen entscheiden. Fremde sollen nicht ohne des Reiches Beirath zu Aemtern befördert werden. Sollte ein Graf sich gegen seine Untergebenen unehrenhaft benehmen und sie berauben, so soll er öffentlich „vor dem ganzen Reiche" sein Amt verlieren und überdies den Schaden vergüten. Der Zehent wird nicht in Geld, sondern in Bodenerzeugnissen, Wein und Saat, erhoben; Bischöfe, die dem widersprechen, genießen nicht den Schutz des Königs. Des Königs Schweinhut soll nicht auf Wald und Wiese der königlichen Jobbagionen getrieben werden. Die Aufsicht über Münze, Salz und Steuern führen künftig nicht Juden oder Ismaeliten, sondern Edle. Güter sollen nicht außerhalb des Reiches verliehen und, wofern dies schon geschah, zurückgekauft werden. Gegen richterlichen Urtheilsspruch gibt es keinen Schutz der Mächtigen. Die Grafen behalten nur was ihnen von Rechts-wegen gebührt, das übrige, die Steuern und zwei Drittel von dem Ertrage der Burgen fließen dem Könige zu". Der Schluß der Bulle enthielt den verhängnißvollen Zusatz: „Sollten aber wir (der König) oder einer unserer Nachfolger je dieser unserer Anordnung zuwiderhandeln, so sollen die Bischöfe, Jobbagionen und Edlen des Reiches alle und einzeln, jetzt und in Zukunft das Recht haben, uns und unseren Nachfolgern zu widerstehen und zu widersprechen."

Das war die goldene Bulle, welche auf Ungarns Geschicke nicht minder bestimmend, aber weil sie nur die Vorrechte eines Standes vorzüglich im Auge hatte, minder segensreich), als die fast um dieselbe Zeit und unter ähnlichen Verhältnissen erlassene große Freiheitscharte auf England, eingewirkt. Im Jahre 1231 erließ der König eine neue Fassung der goldenen Bulle, welche einige Nachtragsverordnungen enthielt und jene Schlußformel zu der Bemerkung abschwächte, daß der Erzbischof von Gran das Recht haben sollte, im Falle der König das Gesetz nicht halte, ihn mit dem Banne zu belegen.

Der Friede von 1222 hatte zugleich die Bestimmung getroffen, Bela solle fortan den Titel „von Gottes Gnaden und durch des Vaters Willen jüngerer König" führen; doch dies versöhnte die Streitenden nicht. Die byzantinische Maria, Bela's Gemalin, war dem Herzoge von Oesterreich verwandt. Obgleich nun Andreas selbst dereinst dem Sohne diese Braut zugeführt, zwang er ihn jetzt, ihn eines verrätherischen Einverständnisses mit Leopold bezichtigend, dieselbe zu verstoßen und, als der Papst die Wiedervereinigung der Ehe anbefahl, mit ihr nach

Oesterreich zu fliehen. Auch die Güter der Deutschordensritter im Burzenlande zog Andreas auf den Antrieb einiger seiner Rathgeber ein. Die Ritter beklagten sich bei dem Papste; das einzige, was dieser erwirkte, war, daß Andreas sich mit seinem Sohne Bela versöhnte und ihm Croatien und Dalmatien anwies, obgleich der König bald hernach wieder diese beiden Länder dem Koloman zuwandte, dessen Wiedereinsetzung in Halicz zu wiederholten Malen mißlang, während nun Bela Siebenbürgen, der dritte Bruder Andreas Sirmien erhielt.

Bela wurde fortan durch das Streben, die goldene Bulle zur Wahrheit zu machen und die überflüssigen unrechtmäßigen Schenkungen der Krone einzuziehen, geleitet. Vor Gericht wurde über Recht- oder Unrechtmäßigkeit des Besitzes durch Gottes- urtheile entschieden. In der Kirche legte der Priester das Eisen ins Feuer, las, bis es glühend ward, die Messe und reichte beiden Parteien das Abendmahl. Beharrte sodann der Ange- klagte bei der Versicherung, daß er unschuldig sei, so mußte er mit bloßer Hand das glühende Eisen ergreifen und schwören: „Bei dem heute empfangenen Leibe des Herrn betheuere ich, daß ich ohne Zauberei und ohne alle Vorbereitung der Hand durch Kräuter das Eisen nehme". Hierauf ward seine Hand mit Leinwand überwickelt, versiegelt und so nach drei Tagen besehen. War sie verbrannt, so wurde er für schuldig erkannt.

Aber trotz jener Gütereinziehung gerieth Andreas in neue Geldverlegenheit, wodurch, in Widerspruch mit den Bestim- mungen der goldenen Bulle, die Steuern und Zölle wieder in die Hände der Juden und Ismaeliten kamen, und da der König auch das Burzenland den deutschen Rittern immer noch vor- enthielt, so erschien ein päpstlicher Legat, Jacob von Präneste, 1232 im Lande und Robert, der Erzbischof von Gran, belegte mit des Papstes Zustimmung Ungarn, ausgenommen den

König, mit dem Interdicte. Die Glocken verstummten, keine
Ehen wurden geschlossen, keine Priester geweiht und nur aus-
nahmsweise wurde eine stille Messe gebetet. Dem Sarge folgte
kein Priester: ohne Gesang wurden die Todten bestattet.
Andreas beschwerte sich bei dem Papste über diese Herabsetzung
seines königlichen Ansehens und versprach noch einmal nach Rußland zu ziehen und dort die katholische Lehre herrschend machen
zu wollen. Gregor IX. wurde dadurch versöhnlich gestimmt und
beauftragte seinen Legaten, das Interdict aufzuheben und mit dem
Könige im Namen des Papstes ein Uebereinkommen zu treffen.
Im Beregher Walde geschlossen, ist es hauptsächlich gegen die
Juden und Ismaeliten gerichtet, deren Entfernung vom Hofe
der König gelobte, ohne indeß der Erfüllung dieses Vertrages
eifriger als bisher nachzukommen.

19.

Herzog Friedrich II. der Streitbare von Oesterreich.

Herzog Leopold der Glorreiche hatte vor seiner letzten Ab-
reise nach Italien seinem Sohne Friedrich II. den obersten
Landesmarschall Heinrich berathend zur Seite gestellt, der jedoch
seine Stellung und den Besitz des herzoglichen Siegels zu
seinem und seiner Familie schnödem Vortheil ausbeutete. Heinrich, den seine Zeit „den Hund" nannte, und sein Bruder
Hadmar, die beiden Kuenringer, gehörten einem um Zwettel
reich begüterten Hause an. Sie hatten den Abt von Zwettel vermocht, das Städtchen, das bisher nur mit einem Zaune umgeben
war, durch eine feste Mauer zu schützen, und sobald dies geschehen war, sich selbst in den Besitz desselben gesetzt. Von ihren
Schlössern zu Aggstein und Dürrenstein aus belästigten sie die

den Donaustrom hinabfahrenden Schiffe, und durch List bemächtigte sich Heinrich des herzoglichen Schatzes, den er auf einem
dieser Raubnester verbarg. Gleichzeitig brachen auch mit Ungarn
und Böhmen Feindseligkeiten aus.

In Böhmen war König Přemysl Otakar I. wenige Monate nach Leopold VII. mit Tod abgegangen. Přemysl hatte
sich im Innern stark genug gefühlt, um an die Stelle der verderb-
lichen Seniorat-Erbfolge, die zu so endlosen Streitigkeiten geführt, jene nach der Erstgeburt zu setzen und demzufolge
seinen ältesten, erst eilfjährigen Sohn Wenzel von dem mährischen Markgrafen Vladislav Heinrich und den böhmischen Edlen
auf dem Landtage schon im voraus zu seinem Nachfolger im
Reiche wählen zu lassen, wozu Kaiser Friedrich seine Einwilli-
gung gab. Der Kronprinz erhielt vor der Hand den Titel eines
Herzogs von Pilsen. Die einzige noch blühende Nebenlinie des
přemyslidischen Hauses, die der Diepoltice, wurde dadurch allerdings verkürzt und in Folge von Reibungen, die darüber entstanden, am Ende zur Auswanderung nach Schlesien gezwungen,
wo ihr Stamm erlosch, noch ehe ein Menschenalter vergangen
war. Mit dem Tode Vladislav Heinrich's fiel auch Mähren an
Böhmen zurück (1222) und wurde, nachdem auch dessen zweitgeborner Sohn mit Tode abgegangen (1226), wieder unmittelbar
mit Böhmen vereint. Wenzel I. war noch bei Lebzeiten seines
Vaters durch den Erzbischof von Mainz zum König gekrönt
worden, nachdem er nicht lange zuvor seine Vermälung mit der
staufischen Kunigunde vollzogen.

Gleich am Beginne seiner Regierung wurde Wenzel I.
bewogen, im Bunde mit König Andreas von Ungarn Friedrich
den Streitbaren von Oesterreich zu bekriegen. Der Anlaß dazu
war dieser. Friedrich's zweite Gemalin war Sophia, Tochter
des griechischen Kaisers Theodor Laskaris und Schwester von

Bela's Gemalin Maria. Im Jahre 1229 hatte Friedrich Sophien verstoßen und sich bald darauf mit Agnes, Tochter des
Herzogs Otto I. von Meran vermält. Darüber entstand nun
gewaltige Aufregung unter den königlichen Frauen. Constanze
in Böhmen reizte ihren Sohn, Maria in Ungarn ihren
Schwiegervater zum Kriege wider den österreichischen Herzog.
Dazu kam noch, daß ein Theil des unzufriedenen Adels in Ungarn dem Herzog Friedrich die ungarische Krone anbot. Zwar
wurden die Boten des Adels bei ihrer Rückkehr aus Oesterreich
sammt allen Papieren aufgefangen, allein das Erscheinen österreichischer Truppen an der Grenze verrieth die Geneigtheit Friedrich's, dem Wunsche jener Partei zu entsprechen. Andreas schlug
die Oesterreicher und Steiermärker zurück und fiel nun im Vereine
mit König Wenzel von Böhmen verheerend in Oesterreich ein.

In dieser Bedrängniß entfaltete der jugendliche Herzog
große Entschlossenheit. Kaum hatte er sich der nachbarlichen
Feinde erwehrt, so bezwang er die Kuenringer und die mit ihnen
verbündeten Ministerialen, brach Heinrich's Burg Zwettel, verzieh aber dann den Empörern gegen Stellung von Geiseln und
Auslieferung der gemachten Beute. Hadmar pilgerte nach Passau, um den Kirchenbann zu lösen, welcher auf ihm lastete, starb
aber auf der Reise dahin (1231). Heinrich wurde in seinem
Amte belassen. Danach — am Tage Mariä Reinigung 1232 —
empfing der Herzog im Schottenkloster zugleich mit zweihundert
anderen Rittern zum Zeichen der Wehrhaftmachung aus der
Hand des Bischofs Gebhard von Passau das Schwert, in dessen Führung er sich so glänzend erprobt.

Bei dem Thatendrange Friedrich's des Streitbaren wurde er
bald in die unselige Fehde verstrickt, die in Deutschland den Kaiser
Friedrich und seinen Sohn Heinrich zu erbitterten Feinden

machte und endlich mit dem Untergange des Sohnes abschloß. Heinrich stand anfangs dem Herzog feindlich gegenüber; er erklärte, vielleicht hierin von dem Könige von Böhmen beeinflußt, seine Ehe mit Margaretha von Oesterreich für ungiltig und wollte sich unter dem Vorwande, daß die Mitgift noch nicht ausgezahlt sei, von seiner Gemalin, nachdem sie ihm bereits einen Sohn geboren, trennen. Der Abt von St. Gallen bewirkte eine Versöhnung, die beiden Schwäher reichten sich die Hand und Friedrich von Oesterreich scheint von da an Heinrich's hochverrätherischen Plänen nicht fern gestanden zu sein. Als Kaiser Friedrich II. um Ostern 1232 in Friaul mit dem Sohne zusammentraf und ihm die eidliche Versicherung seiner Treue abnahm, verweigerte Friedrich von Oesterreich sein Erscheinen. Der Kaiser nannte die Weigerung des Herzogs, der sich hiebei wahrscheinlich auf den Freiheitsbrief von 1156 berief, eine knabenhafte, kam aber doch nach Pordenone, das vor kurzem erst an Oesterreich gekommen war, um keinem Vorwand Raum zu geben, und wahrscheinlich wurde hier der Streit über die Mitgift durch Nachgiebigkeit des Kaisers Friedrich beendet.

An dem Kampfe König Heinrich's gegen den bayrischen Herzog Otto, der sich unter den Fürsten den hochverrätherischen Plänen Heinrich's am entschiedensten widersetzte, nahm Friedrich für den König Partei, während die Böhmen im Sommer 1233 von neuem das Herzogthum verheerend überfielen. Friedrich drang gegen sie bis Bettau vor, an der Grenze von Oesterreich, Böhmen und Mähren gelegen, und eroberte die für unbezwinglich gehaltene Burg, als ihn eine Krankheit an der Verfolgung der bereits errungenen Vortheile hinderte. Um Allerheiligen erneuerten auch die Könige der Ungarn, Andreas und Bela, ihre Verheerungszüge, wurden aber bei Höflein von Friedrich besiegt und schlossen mit demselben zu Neustadt

Frieden. Von da an herrschte zwischen Oesterreich und Ungarn das beste Einvernehmen. Zu Anfang Mai 1234 wohnte Bela zu Wien der Hochzeit der Schwester Friedrich's mit dem Markgrafen von Meißen und noch in demselben Jahre Friedrich der prächtigen Hochzeit des sechzigjährigen Königs Andreas bei, der sich nun zum dritten Male mit Beatrix, der Tochter des Markgrafen Aldrobandino von Este, vermälte.

Indessen führten den deutschen König Heinrich seine Wege immer mehr dem Verderben entgegen. Der Kaiser kam (1235) aus Italien ohne Heer nach Deutschland; der Weg führte ihn von Aquileja durch Friaul nach Steiermark, wohin ihm auch der Herzog zum Empfang entgegenritt; aber die beiden Friedriche schieden entfremdeter als zuvor. Der Kaiser eilte nach Deutschland, bot seinem Sohne Verzeihung an, wenn er ihm seine Schlösser überliefere. Heinrich zögerte und mußte sich endlich auf Gnade und Ungnade ergeben. Von Heinrich's Anhängern floh Anselm von Justingen an Herzog Friedrich's Hof. Heinrich selbst aber verlor die Krone und wurde unter starker Bedeckung über Aquileja, nachdem Befreiungsversuche des Herzogs von Oesterreich mißlungen waren, nach der Burg San Felice bei Venosa gebracht, mußte dann sein Gefängniß öfters wechseln, bis er zu Martonaro 1242 starb. Margaretha lebte nach dem Tode ihres Gemals 1244 bei San Marco zu Würzburg als Nonne, später zu Trier im St. Katharinenkloster, dessen stille Räume sie indeß nach ihres Bruders Tode wieder verließ. Von ihren Söhnen mit Heinrich ist der eine, der wie sein Vater hieß, ganz verschollen; der andere, Friedrich, erscheint später wieder an dem Hofe des Kaisers, für den er in Piemont glücklich kämpft.

Nun kam die Reihe an den Herzog von Oesterreich. Durch strenge Bestrafung derer, denen er den unglücklichen Ausgang

eines neuen Feldzuges wider die Ungarn zuschrieb und durch
hohe Steuern, welche er zum Behufe der Rüstungen von Jedermann und von den Klöstern, welche sich weigerten, auch mit
Zwangsmitteln eintrieb, wurde die Zahl seiner Feinde im eigenen
Lande vermehrt, die an den Kaiser ihre Boten mit bitteren Klagen absandten. Der Kaiser lud nun den Herzog dreimal, doch
vergeblich, vor sich; da sprach der Erzürnte über Friedrich (1236)
die Acht aus, mit deren Vollstreckung er den König von Böhmen und den Herzog von Bayern beauftragte. In der That war
die Stimmung gegen Friedrich den Streitbaren äußerst gereizt,
und selbst edeldenkende, dem Herzoge wohlmeinende Ritter sehnten
sich darnach, daß der Kaiser, der damals in Italien die Lombarden
bekämpfte, als Friedensstifter im Lande erscheine.

Im Herbst des Jahres 1236 drangen die mit Vollstreckung
der Acht beauftragten Fürsten mit ihren Heeren in Oesterreich
ein, der König von Böhmen in das Land am Nordufer der
Donau, der Herzog Otto von Bayern und der Bischof Rüdiger
von Passau in das Land ob der Enns, in welchem nur die
Stadt Linz allen Angriffen trotzte. Zum Einfalle in Steiermark
hatte der Kaiser den Herzog Bernhard von Kärnten, den Patriarchen Berthold von Aquileja und den Bischof Eckbert von Bamberg aufgefordert, welche, durch den Verrath der herzoglichen
Dienstmannen begünstigt, sich ohne Mühe des ganzen Landes
bemächtigten. Friedrich wurde nun von allen Seiten verlassen.
Wien öffnete dem vereinigten Heere der Bayern und Böhmen die
Thore und Friedrich, dem nur Stahrenberg und Wiener-Neustadt treu blieben, zog sich in die letztere Stadt zurück, während
der Kaiser nach einem über die Lombarden bei Vicenza errungenen Siege über Grätz, wo er das Weihnachtsfest feierte, nach
Oesterreich kam und in Wien seinen Einzug hielt. Man hatte
sich hier seiner Ankunft schon lange versehen.

13*

Der Kaiser erschien mit einem glänzenden Gefolge in Wien.
Hier erwählten die ihn umgebenden Fürsten, eilf an Zahl, der
König von Böhmen, der Pfalzgraf Herzog von Bayern, der
Landgraf von Thüringen, der Herzog Berthold von Kärnten,
die Erzbischöfe von Mainz, Trier und Salzburg, die Bischöfe
von Bamberg, Regensburg, Freisingen und Passau, „als die
Väter und Lichter des Reiches", wie sie ausdrücklich bemerkten,
wegen der Verdienste, die sich Kaiser Friedrich II. um das Reich
gesammelt, dessen herrlichen Sohn Konrad zum König. Damals
stand der Kaiser im Zenithe seiner Macht und in der gnädigen
Stimmung, die ihn erfüllte, erhob er Wien zu einer reichs-
unmittelbaren Stadt und bestätigte den Steiermärkern ihre her-
kömmlichen Rechte. Dann verließ Friedrich wieder das Land,
in welchem er den Bischof Eckbert von Bamberg als Statthalter
zurückließ. Aber Eckbert starb nicht lange darnach und wurde
bei den Schotten zu Wien im Chor begraben. Dessen Tod und
eine Niederlage, welche der Befehlshaber der Reichstruppen, der
Burggraf Konrad von Nürnberg, der sich mit den Steiermärkern vereinigen wollte, auf dem Steinfelde bei Neustadt durch
den streitbaren Herzog erlitt, vermehrten den Anhang des letzteren, der nun in raschem Siegeslaufe fünf Burgen eroberte
und auch den Grafen Otto von Eberstein, durch welchen der
Kaiser den unfähigen Konrad ersetzte, im Herbste des Jahres
1237 bei Tulln schlug. Durch kluges Benehmen gewann Friedrich
der Streitbare nun auch seine bisherigen Gegner für sich. Die
Bischöfe von Passau und Freisingen, welche er in dem Treffen bei
Neustadt gefangen genommen, entließ er aus ihrer Haft und
fesselte namentlich den ersten dankbar und dauernd an sich. So
gewann er allmälig das ganze Land wieder, so 1239 Enns,
Laa und andere Burgen. Von großem Vortheil für ihn war die
Entfremdung, die zwischen dem Kaiser Friedrich und König

Wenzel von Böhmen eintrat. Friedrich beutete sie zu seinem Nutzen aus, indem er dem letzteren gegen seine Unterstützung die Abtretung des linken Donauufers zusagte. Am längsten leistete Wien Widerstand, welches bei der Wiederkehr der früheren Verhältnisse das meiste einbüßte. Die Belagerung wurde hartnäckig betrieben; im Innern der Stadt stieg die Noth auf das höchste. Mit der Einnahme von Wien (1240) endete allenthalben der Widerstand und trafen fast gleichzeitig Gesandte des von neuem mit dem Kirchenbanne beladenen Kaisers ein, die den Herzog seiner Gnade versicherten.

Von nun an blieben die beiden Friedriche eng mit einander verbündet, und da der König von Böhmen den Kaiser verlassen und sich zu den Anhängern des Papstes begeben, so dachte Friedrich der Streitbare daran, das Versprechen der Abtretung des linken Donauufers rückgängig zu machen. Daher fiel der König 1241 abermals verheerend in Oesterreich ein, während die Stadt Laa, die der Herzog zuvor als Pfand für seine Zusage gesetzt, dem letzteren ihre Thore öffnete. Endlich söhnten unter Vermittlung des Bischofs von Freisingen die beiden Gegner sich aus. Friedrich's Nichte Gertrude wurde mit Vladislav, dem Sohne Wenzel's, verlobt.

Mit Ungarn hatten sich seit dem Frieden von 1233 die Verhältnisse nicht getrübt. König Andreas der Kreuzfahrer war ein Jahr nach seiner Vermälung mit Beatrix von Este gestorben (November 1235).

Bela IV. ließ sich gleich nach des Vaters Bestattung zum zweiten Male zu Stuhlweißenburg krönen, wobei des Königs Bruder Koloman das Reichsschwert dem Könige zur Rechten trug, der vertriebene Daniel Romanoviez von Haliez das Pferd zur Linken führte. So eben befanden sich am königlichen Hofe

deutsche Gesandte, mit diesen entwich des Andreas schwangere
Wittwe Beatrix aus der Haft, in der sie ihr Stiefsohn Bela hielt,
nach ihrer Heimat, wo sie einen Sohn Namens Stephan gebar.
Dieser Prinz irrte lange durch die Welt, versuchte vergeblich die
Markgrafschaft Este an sich zu reißen, unterhandelte mit Bela
über ein ihm anzuweisendes Herzogthum und fand endlich, nachdem er auch bei seinen mütterlichen Verwandten in Spanien
umsonst sein Glück versucht, in Venedig ein Asyl, wo er die
Tochter eines Patriciers Morosini heirathete und Andreas, der
nachmals König von Ungarn wurde, erzeugte.

Bela kündigte sich in allem als einen kraftvollen Herrscher
an, der auf der Bahn beharrlich vorwärts schritt, welche er
schon zu Lebzeiten des Vaters betreten. Er zog jene, die ihm
als Prinzen angeblich nach dem Leben gestrebt, zur Strafe.
Die Stühle, mit denen die Magnaten in der Reichsversamm-
lung erschienen, ließ er verbrennen und verordnete, daß nur die
königlichen Prinzen, die Erzbischöfe und Bischöfe in Gegenwart
des Königs Platz nehmen dürften. Wen möchte befremden, daß
dieser Fürst das Ansinnen des Kaisers, einen Tribut als Zeichen
des einstigen Lehensverbandes zu entrichten, von sich wies? In
einer großen Versammlung des Reiches nahm er hierauf den
Titel „König von Kumanien“, d. i. der Moldau, an und
brachte das Gesetz über die Einziehung der Schloßgüter zu
Wege. Alle Schenkungen seines Vaters sollten ihm zur Bestätigung vorgelegt, Register sollten zur Evidenzhaltung der zu einer
Burg gehörigen Leute und Jobbagionen angelegt und künftig
die Güterverleihungen an die Verpflichtung, mit dem König in
den Krieg zu ziehen, geknüpft werden. Auch zur Wahl der Bischöfe sollte von nun an die Bestätigung durch den König hinzu-
treten. Die mit diesen Reformen unzufriedenen Großen blickten
Hilfe suchend auf Friedrich von Oesterreich. Friedrich verlangte

nach der ihm dargebotenen Krone, wurde aber, als er bis Wieselburg kam, über den gehofften Abfall der Ungarn bitter getäuscht.
Bis unter die Mauern Wiens trieben ihn Bela und Koloman
zurück.

Damals (1238) baten die von den Mongolen hartbedrängten Kumanen um Aufnahme in das Reich. Die Kumanen waren einer jener wahrscheinlich türkischen Nomaden-
stämme, welche durch Futtermangel aus dem nördlichen China
verdrängt, ihren Stammesbrüdern Chajaren und Petschenegen
auf der uralten Nomadenstraße am Nordrand des caspischen
Meeres gefolgt waren. So hatten sie längere Zeit im Osten der
Wolga und am Jaik gehaust, unter verschiedenen Namen bekannt, als Usen und später als Kumanen von den Byzantinern,
als Polovzen von den Slaven, als Falven von den Deutschen
gefürchtet. Schon früher hatten größere Schaaren derselben in
Ungarn Aufnahme gefunden. Als jetzt Kotjan (Kuthen), ihr
Chan, der Schwiegervater des Fürsten Mstislav von Halicz,
Zuflucht in Ungarn suchte, waren die Kumanen bereits weiter
nach Westen gelangt. Sie wohnten nunmehr von der Donau bis
zum Jaik; die Moldau hieß von ihnen Klein- oder Schwarz-
Kumanien, das Land jenseits der Drissa aber Groß- oder Weiß-
Kumanien. Ihre Sprache war von jener der Ungarn verschieden.
Bela gewährte die Bitte des Chan, doch ohne die Prälaten und
Barone seines Reiches zu Rathe zu ziehen, blos nach getroffener
Verabredung mit den Dominicanern, die sich anheischig machten,
das ganze Volk zu bekehren. So zog er dem Chan in eigener
Person mit großer Pracht zur Begrüßung entgegen und ließ die
Kumanen — man zählte 40,000 Familien — in das Herz von
Ungarn geleiten. Dort, zwischen Donau und Theiß, wurden
ihnen Weideplätze verliehen. Schon auf dem Zuge riefen die
Verheerungen ihrer Heerden den Unwillen der Ungarn wach, der

durch die Parteinahme des Königs für die nomadischen Fremdlinge wuchs. Die Kumanen fanden stündlich beim Könige Zutritt; die Ungarn mußten sich schriftlich und durch den Kanzler
an den König wenden. Um dem Mißvergnügen zu begegnen,
berief der König alle geistlichen und weltlichen Großen des Reiches, besonders die Comitatsvorstände und die Kumanenhäupt-
linge nach Monostor im Hevesser Comitate und ließ hier die
Vertheilung der Kumanen durch alle Gespanschaften beschließen.
Die kumanischen Familienhäupter sollten zu diesem Ende den
ungarischen Adeligen, die Kumanen in allem den Magyaren
gleichgestellt werden. Hier wurde auch Kuthen getauft; Bela
selbst war sein Pathe, so wie jeder andere kumanische Hausvater in der Taufe einen Pathen und Patron in der Person
eines ungarischen Großen erhielt. Aber eben diese Bestimmung
rief wieder den Unwillen der Kumanen wach, die in Masse beisammen zu bleiben begehrten.

Das gute Einvernehmen, das seit kurzem zwischen den
Königen von Ungarn und Böhmen und dem Herzoge von Oesterreich herrschte, war ein Glück für sie alle; denn jetzt erschien auf
dem Schauplatze ein unvorhergesehener Feind, der ihnen gemein-
sames Verderben bereiten konnte, wenn sie unter sich, wie in den
Jahren zuvor, im Streit lagen. Doch ehe wir in unserer Erzählung
fortfahren, wollen wir einen Ruhepunct eintreten lassen, um
den innern Zuständen der Länder unsere Aufmerksamkeit zuzuwenden, die binnen kurzem nach dem Ableben des letzten Babenbergers unter eine andere Herrschaft kommen sollten.

20.

Recht und Gesetz, Leben und Sitte in der Babenberger Zeit.

Durch das Erblichwerden der markgräflichen und später herzoglichen Würde, und begünstigt von den unseligen Kämpfen der Kaiser und Päpste, bildete sich der Begriff der Landeshoheit, d. h. der Inbegriff von Rechten der deutschen Reichsfürsten aus, wodurch eine große Menge geistlicher und weltlicher Körperschaften, Klöster und Städte, freier Ritter und freier Leute dem unmittelbaren Verbande mit dem römisch-deutschen Reichsoberhaupte entzogen und den mit jenen Rechten ausgestatteten Landesfürsten unmittelbar unterthan wurden. Besonders früh reifte die Landeshoheit unter dem süddeutschen Himmel; der Herzog von Steiermark, Ottokar, bedient sich bereits 1184 des Ausdrucks „Landesherr“ und durch die Vereinigung seines Landes mit Oesterreich wurde dies Reis auch auf den nachbarlichen Boden übertragen.

Während die Entwickelung der Landeshoheit den alten Adel sinken machte, stieg aus ursprünglich unfreiem Stande ein neuer Adel — die Ministerialen — empor, den die Landesherren um des Dienstverhältnisses willen, in dem er zu ihnen stand, gnädig um sich gesammelt. Bald schwand mit der Erinnerung an die Herkunft der Unterschied zwischen den beiden Arten des Adels, über die sich in gleich gebietender Weise die herzogliche Macht erhob. Steiermark eilt auch in diesem Puncte der Entwickelung seines nördlichen Nachbarlandes voran. Der Herzog von Oesterreich verspricht den steierischen Ministerialen ihre alten Rechte aus Ottokarischen Zeiten zu beobachten, und als Kaiser Friedrich II. diese Vorrechte bestätigt, beeilen sich

die Ministerialen Oesterreichs ein gleiches Zeichen der königlichen Gnade zu erlangen, das uns als das sogenannte „österreichische Landrecht" vorliegt.

Und endlich eilte die Steiermark auch im Städteleben
dem Herzogthum Oesterreich voran. Nachdem Enns schon unter
dem letzten Ottokar manches Vorrecht genossen, verlieh ihr Herzog Leopold VII. 1212 ein eigenes Stadtrecht. Das Ennser
Stadtrecht eröffnet ein ungemein anschauliches Bild von dessen
innerem Leben. Landesherr ist der Herzog, welcher sich gewisse
Fälle, z. B. Bestrafung verübter Blendung, zur Entscheidung vor-
behält und dessen „Befehl", so heißt es, „Gesetz ist". Die übrige
Gerichtsbarkeit übt der „Stadt-Richter", unterstützt von einem
„Nachrichter" und „Schergen", die, wenn der Richter ein Talent
(Pfund) „Wandel" empfängt, von dem Bestraften 30 Denare
erhalten. Die Bestimmungen des Stadtrechtes selbst sind zum
Theile strafrechtlicher Natur. Wenn ein Bürger, heißt es, der
30 Pfund werthes liegendes Gut innerhalb der Stadtmauern hat,
einen andern tödtet, so bedarf er keines Bürgen, sondern wird
dreimal vor Gericht geladen; erscheint er nicht, so ist er geächtet
und es fallen zwei Drittel seines Gutes seiner Hausfrau und Kindern, ein Drittel dem Richter zu. Hat er nicht Weib und Kind,
so kann er vor dem Ausspruch der Aechtung über zwei Drittel
verfügen; und stirbt er vor der Aechtung, ohne über seine Habe
verfügt zu haben, so müssen die zwei Drittel Jahr und Tag
aufbewahrt werden, um die erweislichen Schulden an die Gläu-
biger zu bezahlen. Hat er aber nicht dreißig Talente an Werth,
so mag er einen Bürgen haben, der für ihn mit seinem eigenen
Leben haftet; findet er auch einen solchen nicht, so mag ihn der
Richter so lang in Haft halten, bis über ihn geurtheilt ist. Aehnlich den älteren Volksrechten folgen nun die Strafsätze in Geld:
Verletzung von Hand, Fuß, Aug' oder Nase wird mit 10 Ta-

lenten dem Richter, mit 10 dem Beschädigten gebüßt. Im Falle der Thäter kein Geld hat, gilt der Satz: Auge wider Auge. Ein Finger wird in ähnlicher Weise an Richter und Beschädigten mit je drei, eine heilbare Wunde ohne Verlust eines Gliedes mit je zwei, und hat er kein Geld, mit Haut und Haar, Mißhandlung eines „ehrbaren Mannes" mit zwei, eines ehrlosen mit einem Talent, und zwar in letzterem Falle nur an den Richter, bestraft 2c.

Besonders wichtig sind die Erbrechtsbestimmungen des Ennser Briefes. Die Bürger vererben ihre Güter oder Häuser an Weib und Kind, oder, wenn solche mangeln, an den nächsten Erben, wenn er im Lande des Herzogs ansäßig ist, im andern Falle nur die Hälfte. Seine Witwe, Tochter oder Nichte hat das Recht, ihre Hand frei zu vergeben oder auch nicht, „denn der Landesherr hat darüber nichts zu schaffen". Der Fremdling, der im Lande stirbt, verfügt über seine Habe, und stirbt er, ehe dies geschehen, so steht seine Habe Jahr und Tag seinen rechten Erben, Genossen oder Gläubigern zur Verfügung. Meldet sich Niemand, so fallen seine Güter dem Herzog zu.

Ganz merkwürdig an das englische Rechtssprichwort: „My house is my castle" klingt die folgende Bestimmung an: „Wir bestimmen, einem jeden Bürger sei sein Haus eine Festung, desgleichen seinen Mitbewohnern und jedem, der in das Haus eintritt oder flüchtet". Eben deshalb wird jede gewaltsame Störung des Hausfriedens, jede sogenannte „Heimsuche" streng bestraft: wer nicht selbdritt seine Unschuld beschwören oder sich durch Feuer oder Wasser reinigen kann, soll dem Richter und dem Hausherrn je fünf Talente zahlen, oder er büßt es mit dem Verluste der Hand.

Andere Bestimmungen beziehen sich auf Bestellung von sechs Bürgern zur Beaufsichtigung des Marktes, die Freiheit

vom Zwange der Uebernahme der Stadtrichterschaft. Und endlich soll der Landesherr von den Bürgern nicht Waffen oder
Pferde, wenn sie solche haben, fordern, „darum damit dieselben
Lust bekämen, sich deren zu Nutz und Frommen der Stadt
und des Landes anzuschaffen und in Stand zu halten".

Dies ehrwürdige Stadtrecht diente Leopold VII. zur Unter-
lage, da er seinen geliebten Wienern 1221 ein ähnliches
Recht verlieh. Das Wiener Recht deutet durch die schärfere
Fassung und Scheidung, durch die Erweiterung der alten und
das Hinzukommen neuer Bestimmungen auf ein bereits ent-
wickelteres Rechtsleben und auf den regeren Verkehr der volk-
reichen Stadt hin. Zu der Bestimmung über die „Heimsuchung"
tritt das Verbot, mit Bogen oder Schleuder bewaffnet in das
Haus eines andern zu treten. Bei wem in der Stadt ein „Stechen-
messer" im Gürtel vorgefunden wird, büßt dem Richter ein Talent
und die Waffe. Wer aber das Messer im Stiefel verborgen trug,
büßt dem Richter 10 Talente oder die Hand. Der Fremdling
so wenig als der Bürger darf mit gespanntem Bogen in
die Stadt eintreten, sondern er muß am Thore die Sehne
lüften, und hat er etwas in der Stadt zu schaffen, den Bogen
in seiner Herberge hinterlegen. Die Magistrate gleichen denen
von Enns, nur treten statt sechs bei der größeren Bedeutung
Wiens vierundzwanzig Bürger als Aufseher über Handel
und Wandel, daneben aber „hundert Männer von den
zuverlässigsten und gescheidtesten aus den einzelnen Quartieren
der Stadt" hervor, die sich selbst ersetzen und die bei allen
Verträgen, deren Werth drei Talente übersteigt, herangezogen
werden sollten.

Es war dies nicht die einzige Auszeichnung, durch welche
Leopold seine Residenz erfreute, die ihm unter andern auch den
Bau der Michaelhofkirche und den der neuen Burg an der

Stelle der jetzigen verdankt. Die Stadt, welche an Wohlstand und Bevölkerungszahl mit jedem Tage wuchs, erhielt von ihm eine weitere Vergrößerung, indem er die in der Wollzeile gelegene Häuserreihe, die Rothethurmstraße und den Raum bis zur Singerstraße in die Stadtmauern einbezog.

Zu dem Wunsche, Wien zum Sitze eines eigenen Bischofs für Oesterreich erhoben zu sehen, bestimmte den Herzog nicht blos sein landeshoheitliches Streben, es lag ihm vielmehr ein wirkliches geistliches Bedürfniß zu Grunde. Es gab in Oesterreich Orte, wohin erst sechs Tage nach Gründonnerstag das neue Chrisma kam; Firmung und Priesterweihe trat vielfach gar nicht ein, oder nur in den seltenen Fällen, wenn ein Bischof, wie jener irische Malachias von Limerik zu Zwettel (1207), zufällig im Lande weilte. Leopold schlug daher dem Papste Innocenz, als den geeignetsten Ort ein Bisthum zu errichten, Wien vor, von welcher Stadt aus diesem Anlasse der Papst (1207) bemerkte: „sie soll nach Cöln von den Städten Deutschlands eine der schönsten sein, an dem Strome angenehm gelegen, dicht bevölkert und schon einmal zum Sitz eines Bischofes gedient haben". Letzteres war nun freilich nicht der Fall, wie denn überhaupt der ganze Plan an der Eifersucht des Bischofs Wolfger von Passau, zu dessen Sprengel Wien gehörte, gescheitert ist. Indessen wurde in dem Umfang der österreichischen Länder dennoch unter Leopold ein neues Bisthum gestiftet; es war Seckau in Ober-Steiermark (1218), zum Theile sogar gegen des Herzogs Willen durch den Erzbischof von Salzburg, Eberhard II. Im Jahre 1228 wurde von Salzburg aus auch das Bisthum Lavant für Kärnten gegründet.

Kein Wunder übrigens, wenn der bürgerfreundliche Herzog Leopold noch lange darnach in gefeiertem Andenken stand. Ein Wiener Bürger, Jans, der Enenckel genannt und wohl nicht vor dem Beginn des vierzehnten Jahrhunderts lebend, liefert in seinem „Fürstenbuche von Oesterreich und Steierland" eine bis 1246 reichende Reimchronik und die sagenhafte Umgestaltung der Geschichte im Munde des Volkes. Er erzählt, wie der Herzog so liebreich und mild gegen die Wiener Bürger gewesen und ihnen 30.000 Mark Silber und Gold dargeliehen. Als er dann einmal zu Weihnachten in seine liebe Stadt Wien einritt, kamen ihm die Bürger entgegen. Die Hausgenossen brachten ihm breite Silberborten, Silberbecher und Fingerlein, geziert mit edlem Gestein, und Vorspann von Gold. Die Kaufleute gaben ihm gutes Gewand, grün, blau, scharlachroth, Marder- und Hermelinpelze, die Wildwerker, die Krämer Seidengewand, Gewürz und Zendal, die Fleischer führten Rinder an Seilen heran, die Bäcker brachten „Kiphen" (Kipfeln) und „Flecken", weißer denn Schnee. Gerührt gewährte ihnen der Herzog die Erfüllung einer Bitte. Sie baten ihn, er möge den Dienstmannen seines ganzen Reiches gebieten, daß sie den Bürgern ihre Schulden bezahlten. Der Herzog gewährte die Bitte. So ist Leopold VII. im Lichte der Sage.

Während des Streites mit dem Kaiser fand der streitbare Friedrich, fast von allen verlassen, „von dem Reiche und der ganzen Welt", wie er selbst sich äußert, „angefochten", nur in Wiener-Neustadts Mauern einen sicheren Schutz. Von Leopold VI. auf damals noch steiermärkischem Gebiete 1192—94 angelegt, von Friedrich II. oder dessen Vater durch eine Liebfrauenkirche verschönert, blühte durch seine dem Handelsverkehr zwischen Oesterreich und Steiermark günstige Lage Neustadt in Bälde empor. Um sie für ihr Festhalten an ihn „in Glück und Unglück" zu lohnen, verlieh Friedrich der Streitbare den Bürgern 1239 — 1244 ansehnliche Rechte. Sie sollten im ganzen Lande für ihre eigenen Waaren von allem Zoll befreit und so lange steuerfrei sein, bis sie sich von den Verlusten erholt, die sie seinetwillen erlitten. Auch die Stadt Heimburg an der Donau erhielt von dem letzten Babenberger ein dem Wiener nachgebildetes Stadtrecht.

Diese reiche gesetzgebende Thätigkeit der beiden babenbergischen Herzoge wird noch durch Judengesetze ergänzt, von denen das eine Kaiser Friedrich II. 1238 bei der Belagerung Brescias für Wien, das andere der gleichnamige Herzog für ganz Oesterreich erließ. Die Juden, ursprünglich „Kammerknechte des Kaisers", werden bei der sich entfaltenden Landeshoheit „Kammerknechte des Herzogs". Aber sie standen bei den Landesfürsten allenthalben in Gunst, da ihr Säckel denselben stets offen war, und wurden von diesen gegen die grausamen Verfolgungen, die sie von Zeit zu Zeit unter allerlei Vorwänden erfuhren, geschützt. Der aufblühende Handel kam auch den Juden zu Gute. In Wien besaßen sie seit etwa 1200 eine Synagoge, vom heutigen Kienmarkt den Salzgries herab Häuser und Bauplätze, eben dort, wo sich nachmals der Ghetto gebildet. Besonders früh nahmen die Juden in Oesterreich bei der Verwaltung des Münzwesens eine bedeutende Stellung ein. Sie führten als Vorsteher des Münzwesens den Titel „Kammergrafen" und riefen durch ihre rege Betriebsamkeit, wobei sie ihren eigenen Nutzen sicher im Auge behielten, durch ihr Streben, auch die anderen Gefälle an sich zu ziehen, Neid und Unwillen wach. Der Kaiser Friedrich II. verlieh darum den Wienern 1237 die besondere Gunst, daß künftighin die Juden von der Vorstandschaft der Gefälle fern gehalten werden sollten, „da", wie der Kaiser, hierin der Anschauung seiner Zeit Rechnung tragend, sich ausdrückt, „die kaiserliche Majestät seit alter Zeit, um an den Juden das von ihnen verübte Verbrechen zu rächen, sie zu ewiger Knechtschaft verurtheilt". In Streitsachen zwischen Juden und Christen, so lautete der Brief, gilt für beide Theile ihr besonderes Recht; deshalb schwört der Jude nach vierzig Tagen seinem Rechte gemäß und kann nur durch gemischte (jüdische und christliche) Zeugen belangt werden. Er genießt das Recht der Appellation an den Hof des Kaisers und wer ihn verletzt, der büßt es dem Kaiser, seinem Herrn. In Streitsachen unter sich treten die Juden vor ihren eigenen Judenrichter, der sie nach ihrem Recht scheidet. Kein Jude darf zur Taufe gezwungen, kein Diener ihm abwendig gemacht werden. Wenn eine gestohlene Sache sich bei einem Juden findet, so genügt sein Eid, er habe sie gekauft; er gibt die Sache gegen den Kaufschilling wieder.

Friedrich der Streitbare bestätigte am 1. Juli 1244 in vielem die ihnen von dem Kaiser zugestandenen Rechte und fügte neue hinzu. Nur trat er selbst an des Kaisers Stelle, indem er wichtige Fälle seinem Kämmerer oder sich selbst zur Entscheidung vorbehielt. Diese Juden-Ordnung Herzog Friedrich's hat weite Verbreitung gefunden. Bela ertheilte dieses Judenrecht den Ungarn, Heinrich der Erlauchte führte es in Thüringen und Meissen (1265), Boleslav der Fromme in Polen, Heinrich IV. von Breslau und Bolko I. von Schweidnitz für ihre Juden ein (1295).

Unter dem Schutze dieser Stadtrechte blühten in den beiden von den Babenbergern beherrschten Herzogthümern Handel und Gewerbe empor. Es traten noch andere Momente fördernd hinzu. An sich erfreuten sich beide Länder einer sehr günstigen Lage und waren mit einer Fülle von Producten gesegnet. Dies wurde schon damals von der Zwettler Reimchronik richtig erkannt:

„Das Land hat Ueberfluß genug an Vieh, Wein, Korn und and'rer Frucht
Und was man braucht zu Leibesnot; Wildpret und Fisch und edles Brod,
Deß hat es wol der Fülle gar; dazu die Donau, das Wasser klar,
Die in dem Lande rinnt zu Thal, die ziert die Landschaft überall;
Städt', Burgen, Dörfer noch dabei, macht sie so manches Mangel frei,
Und trägt dem Lande immer zu, zu beiden Zeiten, spat und fruh,
Das, was es selbst nicht haben mag, ohn' Unterlaß bei Nacht und Tag."

Schon ein Jahrhundert zuvor verlautet über die Steier=
mark ein ähnlicher Ausspruch: „Die Mark ist durchaus mit
Flecken, Burgen und Bewohnern so erfüllt, daß sie sich in einem
weit blühenderen Zustande als in allen Zeiten befindet; da sie
auch an Fruchtbarkeit und aller Art nützlichen Erzeugnissen dem
Lande Oesterreich wenig nachsteht; und auch die Verschleppung
und der Verkauf von Leibeigenen beiderlei Geschlechtes, wie sie
vor Alters gewöhnlich gewesen, nunmehr äußerst selten, ja fast
etwas unerhörtes ist".

Mit Italien stand Steiermark seit alter Zeit in ununter=
brochener Handelsverbindung. Um diesen Handelszug zu erleich=
tern und den Gang desselben durch die untere Mark zu beleben,
ließ Leopold der Glorreiche auf eigene Kosten eine steinerne
Brücke über die Save, nahe am Einfluß der Sann in dieselbe,
(jetzt Steinbruck) erbauen. Freilich gab es nach den beengten
Anschauungen jener Zeit auch zahllose Hindernisse und Schwie=
rigkeiten für den Handel. So genoß Grätz das Niederlags=
recht, d. i. die Befugniß, daß alle fremden Waaren hier auf die
öffentliche Wage gebracht und dann auf andere, der Stadt ange=
hörende Fahrzeuge umgeladen werden mußten, woraus ihr natür=
lich ein gewisser unausbleiblicher Gewinn gesichert, aber auch
die freie Bewegung des Handels gehindert und die Waare ver=
schlechtert wurde. Noch schlimmer war das Stapelrecht, dessen
sich z. B. Bruck an der Mur, welches an derselben Handelsstraße
lag, seit Rudolf von Habsburg bezüglich des Salzhandels

erfreute. Die Waaren mußten nemlich an dem Stapelplatze eine
bestimmte Zeit lang im Kaufhaus, dem „Theater", den Bürgern
feilgeboten werden und durften nur, wenn sie unverkauft
geblieben waren, weitergeführt werden. Zu diesen sonderlichen
Vorrechten kam noch die Grundruhr als Hemmniß des freien
Handelsverkehres hinzu, wonach Frachtschiffe oder Wagen,
die das Uferbett, den Uferrand oder den Straßenkörper mit
dem Kiele oder mit der Achse berührten, mit der ganzen Ladung
dem Herrn dieses Stückchen Landes zufielen. Die Reichsgesetz-
gebung stellte sich freilich diesem landesherrlichen Anspruch
entgegen und Kaiser Friedrich befreite die Wiener von dem
lästigen Rechte; „denn es sei unwürdig, Unglücklichen mit-
leidslos zu rauben, was selbst der fühllose Strom verschont
habe".

An der Straße von Regensburg nach Wien war Enns der
bedeutendste Handelsplatz. Als Mautstätten werden hier Wien,
Medlich, St. Pölten, Tuln, Stein, Mauthausen genannt. Da
ziehen Kaufleute aus Burgund und Lothringen, von Cöln,
Aachen, Mastricht und den untersten Rheingegenden die Donau
hinab. Cölnisches Tuch, mit Stricken verschnürt und versiegelt,
Wachs für den Kirchenbedarf, die geschätzten flämischen Tücher
in grellen Farben, „grün, braun, roth", von Gent neben den
minder feinen von Tuln und St. Pölten, füllen die Lauben-
gänge der Kaufleute, zumal der Regensburger zu Wien in dem
ihnen gehörigen Hofe. Da sieht das staunende Auge die Schätze
dreier Erdtheile versammelt: dort Ballen von Garngeweben,
Gogrein genannt, von dem feinsten Haare der Ziegen, die am
Euphrat oder auf den syrischen Fluren geweidet. Daneben
Marderfelle; sie stammen aus Ungarn, wo sie der König als
Steuer erhebt, und anderes edles Pelz- und Buntwerk, vor
allem die Bälge der Zieselmäuse und der gelbrothen Eichörn-

chen aus dem fernen Rußland, für die der flandrische Kaufmann
Häringe bietet. Hier zieht Regensburgischer Verkau den prüfen-
den Blick des Kenners auf sich; dort etwa kauft ein Mönch im
Auftrage des Abtes Kirchenstoffe, Seide und Leinwand von
einem venetianischen Kaufmann, der auch die neue Erfindung,
die schon allgemein beliebten Handschuhe, feil hat, indeß ein
bärtiger Ritter mit einer guten Waffe, „Brand“ genannt, lieb-
äugelt, das Name und Gestalt als wallonische Arbeit verräth.
Da kauft ein Knecht Schuhe mit Riemen aus Mastricht und
dem Freiweib ein Haupttuch und rothe Bänder, indeß sich
sein Herr an dem theuern, darum nur selten genossenen Nuß-
berger Weine erfreut. Juden bringen Farbestoffe, Arzneien und
Schminke — aus Quecksilber, Gaffer, Weizmehl und Fett —
zu Markte, und während manche Frau von dem Erker am
Graben, das liebliche Antlitz von dem breiten Hute beschattet,
neidisch auf all' die Schätze herabblickt, erfreut sich des Ritters
Auge an den prächtigen Rossen, die am Schottenhofe zum Ver-
kaufe aufgestellt sind. Den Strom aufwärts ziehen Schiffe mit
Getreide und Wein in das Land der „Birnenmost“ trinkenden
Bayern, während Böhmen und Mährer für das ungern entbehrte
Getränke ihr Bier und Schafpelze bieten. Salz kommt in Fülle
aus Steiermark, aus den unerschöpflichen norischen Schachten
Eisen, aus dem uralten Stollen „die Römerin“ zu Zeiring
und aus dem Berge Zossen bei Friesach in Kärnten Silber,
dann aus dem Piberthale Kupfer roh und verarbeitet
herbei.

All' dieser Handel wurde theils mit Geld, theils mittelst
Tausches vollzogen. Bei dem Mangel der nöthigen Scheide-
münze gilt das letztere besonders von dem Kleinhandel, in
welchem man noch am Ende des dreizehnten Jahrhunderts zwei
Nadeln für ein Ei bekam. Die Zahlungen, soweit sie in Geld

geschahen, wurden theils in gemünztem, theils in zugewogenem Metall besorgt. Jenes war vorwiegend bei Gold, dieses bei Silber der Fall. Man rechnete jenes nach Pfunden, das Pfund zu zwei Mark. Die Wägung geschah theils um das zeitraubende Zählen zu meiden, theils um das Schrot zu prüfen, ob sie nicht von Betrügern beschnitten oder von den Münzern zu klein aus- geprägt worden. Man rechnete ursprünglich die feine Mark Silber zu zehn Solidi, einer Rechnungsmünze, die je zwölf Denare betrug. Später wurde aber zu den reinen Silberdenaren Kupfer gesetzt, so daß die Mark Silber 11—36 Solidi betrug. Letzterer war der schlechteste, der Münzfuß von Schwäbisch-Hall, nach welchem Orte man die dortigen Denare „Haller" (Heller) benannte. Von geprägtem Gold kannte man lange Zeit nur byzan- tinische und arabische Münzen; aber seit dem dreizehnten Jahr- hundert werden viele Goldmünzen auch im Abendlande geprägt. Die Münzstätten der babenbergischen Herzoge befanden sich zu Wien und Neustadt, und die Fremdlinge wurden schon damals höchlich begünstigt. An der Spitze der herzoglichen Münze steht unmittelbar von dem Herzog ernannt der Münzgraf, der über die acht und vierzig Hausgenossen die Gerichtsbarkeit ausübt. Unter ihm stehen die Goldschmiede, Versucher und Brenner, die Gießer, Zain-, Schrott- und Setzmeister: sie beaufsichtigen fremde Kaufleute und Wechsler, daß sie nicht die Münzen „saigern", d. h. die kleineren um vollwichtigere Stücke desselben Nenn- werthes verwechseln, überwachen das ganze Geschäft und berech- nen den Münzgehalt bei jeglichem Gusse. Münzen aus baben- bergischer Zeit sind äußerst selten, da sie steten Umschmelzungen ausgesetzt waren und auch im Ganzen nicht eben zahlreich sein mochten. In Oesterreich berechnete man die Gesammtsumme der umlaufenden Münzen auf 14.000 bis 18.000 Pfund, und es war gewiß ein Beweis von geldarmen Zeiten, daß Stifte vertragsmäßig schuldige Geldsummen oder den Ankaufspreis von Land und Hörigen in Kirchenkostbarkeiten, Goldkelchen, Silbergefäßen und dergleichen erstatteten.

Der blühende Handel und der Reichthum der österreichischen und steirischen Lande erfüllten das Leben aller Stände mit Wohlbehagen und einem mehr als blendenden Glanze. Feinere Genüsse wurden gesucht und mit ungetrübter Freude genossen. Zumal die Dichtkunst fand an dem milden Hofe der Herzoge Pflege. Leopold VII. selbst galt im Volksmunde als Dichter; auch Friedrich der Streitbare dichtete Minnelieder. Die drei bedeutendsten Minnesinger aber, welche Aufgang, Blüthe und Welken des Minnesangs in sich verkörperten, Reinmar von Hagenau, „die Leitfrau des Nachtigallenheeres", Walter von der Vogelweide und Reinmar von Zweter lebten einen Theil ihres Lebens am babenbergischen Hofe. Walter nennt Oesterreich seine zweite Heimat; hier hat er singen und sagen gelernt. Reinmar von Zweter kam vom Rhein in das Land, obgleich er sich später Böhmen, „mehr wegen seines Herrn als des Landes", zum Aufenthaltsorte erkor. Der vielgereisete Tanhuser pries in einem herrlichen Liede den lebenden Herzog Friedrich II. und, was für diesen noch ehrender ist, beklagte aufrichtig den todten. Mit ihm — so klagt er — sei ihm alle Freude erstorben, weil er durch ihn vom „Gaste" zum „Wirthe" gemacht und ehrenvoll behaust worden durch einen schön gelegenen Hof zu Wien und ein schönes Gut in Himberg. Nach dem Tode Friedrich's verpfändete und verzehrte der Dichter durch schöne Frauen, guten Wein, leckeren Imbiß und wöchentlich zweimaliges Baden sein Gut, so daß ihm dies alles widerwärtig ward. Er irrte wieder als „Gast" umher und der Wirth heißt ihn selbst in scharfem Winde bald weiter reiten. Wir wollen, um des Dichters willen hoffen, daß dies alles nur allegorisch gemeint sei.

214

Aber nicht blos in Oesterreich blüht der Minnesang; er wird auch an den lieblichen Ufern der Mürz und der Mur vernommen. Nicht fern nördlich von Grätz in einer waldigen Schlucht, aus der die Antritz entspringt, liegt ein Oertchen Stadek und in demselben auf einem kleinen Hügel bezeichnen unbedeutende Mauerreste die Stelle der Burg, auf der im dreizehnten Jahrhundert Rudolf von Stadek, ein Minnesinger, gesessen. Es werden noch mehrere andere Dichter in diesen Gegenden genannt; doch keiner von allen hat an Berühmtheit Ulrich von Lichtenstein erreicht. Im oberen Murthale bei Judenburg lag seine Stammburg, die nun nur noch als Ruine besteht; mit dem mährischen gleichnamigen, heute noch blühenden Hause war sein Geschlecht, wie es scheint, nicht verwandt. Er selbst erscheint öfters bei Herzog Friedrich, dessen Truchseß er war, und dichtete seinen „Frauendienst", in welchem er seine eigenen Liebesabenteuer bespricht, aber auch der traurige Einfluß hervortritt, den die unsittlichen britischen Romane auf die Gesellschaft ausgeübt hatten. Obgleich vermält und, wie er selbst gesteht, glücklicher Gatte, gibt er sich einem launenhaften Weibe zu eigen, trinkt das Wasser, mit dem sie sich wusch, und sendet ihr ein Büchlein von grasgrünem Sammt, darinnen aber den Finger, den er nach seiner Herrin Gebot sich abgehauen. Mit den Dichtern des Landes, mit Zachäus von Himmelberg, mit Herrand von Wildon ist er befreundet. Er selbst zieht im Sommer im Dienst seiner Herrin von Turnier zu Turnier; im Winter sitzt er daheim und dichtet „Büchlein". Im übrigen war Ulrich so ungebildet, daß er nicht lesen, also wohl auch nicht schreiben konnte, und da gerade sein „Schreiber" nicht bei ihm war, eine Zuschrift seiner Herrin zehn Tage lang ungelesen lassen mußte. Oft kam es daher vor, daß er seinen Knaben die Lieder lehrte und ihn an die Gebieterin sandte, um ihr durch ihn seinen Gruß zu entbieten. Von seinen seltsamen Irrfahrten verdienen besonders zwei, die er selbst schildert, Erwähnung. Ulrich zog (1227 bis 1228) von Venedig aus, wo er vorerst eine abgelegene Herberge bezogen und sich heimlich zwölf Frauenröcke, dreißig Frauen-ärmel an seinen Hemden und drei Mäntel von weißem Sammet angeschafft und zween mit Perlen bewundene Zöpfe gekauft. Die Sättel waren silberblank, darunter lagen lange weiße Decken von Tuch. Auch zwölf Knappen erhielten weißtuchen Gewand. Als alles bereit war, sandte er einen Boten voraus mit einem offenen Briefe, worin er allen Rittern in Lamparten (Lombardei), Friaul, Kärnten, Steier, Oesterreich und Böhmen verkünden ließ, daß die Minnegöttin und Königin Venus zu ihnen kommen und sie Frauendienst lehren werde; jeder Ritter, der ihr entgegenkommen und einen Speer auf sie verstechen wird, erhält ein gülden Ringlein für seine Liebste, welches die Kraft hat, daß sie je schöner wird und ihn treuer minnt. Wer aber von Frau Venus niedergestochen wird, soll sich nach allen vier Enden der Welt einer Frau zu Ehren verneigen, und wer sie niedersticht, erhält all' ihre Rosse. Sie wird auf der Fahrt weder Antlitz noch Hände sehen lassen und mit niemand sprechen. Von Mestre, einer der Ueberfahrten von Venedig, erhob sich Ulrich am bestimmten Tage. Voran ritten sein Marschall und Koch; dann folgte sein schneeweißes Banner, zwischen zwei reitenden Posaunern. Es folgten drei Saumrosse, daneben drei Garzune (garçons, Buben) liefen, drei gesattelte und gedeckte Rosse mit Knappen, zwei ganz weißgekleidete Mägde, zwei gute Fiedler, die eine fröhliche Reisenote (Marsch) fiedelten. Nun folgte Ulrich selber zu Rosse, in weiß-sammtenem Kappenmantel und mit weißen Perlen bestreutem Hut, zwei braune starke Zöpfe mit Perlen bewunden reichten über den Gürtel hinab. In Kärnten war er bewillkommt mit dem slovenischen Zuruf: „Buge vas

primi, kral'va Venus" („Gott willkommen Königin Venus").
Der Zug geht über Mürzzuschlag, über den Semmering nach
Gloggnitz, Neunkirchen, Neustadt, von hier an die Bistritz. Und
als er endlich in Wien einzieht, legen alle Frauen ihre besten
Kleider an um die Wette; alle Gassen sind voll von ihnen. Vor
seiner geräumigen Herberge erwarten ihn Hadmar von Kuenring
mit seiner Ritterschaft und empfangen ihn mit einem Buchurd,
dem Ulrich als Frau in einem Fenster sitzend zuschaut 2c. Ein
zweitesmal zieht Ulrich, seiner Herrin zu dienen, als König
Artus durch das Land; dieser kommt aus dem Paradiese, um
die Tafelrunde herzustellen; jeder Ritter, der Mitglied derselben
werden will, muß drei Speere, ohne zu fehlen, auf ihn verstechen
und erhält einen Namen der altberühmten Tafelrunde.

Dies Leben mit Licht und Schatten ist nun freilich längst
dahin und nur geringe Mauerreste sehen von den Bergen hie
und da ins Thal herab, etwa noch der Thorbogen oder der
Steinthurm einer Burg, zu der ein Felsenpfad hinanführt, die
Steinwand mit den Bogenfenstern, die Gräben, über welche
einst Zugbrücken führten, und der nunmehr öde grasbewachsene
Hofraum. Längst zerstört sind die Stufen, auf denen die Hausfrau in zahlreicher weiblicher Begleitung dem Gaste hold lächelnd
zum Empfang entgegentrat; nur ein schlechter Stein bezeichnet
der Capelle stillen Ort. Der Brunnen ist vertrocknet, der Saal
ist fensterlos, der heitere Lärm der Zechenden verschollen. Kein
frommer Pilger naht sich mehr dem Thore, an dem einst täglich
hundert Arme erquickende Speise fanden.

Aber nicht allein auf allen Burgen herrschte Freude, wenn
der Frühling anbrach; es lag in dem allgemeinen Jubel, dem
sich in des Maien Zeit jeder hingab, noch die Erinnerung an
heidnische Gebräuche verborgen. Die Blumenkränze und Maien-
sträuße, die man sich in dieser Wonnezeit gegenseitig schenkte,

waren einst das unblutige Opfer der Frühlingsgöttin. Ihr flammten die Osterfeuer von den Bergen; der Tanz und das Ballspiel der Mädchen ermahnte an die drei Freudensprünge der Sonne zu Ostern, und selbst der Priester muß an diesem Festtage ein heiteres Ostermärchen erzählen. Im Kloster St. Florian wenigstens wird aus dieser Zeit ein „Osterspiel" erwähnt.

Allenthalben, auch bei den Bauern, trifft man ein behäbiges Leben. Nidhart sagt, er sei von hier bis zum Rhein, von der Elbe bis zum Po gekommen, aber all diese Länder hätten nicht so manchen „heißen" (üppigen) Dorfmann, als ein Kreislein in Oesterreich besitzt. Nidhart von Reuenthal, ein Ritter und Dichter, hat sich selbst viel in diesen bäuerlichen Kreisen bewegt und seine Gedichte sind der Beziehungen darauf voll. Er war aus Bayern gekommen, um in Oesterreich sein Glück zu versuchen, nachdem er sein Gut Reuenthal eingebüßt. Friedrich der Streitbare bedachte ihn reichlich und schenkte ihm, wie er sich's verlangte, ein Häuschen, um den vollen Silberschrein darinnen aufzubewahren, den er von seiner Gnade habe. Der Schauplatz seiner Lieder ist das fruchtbare Tulnerfeld in Niederösterreich, unfern Wien. Wünscht sich Nidhart ein Häuschen, um irgendwo ein „heim" zu besitzen, so soll es an dem Lengebach, bei dem jetzigen so reizend gelegenen Neulengbach, liegen. Aus Königsstetten sind die zwei Bauern, Mandelzweig und Herebrant, die sich beim Tanze wie Bären an der Kette geberden; aus Moosbirbaum bei Atzenbruck ist ein Geselle, der dem Mädchen beim „Ridevance" (Tanze) den Saum des Röckchens abtrat und niederfiel. Immer an Feiertagen finden sich alle zusammen; mit Leidenschaft wird dann der Reihen getanzt. Laut singt der Chor der Umstehenden den Text, leise singt das Mädchen die Weise mit. Da wird aller ländlicher Flitter aufgeboten. Fridebrecht kommt, die ganz rothseidene

Busenschnur und an der Seite ein Messer, scharf wie eine Scheere, trägt er zur Schau. Da kommen Limizun und sein berüchtigter Geselle Holerswam, mit langen Haaren, das Wamms in zwei Reihen um den Kragen mit funkelnden Knöpfchen besetzt. Das Haar haben sie künstlich geflochten und des Nachts in eine Haube eingezwängt; die Aermel an den Kleidern lang und enge, vorn verbrämt, innen schwarz, außen blank. Die Mädchen aber tragen Risen, Blumenhüte, Handspiegel als Zierrat an der Seite.

Aber dies Leben hatte doch auch seine Schattenseite, zumal als das Faustrecht und Verwilderung der Sitte um sich griff. Ein unschätzbares Bild dieser Kehrseite bietet das Gedicht von Maier Helmbrecht, welches Wernher den Gärtner zum Verfasser hat, und welches auf damals bayrischem, jetzt österreichischem Boden, nahe dem Innfluß spielt, wo noch jetzt bei Wanzhausen der Helmbrechtshof liegt. Am störrigsten waren die Bauern gegen den Adel, der sich mit Burgen im flachen Lande, im „Gau", festsetzen und von da aus die Umwohner zu Zinspflichtigkeit herabdrücken wollte. Dann fielen die Bauern, „die Gäuhühner", wohl über die Burgen her und verbrannten sie. So ist es Kirchelingen in Oesterreich ergangen. „Diese Hühner", meint ein Zeitgenosse, der österreichische Dichter Stricker, „sind schwer zu braten. Sie sind ungesund und schwer zu verdauen". Das waren fürwahr keine Kämpfe in der Dorfschenke mehr; es waren vielmehr die ernsten Fragen um „mein" und „dein".

Es spiegelt sich aber diese sangesfrohe, im Ganzen glückliche Zeit in dem Sängerkrieg auf der Wartburg, einem dramatischen Gedichte des vierzehnten Jahrhunderts, wieder. Den Anlaß gab die Sage, daß im Jahre 1207 an dem Hofe des Landgrafen Hermann von Thüringen die sechs „Meistersänger" der Zeit, der tugendhafte Schreiber, Walter von der Vogelweide, Reinmar von Zweter, Wolfram von Eschenbach), Biterolf und Heinrich von Ofterdingen um den Vorrang ihrer Herren poetische Kämpfe gefochten. Da habe Heinrich den Herzog von Oester-reich der Sonne verglichen, die fünf anderen aber den Landgra-fen dem hellen Tage. Endlich wurde zum Schiedsrichter Meister Klingsor aus Siebenbürgen berufen, der als Philosophus und wohlerfahren in der Astronomie und der Schwarzkunst galt. In einer Nacht kam dieser nach Eisenach, und fing an mit Wolfram um die Meisterschaft zu streiten, konnte ihn aber nicht überwin-den. Da gelobte er, er wolle einen andern bringen an seiner Statt, der den Wolfram bewältigen werde. Er hatte sich aber mit dem Teufel verschworen, der nun zu disputiren anfing von allem, was sich verlief, vom Anbeginn der Welt bis zum neuen Bunde. Doch als Wolfram von der Süßigkeit des göttlichen Wortes zu reden begann, wie es um unsertwillen Mensch ge-worden und Brot und Wein in Fleisch und Blut verwandelt, vermochte der Teufel nicht länger Stand zu halten, sondern verschwand. Klingsor aber ging mit großer Schande von dannen.

Noch einmal, es war eine Zeit, auf die man später mit Neid und Schmerz zurückblickte. Da wurde mit einemmal alles Erreichte durch ein aus dem nördlichen Morgenlande heranzie-hendes Ungewitter in Frage gestellt.

IV.

Der Mongolensturm.

21.

Herkunft und Charakter der Mongolen — Zug nach Schlesien — König Wenzel I. von Böhmen.

Am Schlusse des zwölften Jahrhunderts bereitete sich tief im Innern von Asien ein Sturm vor, welcher, ehe ein Menschenalter verging, über die beiden Welttheile Asien und Europa, mit furchtbarem Ungestüm daherbrausen und die alte Ordnung der Dinge in ihren Grundvesten erschüttern sollte. Es war ein unansehnliches Volk, das der Mongolen, welches unter Jesugej-Bagatur, namentlich aber unter Jesugej's Sohne, dem gewaltigen Temudschin oder Dschinggis-Chan den Kampf mit den mächtigsten Staaten Asiens aufnahm und wie im Fluge eine Weltmonarchie gründete. Vom japanischen Meere im äußersten Osten bis zum schwarzen, ja bis zum adriatischen herüber beugten sich alle Völker, selbst die mächtigsten und berühmtesten, vor der einen Macht. Die ewige Mauer schützte nicht das himmlische Reich der Chinesen, das die erste Beute der Eroberer wurde; die große Macht der Chowaresmier, zwischen

China, Indien und dem Kaspi-See, wurde in einem Feldzuge vernichtet und schon am 16. Juni 1224 verbluteten am Kalka-Flusse in Rußland die ersten christlichen Fürsten auf europäischem Boden unter dem Pfeilregen der Weltstürmer. Von der Schlacht an der Kalka bis 1237 hatten die Russen allerdings Ruhe, aber in diesem Jahre kamen die Mongolen urplötzlich wieder und bezwangen rasch nach einander ihre vornehmsten Fürstenthümer: Rjazan, Susdal, Wladimir-Nowgorod, Moskwa, Perejaslav, Černigov und endlich nach langwieriger Belagerung und furchtbarer Gegenwehr die Mutter aller russischen Burgen, das altehrwürdige und reiche Kyjev (6. December 1240).

Verwundert frug man sich in Europa, wer diese Weltstürmer seien? Man nannte sie verschieden: Turcmanen, Petschenegen, Ismaeliten; sie selbst nannten sich Tataren und so wurden sie denn zuletzt auch in Europa allgemein genannt. Ihr oberster Anführer war Batu, Tossuch's Sohn, Dschinggis-Chan's Enkel, ein gebildeter Mann, ein ausgezeichneter aber grausamer Feldherr, dem die Aufgabe zugefallen war, auch Europa der tatarischen Oberherrschaft zu unterwerfen. Was den Endzweck ihres Zuges betrifft, so meinten die einen, sie hätten es auf die Bezwingung aller Völker der Erde abgesehen, besonders hätten sie die Eroberung Rom's und die Vertilgung des Christenthums im Auge gehabt. Das Volk freilich erklärte sich die Sache einfacher; eine tatarische Königstochter, hieß es, sei auf einer Reise nach dem Westen, dessen Sitten sie kennen lernen wollte, von den Christen überfallen, beraubt und ermordet worden; nun seien die Tataren aufgebrochen, um den schmählichen Tod ihrer Fürstin zu rächen.

Eines ist sicher: daß, wo die Tataren hinkamen, Brand, Blut und Schutt den Weg bezeichneten, den sie genommen. Menschenfresser, wie viele glaubten, waren sie wohl nicht, aber nie haben Menſchenfreſſer ſo viel Blut vergoſſen, ſo kaltblütig gemordet, wie die Tataren. Treu und Glauben waren ihnen fremd. Der Ruf, der ihnen voranging, machte das Blut in den Adern erſtarren; vom Schrecken gelähmt, fielen die Leute bei der Kunde von ihrer Ankunft um; andere liefen wie wahnſinnig herum und flüchteten ſich, ohne zu wiſſen, wohin. Zu dieſer Grauſamkeit geſellte ſich indeß die nicht zu leugnende Geſchicklichkeit im Kriegführen, welche ihnen den Erfolg ſicherte. Ein Wille beherrſchte die nach Hunderttauſenden zählenden Schaaren; unter dem Hauptanführer ſtanden die Befehlshaber; das Heer war in Tauſendſchaften, die Tauſendſchaft in Hundertſchaften, die Hundertſchaft in Zehentſchaften gegliedert und jede dieſer Abtheilungen hatte ihre Führer; was der Chan befahl, trugen die Befehlshaber den Vorſtänden der Tauſendſchaften, dieſe den Vorſtänden der Hundertſchaften ꝛc. auf.

Wo ſie immer hinziehen, ſchicken ſie Späher voraus, um die Länder auszukundſchaften; die nach Böhmen gekommen waren, werden folgendermaßen beſchrieben: „Abſonderlich, ja gar wunderſam waren die Sitten dieſer Leute, gar hohe Hüte hatten ſie, kurz Gewand trugen ſie, mit langen Pilgerſtöcken gingen ſie einher, an den Füßen mit Socken verſehen. Waſſer tranken ſie, indem ſie ſich vom Ufer in den Bach hineinlegten; um Brod baten ſie wie Bettler und dankten mit den Worten: ‚Kartas bog!‘, daher man ſie auch Kartaſen benamſete.‟ Die Leute kamen über Böhmen bis an den Rhein und gingen wieder von dannen. Es ſollen ihrer an 500 Mann geweſen ſein.

Wunderbar ſchnell waren ihre Märſche. „Das Heer der Tataren kommt nicht als daher marſchirend, ſondern als durch die Lüfte fliegend, über unzugängliche Berge und Wälder, von wo man nie ein Heer erwartet hätte.‟ Ihre Pferde waren klein, zottig, unansehnlich, aber ausdauernd und mit dem geringsten Futter zufrieden. Ganze Heerden folgten dem Heere ohne Leitung, so daß ein Reiter mitunter 20—30 Rosse zu seiner Verfügung haben konnte. Das ganze Heer war beritten. Als Fußvolk taugten sie wenig; denn ihre Füße waren kurz und der Körper lang. Im Kampfe bewährten sie sich stets als die besten Pfeilschützen; weniger gut schwangen sie Schwert und Spieß. Feste Plätze griffen sie ungern an, und nur wenn kein anderes Mittel übrig blieb; gewöhnlich verwüsteten sie zuerst die ganze Gegend und trieben dann die armen Landbewohner vor sich zur Berennung des Platzes, wobei sie mit kunstvoll aufgerichteten Wurf- oder Schleudermaschinen nachhalfen. In offener Feldschlacht gebrauchten sie die List, scheinbar zu fliehen, um alsbald wieder zu kommen und mit vermehrtem Ungestüm über ihren Feind herzufallen.

Die äußere Gestalt der Tataren war abschreckend. Von Körper kurz und klein, hatten sie ein breites Gesicht und kleine, blitzende Augen; kreischend war ihre Stimme; wild und unbarmherzig, beutelustig und grausam waren sie insgesammt, nebstbei allerdings ausdauernd und kräftig, muthig und ihren Führern auf den Wink gehorchend. An der Spitze des Heeres standen die Nachkommen Temudschin's, ihnen zur Seite jene Feldherren, denen ob ihrer Tapferkeit und Kriegstüchtigkeit der Ehrenname Bagatur, Held, zu Theil wurde.

Nach dem Falle Kyjev's lag die große polnische Ebene den Tataren offen, und schlugen sie die alte Kyjever Handelsstraße ein, so mußten sie über Krakau und Breslau in das Herz von Europa gelangen. Es war auch, wie es scheint, ursprünglich Batu's Plan, diesen Weg einzuschlagen; als aber Demeter, der Vertheidiger von Kyjev, welchem Batu ob der bewiesenen

Tapferkeit das Leben geschenkt, den Rath gab, nach Ungarn zu
ziehen, änderte Batu seinen Entschluß und theilte sein Heer in
zwei große Abtheilungen; die eine sollte nach Polen, die andere
nach Ungarn vordringen; jene unter dem Befehle der Fürsten
Urdinj, Baidar und Bediaj-Bagatur; die andere von ihm
selbst, den Fürsten Kaydan und den Heerführer Burondaj-
Bagatur zur Seite, angeführt.

Die aus dem Innern von Rußland westwärts führenden
Straßen waren seit dem Falle von Kyjev voll von Flüchtlingen:
wer die Mittel hatte, suchte Rettung für sich und Schutz für
seine Habe in Ungarn, in Böhmen, in Deutschland. Unter diesen Flüchtlingen befand sich auch Großfürst Michael Vsevo-
lovicz von Kyjev mit seiner Familie. Nicht genug an dem Un-
gemach, das ihn betroffen, konnte er weder auf Halicz, der Burg
seines Schwagers Daniel, noch bei seinem Oheim Konrad von
Masovien Sicherheit finden, und wie er auf der weiteren Flucht
nach Deutschland in der schlesischen Stadt Neumarkt in der Nähe
von Liegnitz Rast hielt, wurde sein Gefolge obendrein von den
durch die reiche Habe angelockten Bürgern überfallen, beraubt und
eine seiner Enkelinnen getödtet. Voll Schmerz kehrte der Fürst nach
Polen zurück. Fürst Daniel von Vladimir-Halicz befand sich
um die Zeit, als Kyjev fiel, in Ungarn, um mit König Bela IV.
ein Bündniß zu schließen; als er auf dem gewöhnlichen Wege über
die sogenannte russische Pforte (Paß Vereczke) zurückkehrte, kamen
ihm zahllose Flüchtlinge aus seinen Landen entgegen; denn die
Tataren hatten mittlerweile sein Fürstenthum überschwemmt,
und so begab er sich auf einem anderen Wege über Bartfeld nach
Sandomierz an der Weichsel, von wo er sich mit seiner Familie
auf die Burg Vyšegrad zu Konrad von Masovien begab
(Ende Januar 1241). Volcslav der Schamhafte, Fürst
von Krakau, suchte mit seiner Mutter Grzymislava und seiner

Gemalin, der ungarischen Prinzessin Kynga, sein Heil zuerst
auf dem damals ungarischen Schlosse Pieniny bei Sandec,
sodann in dem berühmten Cistercienserkloster Velehrad in
Mähren.

Indessen kam unter Raub und Plünderung die nach Polen
entsendete Abtheilung der Tataren über Vladimir, Lublin und
Zavichost an der Weichsel nach Sandomierz, wo sich ihre Schaa-
ren theilten, indem der kleinere, etwa zehnte Theil der ganzen
Macht unter Baidar Kujavien heimsuchte, das Hauptheer unter
Urdiuj und Bediaj aber über Krakau nach Breslau ziehen sollte.
Bei Chmielnik stellte sich den letzteren der tapfere Vojvode von
Krakau mit dem Adel von Sandomierz nnd Krakau in den
Weg, aber er unterlag. Wer von den Polen die Schlacht über-
lebte, suchte Rettung in den umliegenden Wäldern und Sümpfen.
Die Hauptburg Krakau besetzten die Tataren ohne Widerstand
(Anfangs März 1241); sie war verlassen und nur die stark
besestigte Andreaskirche wurde von einer todesmuthigen Polen-
schaar gehalten. Doch die Tataren plünderten die Häuser und
die Kirchen, steckten sie in Brand und zogen, ohne sich um die
kleine Andreasveste zu kümmern, gegen Oppeln an der Oder.
Vergebens stellte sich ihnen Fürst Boleslav von Oppeln im
Vereine mit dem Fürsten Vratislav von Sandomierz hier entgegen; jeden Widerstand niederschmetternd zogen die Tataren
unaufgehalten gegen Breslau. Die Stadt war verlassen, die Häuser bis auf die Burg verbrannt. Die Tataren gedachten anfangs
die Burg zu belagern, standen aber davon wieder ab, um vereint mit Baidar's Schaar, die beutebeladen aus Kujavien her-
beigekommen war (2. April), den ihnen vom Fürsten Heinrich
dem Frommen von Breslau angebotenen Kampf auf der
großen Ebene von Liegnitz, Dobro pole genannt, aufzunehmen.
Heinrich zählte 30.000 Mann und in den nächsten Tagen

erwartete er auch die Ankunft des Königs von Böhmen, der
über Zittau mit seiner Streitmacht nahte.

König Wenzel I. von Böhmen war einer der wenigen
Fürsten des damaligen Europa, der die drohende Gefahr bei
Zeiten in ihrer ganzen Größe ermaß und der auch redlich bemüht war, dieselbe nicht nur von sich, sondern überhaupt von
der Christenheit abzuwenden. Seine nächsten Nachbarn, den
Herzog Otto von Bayern und den Landgrafen Heinrich von
Thüringen, mahnte er schriftlich zur schleunigsten Hilfeleistung
und Vertheidigung, sein eigenes Land aber sicherte er durch An-
legung von Verhauen an den Landesthoren, durch die Befestigung der Prager Burg und vieler anderer bis dahin offener Orte,
wobei selbst die Geistlichen und Mönche Hand anlegen mußten.
Er selbst nahm die Zeichen der Kreuzfahrt, auf die er sich nunmehr mit vielen Streitern machte. „Der König von Böhmen
ist aus seinem Lande mit einer unzählbaren Menge Streiter dem
Feinde entgegengezogen; doch Gott nur gibt den Sieg“. „Der
König von Böhmen ist mit all seinen Baronen und Landsassen,
gezeichnet mit dem Kreuze, in sehr großer Anzahl ausgezogen,
um mit den Tataren zu kämpfen. Sollte er geschlagen werden,
so können wir wahrhaftig die Zerstörung von ganz Deutschland
befürchten“. So sprachen die Zeitgenossen, ein Zeichen, welche
Hoffnungen sie auf das böhmische Heer setzten.

Bei dem Herannahen der Tataren, welche vielleicht der
Ankunft des Böhmenkönigs zuvorzukommen suchten, verließ
Heinrich Liegnitz, um sein Heer zu ordnen. Umsonst wurde das
Herabfallen eines wuchtigen Steines von dem Giebel der Marienkirche, der den vorbeireitenden Fürsten beinahe erfaßt hätte,
als schlimmes Zeichen gedeutet; Heinrich kehrte sich nicht daran
und zog voll Vertrauen und Ergebenheit in Gott auf die Wahl-

statt, um für sein Land zu kämpfen und zu fallen. Am Montag nach dem weißen Sonntag (9. April) war die Schlacht. Heinrich und mit ihm zehntausend Mann lagen todt am Schlachtfelde. Erst nach der Schlacht traf Wenzel ein; aber die Sieger wichen der zweiten Schlacht aus und wandten sich mit ihrer ganzen Macht plötzlich nach Südost.

König Wenzel blieb mit seinem Heere an der Polengrenze stehen; nicht ohne Grund mochte er dem so schnellen Rückzuge der Tataren wenig trauen; ist es doch vorgekommen, daß sie, verschwunden, plötzlich wie ein Blitzstrahl wieder da waren. Diesmal kehrten jedoch die Tataren nicht zurück, versuchten es aber auf anderen Wegen, in Böhmen einzubrechen. Bis über Glatz hinaus gegen das polnische Landesthor bei Náchod drangen sie vor, ohne sich desselben bemächtigen zu können; ja einzelne kleine Schaaren sollen auf Seitenwegen bis zu dem Städtchen Eipel vorgedrungen, hier aber von den Landsassen vernichtet worden sein. Von Otmuchov nahmen sodann die Tataren über das mährische Landgebiet Golasicko ihren Weg nach dem eigentlichen Mähren, wobei die deutschen Colonistenstädte Freudenthal und Troppau und die Silberbergstadt Benešov hart mitgenommen wurden. Anfangs Mai standen sie in Mähren selbst, das sie durch einen vollen Monat verwüsteten und beraubten.

22.

Batu in Ungarn — Das Verderben von Mohi.

Während dies in Polen vorging, machte Batu Anstalten, über das Karpatengebirg in Ungarn einzufallen. König Bela IV. war bei Zeiten bemüht, das Land zu schützen. Die

Grenzübergänge über die Karpaten, namentlich der Paß Vereczke, wurden durch Verhaue unzugänglich gemacht und deren
Bewachung dem Palatin anvertraut. Die Landesvertheidigung
sollte auf den ersten Wink gewärtigen, ins Feld zu rücken, und
da man im Lande die Gefahr unterschätzte, ja da es manche
gab, die dem Könige wegen der Begünstigung der Kumanen
übel wollten, so eilte Bela in den ersten Tagen der Fastenzeit nach Ofen, um mit den Würdenträgern des Landes eifrige
Berathungen zu pflegen und sie für die Stunde der Gefahr beisammen zu halten. Ein Opfer mußte gebracht werden: man
beschuldigte die Kumanen geradezu des Einverständnisses mit
den Tataren. Ueber Beschluß des Reichstages wurde daher
Kotjan, der Kumanenfürst, sammt seiner Familie und einigen
Großen zu Ofen in Gewahrsam genommen.

Als Batu vor dem Vereczker Paß erschien, sah er, daß
derselbe ohne schweren Kampf nicht zu nehmen sei; da griff er
zur List. Er zog sich scheinbar zurück, täuschte dadurch die ungarischen Grenzhüter, erschien alsbald wieder und bemächtigte sich
nun des schlecht behüteten Passes. Als um Mitfasten ein Eil-
bote vom Palatin in Gran erschien mit der Nachricht, daß die
Tataren vor der Pforte stünden, die Verhaue durchbrächen
und daß der Palatin, wenn nicht schnelle Hilfe käme, unterlie-
gen müsse, fand die Botschaft keinen Glauben, da ohne
Zweifel kurz zuvor die beruhigendsten Berichte eingelaufen
waren. Doch die Bestätigung ließ nicht lange auf sich warten;
wenige Tage darauf kam der Palatin selbst in größter Eile, um
die Trauerbotschaft zu bringen, daß er unterlegen sei und daß
Batu sich im Besitz der Pforte befinde. Eilends sandte der König
den Bischof von Waitzen zu der in der Nähe der österreichischen
Grenze sich aufhaltenden Königin Marie, bat schriftlich den Herzog von Oesterreich um schleunige Hilfe; den Kumanen gab er

den Auftrag, augenblicklich bei Pest zu erscheinen; er selbst verfügte sich in die Hauptstadt, um dort die Ankunft des Landes-
aufgebotes abzuwarten.

Es war die höchste Zeit; denn schon zeigten sich einzelne
tatarische Schaaren auf ihren unverwüstlichen Rossen schwärmend
vor der Stadt Pest (Freitag vor dem Palmsonntag, 22. März),
Batu selbst an ihrer Spitze, und begannen sofort ihr gewohntes
Werk: Rauben, Brennen und Morden. Batu schien es darauf
angelegt zu haben, den König zu einer Schlacht im offenen Felde
aus der Stadt herauszulocken; doch der König hielt an sich,
ohne Zweifel, weil er sich noch nicht für hinlänglich gerüstet hielt.
Aber von dem Volke wurde dieses mißdeutet. Als der kampf-
lustige Erzbischof von Kalocsa sich gegen des Königs ausdrücklichen Befehl zu einem Kampf verleiten ließ und, in die Sümpfe
von Sprokjár gelockt, nur mit vier Begleitern dem Verderben
entrann, wurde dies Unglück dem König, der ihn ohne Unterstützung gelassen, zur Last gelegt und dafür der mittlerweile in
Pest angekommene streitbare Herzog von Oesterreich bewundert,
als es ihm gelang, einen tatarischen Anführer mit der Lanze
vom Pferde zu werfen und einem zweiten Tatarenführer, der
dem ersten beisprang, mit dem Sattelschwerte auf einen Hieb
den Arm abzuschlagen und ihn vom Roß zu Boden zu strecken.

Der Unmuth des Volkes gegen den König wuchs, als die
Hiobspost einlangte, daß die stattliche Bischofsstadt Waitzen am
Palmsonntage (24. März) angesichts des kaum eine halbe Tag-
reise weit stehenden königlichen Heeres von den Tataren erstürmt, die Besatzung, die Domherren, das aus der Umgebung
dorthin geflüchtete Volk niedergemetzelt, die Kirchenschätze weg-
geführt und Stadt und Kirche den Flammen preisgegeben
worden. „Am Palmsonntag hat Waitzen ausgelitten“, sagt der
Chronist mit erschütternder Kürze. Um dieselbe Zeit theilte auch

die nicht minder reiche und mächtige Bischofsstadt Erlau das Schicksal von Waitzen.

Im letzten entscheidenden Augenblicke lähmten sonach innere Zerwürfnisse die Kraft des Königs; der seit langem gehegte Groll über die den Kumanen gewährten Begünstigungen brach los und artete in grause Thaten aus. „Tod, Tod dem Kotjan!" riefen die Einen; „er ist es, der dies Unglück über Ungarn gebracht!" „Mag der König mit seinen lieben Kumanen in den Kampf ziehen!" schrieen die Andern; „er hat sie in's Land aufgenommen und unser Eigen ihnen verschenkt!" Kotjan bat den König um sicheres Geleite, wenn er, wie befohlen, vor ihm erscheinen sollte. Dies wurde ihm vom Volke als Geständniß der vermeintlichen Verrätherei ausgelegt und durch die Gassen von Pest ertönte der fürchterliche Ruf: „Tod über ihn!" Ungarn und Deutsche brachen ein in das Haus, wo Kotjan mit den Seinen in Gewahr-sam war. Der Kumanenfürst griff nach Bogen und Pfeil, doch er wurde übermannt und sein abgeschlagener Kopf flog zum Fenster hinaus auf die Gasse, als Beweis der vollbrachten Volksrache. Das war das Ende jenes vielgeprüften Häuptlings, der vor etwa zwanzig Jahren aus seiner alten Heimat am Don durch die Tataren aufgescheucht, nach vielen Drangsalen Aufnahme mit seinem Volke in Ungarn gefunden und hierbei die Taufe angenommen hatte; angesichts der Tataren, vor denen er geflohen war, fand er den Tod in dem Lande, dessen Pforten sich einst gastlich ihm geöffnet hatten.

Nun, nachdem die empörten Wellen ihr Opfer erhalten, schien es, daß sich das Geschick Ungarns zum Bessern wenden wollte. Zwar blieben die kriegerischen Kumanen aus, ja sie ver-ließen das Land und zogen nach Bulgarien, nicht ohne furchtbare Rache an den Ungarn zu nehmen und große Beute an Vieh und Geld aus dem Königreiche mit zu schleppen. Aber der

blutige Vorfall machte doch auch auf die Mongolen einen so
bedeutenden Eindruck, daß sie, den gehobenen Kriegsmuth der
Ungarn wahrnehmend, plötzlich in Zaghaftigkeit verfielen und sich
auf dem Wege, auf welchem sie gekommen waren, langsam zu-
rückzogen. Das gesammte ungarische Heer folgte ihnen nach. An
den Ufern des Sajóflusses wurde Halt gemacht; hier sollte
Ungarns Schicksal entschieden werden. Die Haide von Mohi,
so nennt man den Wahlplatz, nach dem etwa im Mittelpuncte
der Ebene am Sajóflusse gelegenen Orte, liegt im Borsoder
Comitate auf der Straße von Pest nach Tokay; zwölf Meilen
breit ist dort die Ebene, im Osten begrenzt von den Reben-
hügeln von Tokay, im Westen von den dunklen Forsten von
Diósgyör, von Norden her blickt die riesige Lomnitzer Spitze über
alles Gebirg herüber wie eine leichte Nebelwolke. Der Sajó-
fluß durchschneidet die Ebene von West nach Ost, nimmt bei
Onód den Hernad auf und ergießt sich vier Meilen tiefer in die
Theiß, die träge südwärts fortschleicht in die endlose Fläche
Innerungarns. Die Tataren nahmen ihre Aufstellung auf dem
nördlichen Ufer des Sajó, den rechten Flügel an den Hernad,
den linken an die Theiß gelehnt, die Fronte durch den Sajó gedeckt. Die Ungarn setzten sich ihnen gegenüber auf dem rechten
südlichen Ufer fest.

Eine eigenthümliche Stimmung war im Lager der Tataren,
alle Siegesgewißheit schien von ihnen gewichen zu sein und
machte einer düsteren Ahnung Platz, welche die bei ihnen
üblichen Proben über den Ausgang der Schlacht mochten ver-
ursacht haben. Da trat Batu vor, das Schlachtschwert hoch
emporgehoben und rief den aufgeschreckten Schaaren die Worte
zu: „Wanket nicht! Wenn ihr weichet, so entkommt keiner von
euch! Sollen wir fallen, so lasset uns alle fallen! Soll Dschinggis-Chan's Prophezeiung in Erfüllung gehen, so fügen wir uns

dem Tode ohne Widerstreben!" Diese Worte und die günstigen Nachrichten, welche aus dem ungarischen Lager herüberkamen und welche auf mancherlei Schwächen schließen ließen, hoben den erschütterten Muth der Tataren wieder; nicht das Verhängniß der Tataren, jenes der Ungarn sollte sich erfüllen!

Im ungarischen Heere herrschte großes Selbstvertrauen, ja Siegesgewißheit, so daß selbst Maßregeln der gewöhnlichen Vorsicht außeracht gelassen wurden; man pochte auf die Zahl des Heeres, die allerdings bedeutend war. Doch gab es auch Mißvergnügte im Lager; vielen war weder Bela noch Herzog Koloman kriegerisch genug, manche hegten Groll gegen den König. Dieser ordnete das Heer und entsandte täglich tausend Mann zur Bewachung des Sajó-Ueberganges; doch schien es, daß er nicht selbst angreifen, sondern die Tataren herankommen lassen wolle. Da kam ein Russe, das Lager seiner tatarischen Dränger verlassend, zum Könige und brachte die Nachricht, daß die Tataren die folgende Nacht das ungarische Lager angreifen wollten. Sogleich begab sich Herzog Koloman und Erzbischof Ugrin um Mitternacht zu der Sajóbrücke und trafen zur rechten Zeit ein, um einige bereits herübergekommene Haufen zu zersprengen und den Versuch zurückzuweisen. Uebermäßig war die Freude im ungarischen Lager über diesen Sieg; schon glaubte man jede Gefahr abgewendet! Die Tataren kamen von neuem mit sieben Wurfmaschinen vor die Brücke, als ob sie dieselbe mit Gewalt in ihre Macht bekommen wollten; in Wahrheit hatten sie sich eine tiefer unten aufgefundene Stelle ausersehen. Während der Nacht setzten die Tataren auf das andere Ufer und mit Morgengrauen rückten die zahllosen Schaaren angesichts des bestürzten ungarischen Heeres, lautlos und einen Regen von Pfeilgeschossen auf die Ungarn ausschüttend, in der größten Ordnung vor, um das feindliche Lager nach einem meisterhaft gefaßten Plane in Hufeisenform einzuschließen. Die Ungarn überrascht und so unvorbereitet, daß die Befehlshaber ihre Reisigen, die Reisigen ihre Befehlshaber nicht finden konnten, bewegten sich, unfähig den Pfeilregen zu ertragen, je nach dem Zuge der Tataren ebenfalls im Kreise. Wohl versuchten es einige Haufen zu wiederholten Malen hervorzubrechen; vergebens: um Mittag war das ungarische Heer ein verworrener Knäuel, eingeschlossen von dem eisernen Reif des von den Tataren gezogenen Halbkreises. Das Heer zu ordnen war nicht mehr möglich; der König und der Erzbischof von Kalocsa befanden sich in der größten Klemme. Befehle, Bitten, Drohungen fruchteten nichts mehr; kaum begonnen, war die Schlacht auch schon verloren, jeder einzelne dachte nur an seine Rettung.

Koloman, Ugrin und die italienischen Tempelherren waren die einzigen, welche ausdauerten; zweimal warfen sie sich in die Masse der Tataren; bei dem zweiten Angriffe wurden der Herzog und der Erzbischof schwer verwundet, der Tempelmeister mit seiner ganzen Schaar niedergemacht. Diese Tapferen fochten bis zur Abenddämmerung in dem Glauben, daß man auch anderwärts sich schlage. Als die Tataren merkten, daß die Ungarn die Flucht ergriffen, öffneten sie ihre Reihen und schossen nicht auf die, welche durch die Oeffnung davonstürzten. Als denkwürdig wird der Umstand bezeichnet, daß während der Schlacht keine Rufe in den Reihen der Tataren laut wurden, kein Geräusch gehört wurde; im tiefsten Schweigen schlugen sie die entscheidende Schlacht.

Die Niederlage der Ungarn war entschieden; es fruchtete nichts, daß Graf Ladislaus mit frischen Truppen auf dem Kampfplatze erschien; nur die Fliehenden konnte er aufnehmen. Dem König selbst war es vergönnt zu entkommen; in der Schlacht selbst war sein Leben in dringendster Gefahr; ein

Tatare wollte ihn niederhauen, da warf sich Dietrich, Mohol's Sohn, dazwischen und fing den Streich auf. Auch die Flucht war nicht ohne Gefährde. Erschütternd war der Anblick des Schlachtfeldes von Mohi. Da lagen sie in ihrem Blute, die tapferen Kirchenfürsten Ungarns, an ihrer Spitze, wenn man so sagen darf, der durch seine Treue gegen den König wie durch seine hohen Geistesgaben gleich ausgezeichnete Erzbischof von Gran, der von Kalocsa, der gelehrte Bischof Georg von Raab, jener von Siebenbürgen Reynold, der von Neitra, ferner der königliche Vicekanzler und Propst Nicolaus von Hermannstadt, der, bevor er fiel, einem Tatarenführer den Kopf abhieb, die Erzpriester Evadius von Bács, Albert von Gran und andere. So verunstaltet waren übrigens die Leichen dieser Gefallenen, daß man sie aus der Menge der Todten nicht mehr herausfinden konnte. Viel Kriegsvolk, welches dem Schwerte entronnen, kam in den Sümpfen und Gewässern um; zwei Tagreisen weit lagen die Leichen, ein Zeichen, daß die Tataren so zu sagen gleichen Schritt mit den Fliehenden hielten. Herrenlose Rosse mit Zaum und Sattel liefen in den Wäldern und Feldern herum, goldenes und silbernes Geschirr, seidene Gewänder, seltene Waffen lagen umher, wie sie von den Fliehenden weggeworfen wurden.

Aber mit dem Tage von Mohi — welcher es war, hat die Geschichte selbst verschwiegen — waren die Leiden Ungarns nicht zu Ende. Herzog Koloman, seine tödtliche Wunden davontragend, schlug einen Seitenweg ein, um schnellstens nach Pest zu gelangen. Schrecklich war der Zustand, in welchen diese Stadt gerieth; Tausende und aber Tausende hatten sich dahin gezogen, um sicher zu sein; nun kehrte der siegreiche Feind mit erneuter Kraft vor die Stadt, die er vordem vergebens berannte. Die Bürger baten Koloman auf das flehenblichste, ja nur zu verweilen, bis sie Schiffe genug zur Wegführung und Bergung ihrer Familien bereit gemacht haben würden; der Herzog gab den Rath, der die Gefahr nur noch greller, die Verzweiflung nur noch gräßlicher machte: jeder solle selbst auf seine Rettung bedacht sein. Hierauf ließ er sich nach Segesd im Sümeger Comitate und von da weiter nach Česme in Slavonien bringen, wo er seinen Wunden erlag.

Die Tataren nahmen Pest fast ohne Widerstand; die Flucht gelang den Bürgern nicht; wer nicht in den Fluthen der Donau umkam, verfiel dem Schwerte der Tataren. Wahrhaft teuflisch war die Hinterlist, welche Batu ins Werk setzte, um sich mit aller Sicherheit des Landes und seiner Schätze zu bemächtigen. Bei dem am Sajó gefallenen Reichsvicekanzler fand sich das königliche Siegel vor. Sofort ließ Batu durch gefangene Geistliche ein Schreiben in des Königs Namen ausfertigen, des Inhalts: „Der wilden Hunde Wuth fürchtet nicht; waget es auch nicht euere Häuser zu verlassen; denn ob wir gleich, einer Ueberrumpelung wegen, so Lager als Zelte verloren, hoffen wir doch mit Gottes Hilfe selbe nächstens zurück zu erobern durch mannhafte Schlacht. Betet daher nur zu Gott, daß wir auf die Köpfe unserer Feinde loshämmern können". — „Dies ist der Brief", spricht Roger, ein Domherr von Großwardein, „der mich und so viele andere ins Verderben gestürzt; denn obgleich wir immer neue Unglücksbotschaften hörten, vertrauten wir doch mehr dem königlichen Worte".

Der unglückliche Bela war indeß über Neitra und Preßburg nach Oesterreich geflohen, wo ihn die Königin mit den königlichen Kindern und den Schätzen des Reiches mit Bangigkeit erwartete. Friedrich der Streitbare lud den König auf sein Schloß Haimburg. Kaum hatte aber der Herzog ihn in seiner Macht, preßte er ihm harte Zugeständnisse ab; nebst großem Gelde

mußte ihm Bela drei angrenzende Comitate Ungarns ver-
schreiben, was, als der Herzog Raab in Besitz nehmen wollte,
mitten in der großen Tatarengefahr zu erbitterten Kämpfen
führte. Von der österreichischen Grenze begab sich die hartge-
prüfte königliche Familie nach Agram (Mitte Mai). Hier
verweilte der König den Sommer des unheilvollen Jahres,
umgeben von einer Schaar seiner Treuen und machte alle Anstrengungen, sein armes Land den Tataren wieder zu ent-
reißen.

Ende März, also zur Zeit da Batu das ungarische Heer
beinahe vernichtet hatte, überschritt Kaydan, welcher über Ka-
mieniec nach der heutigen Bukowina gekommen war, nach dreitägigem Marsche das Gebirge und überfiel die aufblühende deutsche
Silberbergstadt Rudna, deren Bürger durch Unterwerfung ihr
Leben retteten. Kaydan aber nahm sogleich den Stadtgrafen
Aristald nebst 600 auserlesenen Männern in Sold, um unter
ihrer Führung weiter in Siebenbürgen vorzudringen. Bald erschien Kaydan, nachdem das Königsgebirge, welches Siebenbürgen von Ungarn trennt, überschritten war, in der Ebene am
Körösflusse, wo sich den gierigen Blicken der Eroberer die reiche
Bischofstadt Großwardein lockend darbot.

Großwardein bestand aus einer Burgveste mit der Hauptkirche und den bischöflichen Häusern; vor der Veste breitete sich
die weitläufige Stadt ohne Befestigungswerke aus. Die Burg-
leute setzten die Veste in Vertheidigungszustand, damit sie den
dahin geflüchteten Einwohnern der Stadt und der Umgegend
Sicherheit biete; namentlich wurde ein schadhafter Theil der
Burgmauern schnellstens ausgebessert. Die Tataren kamen,
überflutheten die offene Stadt, plünderten sie und legten sie
zuletzt in Brand; vor der mit Gräben, Mauern und hölzernen

Thürmen versehenen und von einer zahllosen Schaar vertheidigten Burg wichen sie jedoch zurück und zogen, ohne einen
Angriff zu versuchen, fünf Meilen weit fort. Schon glaubte
die Besatzung der bösen Gäste los zu sein und zerstreute sich in
den verschont gebliebenen Häusern der Stadt; da kamen die
Feinde urplötzlich wieder, umzingelten die Burg, stellten ihre
Wurfmaschinen auf und richteten ihre Geschosse auf den in aller
Eile aufgebauten Theil der Mauer. Diese stürzte endlich unter
den Tag und Nacht ununterbrochen fallenden Steinwürfen zusammen, die Thürme sanken in Trümmer; die Burg wurde mit
Sturm genommen. Verzweifelt kämpften die Bürger, die Edlen,
die Domherren; sie alle erlagen den Streichen der Stürmenden;
Frauen und Mädchen, die in der Kathedrale Schutz suchten,
wurden mit der Kirche verbrannt, andere Kirchen wurden der
Schauplatz namenloser Schandthaten.

Zu derselben Zeit war auch die an der Marosch gelegene
bischöfliche Stadt Csanád in die Hände der Tataren gefallen;
doch war dies nicht Kaydan's, sondern Burondaj-Bagatur's
Heeresabtheilung, welche ihren Weg von Kyjev her zuerst in das
am Flusse Sereth liegende Kumanenland, die heutige Moldau,
sodann übers Gebirge nach Siebenbürgen genommen hatte.
Diese Horde war es, welche im Laufe des April Hermannstadt bezwang, hundert Mann niedersäbelte, das dortige Dominicaner-
kloster verbrannte und Weißenburg (jetzt Karlsburg) erstürmte.
Gräßlich war die Verwüstung dieses Ortes; nach Monaten be-
zeugten noch das umherliegende Gebein der Getödteten, die gefallenen Kirchenmauern, die blutigen Spuren an den Wänden
der Häuser die fürchterliche Anwesenheit der entmenschten
Wütheriche. Alsbald überflutheten Burondaj's Schaaren das
ganze Gebiet südwärts der Marosch, an deren Ufern sie sich mit

Kayban's Haufen in Verbindung setzten, um das Werk der Zerstörung im Verein fortzuführen.

23.

Die Mongolen in Mähren — Jaroslav von Sternberg — Die Leidenszeit Ungarns.

Wenden wir unsere Blicke wieder nach Mähren, welches Land Anfangs Mai von den tatarischen Schaaren unter
Bediaj, Bajdar und Urdiuj erreicht wurde. Im Lande war
kein Heer, das es vertheidigt hätte; doch hatten die beiden
Hauptburgen des Landes, Olmütz und Brünn, starke Besatzun-
gen; auch wurden die neuen Ansiedlungen deutscher Colonisten
in der Eile mit Gräben und anderen Vertheidigungswerken
versehen. Das Landvolk hatte sich mit seinen Habseligkeiten in
unzugängliche Wälder, in Felsschluchten und auf hohe Berge
geflüchtet. Wie die Sage geht, sollten die Tataren gleich in den
ersten Tagen ihres Einbruches den Widerstand der Mährer verkosten. Als sie am Tage Christi Himmelfahrt in der Gegend
von Stramberg und Kotouč (bei Neutitschein) Lager hielten,
benützten die Bewohner den günstigen Umstand, daß die bei
Senfleben befindlichen Teiche durch einen Regenguß stark angeschwollen waren, und stachen die Dämme durch, so daß durch
die Wassermasse das ganze Lager des „schwarzen Heeres" überschwemmt und der Feinde eine große Menge ertränkt wurde.

Gegen Prerau vorrückend, selbst wie eine Ueberschwem-
mung, ergossen sich die Tataren in kürzester Zeit über das ganze
Land. Namentlich waren es zwei Straßenzüge, auf welchen sie
vordrangen; von Olmütz über Zwittau zu dem böhmischen Lan-

desthore an der Terstenica bei Leitomischl, und von Brünn im Dobravathal gegen den Paß von Libeč bei Saar. In der Linie des ersteren lagen die Städte Littau, Neustadt und Jeviè, in der Richtung der letzteren die Klöster Dubravnik und Tišnovic; alle diese Orte wurden von den Tataren heimgesucht, berannt, bezwungen und ausgeplündert. Mit Grund kann man daraus schließen, daß es ihnen noch immer darum zu thun war, einen Weg nach Böhmen zu finden; aber auch diese Bemühungen hatten keinen anderen Erfolg als der früher angestellte. Olmütz und Brünn mußten die Schrecken einer harten Belagerung verkosten; hiebei erlitten die in der Nähe dieser Burgen gelegenen Klöster, das Prämonstratenserstift Hradisch und das Benedictinerstift Raigern, das Schicksal gänzlicher Zerstörung.

In diesen Tagen der größten Bedrängniß flüchtete sich eine Schaar Landvolks mit einigen muthigen Männern an der Spitze auf den Berg Hostein bei Byštric. Aber die Tataren kamen ihnen nach und stürmten den Erdwall, den das Landvolk ringsum aufgeworfen. Es waren heiße Junitage, die Vertheidiger der größten Sonnenhitze ausgesetzt, ohne Wasser; der Burgquell war ob der großen Hitze versiegt. Schon riethen einige, man solle sich den Tataren ergeben, andere forderten zur Ausdauer, zum Vertrauen auf; die verschmachtende Menge lag auf den Knieen vor der kleinen Bergcapelle; da kam plötzlich ein Wölklein an dem klaren Himmelsgewölbe zum Vorschein, bald folgte ein Donnerwetter mit ergiebigem Regen. Blitze schlugen ein in das weitläufige Lager der Tataren; die Dränger sprengten davon. Die Flüchtlinge waren gerettet.

That denn aber Wenzel I. nichts, um sein Land zu retten? Nach der Schlacht bei Liegnitz schickte der König, da er gesehen, daß die Tataren immer mehr gegen Ungarn sich hinziehen, sein schlagfertiges Heer nach Mähren; die Führung überließ er dem erprobten Feldherrn Jaroslav aus dem Geschlechte der nachherigen Herren von Sternberg; er selbst folgte über Königstein, Prag und Sadska nach. Bereits war ein voller Monat verflossen; nun sollte die Entscheidung folgen. Jaroslav kam von Iglau über Brünn, dessen Belagerung die Tataren schon aufgegeben hatten, gegen Olmütz, wo der Feind noch lagerte. Vor den Mauern dieser Stadt kommt es zum heißen Kampfe zwischen den Belagerern und dem heranbrausenden böhmischen Entsatzheere. Lange währt der Kampf, schon fangen die Böhmen an zu weichen; da stürzt Jaroslav vor, ihm wirft sich Fürst Baidar entgegen; beide kämpfen erst mit dem Speere, dann mit dem Schwerte; Jaroslav erfaßt zuletzt den Fürsten und sein Schwert durchhaut dem Gegner die Brust von der Achsel bis zur Seitengegend. Todt stürzt der Tatarenfürst unter die Menge der Gefallenen. Schrecken erfaßt die Tataren; der Verlust des Chanensohnes war für sie größer als der Verlust der Schlacht. Wuthentbrannt überliefern sie die Pfleger und Hüter des Fürsten, die ihren Herrn umkommen gelassen, dem Feinde, rasch macht sich das Heer auf und eilt durch die Marchgegend dem Landesthore bei Ungrisch-Brod zu, um nach Ungarn zu gelangen. Nach sieben Tagen war von den Tataren in Mähren nichts mehr zu sehen.

Dies geschah vor dem Ende des Monats Juni; denn schon am 1. Juli 1241 befand sich Herzog Friedrich von Oesterreich an der Waagfurt bei Glogovec (Galgóc), welche Bediaj mit seinem Heere bereits passirt hatte.

Während der Zeit, als die Tataren die ungarischen Lande einer-, die böhmischen andrerseits so furchtbar heimsuchten, war auch Friedrich der Streitbare auf die Vertheidigung seines Landes gegen die wilden Eroberer bedacht, die er bei dem

Besuche zu Pest in der nächsten Nähe hatte kennen lernen. Es
sollte auch die Nothwendigkeit bald eintreten, die Grenzen zu
vertheidigen; zweimal nach einander waren die Tataren, welche
sich dies- und jenseits der Waag am linken Donauufer nieder-
gelassen, in Oesterreich eingebrochen (Juni), beidemale wurden
sie zurückgeschlagen.

Mit König Wenzel von Böhmen, welcher bei seinem Heere
in Böhmen erschienen war, hatte sich Friedrich zu gemeinsamem
Vorgehen gegen die Tataren geeinigt. Beide schrieben eindring-
liche Briefe an den jungen König Konrad, Kaiser Friedrich's II.
Sohn, der in Deutschland die Regierung führte, während der
Vater im Kampfe mit dem Papste in Italien verweilte. „Soll
nicht der christliche Glaube mit dem Christenvolke vernichtet werden", schrieb Wenzel, „so muß bei Zeiten Widerstand geleistet
werden; wir sagen dies mit aller Ueberzeugung, denn wir
haben die Unthaten der Tataren in Mähren und Oesterreich
gesehen. Wollt ihr in euerer zarten Jugend einen ruhmvollen
und ewigen Namen euch erwerben, so beschleunigt euere Ankunft." „Versehet euch", spricht Herzog Friedrich, „vor allem mit
Lebensmitteln und mit Wurfschützen. Es gilt nicht blos die
Grenzen des Reiches, sondern auch einen Theil von Ungarn
zu vertheidigen; denn der Aufenthalt der Tataren in Ungarn
ist auch dem Reiche gefährlich. Die Gegenwart der Tataren ist
um so mehr zu fürchten, als sie ihre bisher zerstreuten Streit-
kräfte nun in eine Heeresmacht vereinigt haben." In der That
wurde in der Versammlung zu Eßlingen am Pfingstfeste
(19. Mai) die Kreuzfahrt gegen die Tataren beschlossen. Auch
der Papst eiferte zum Kampf gegen den Feind der Christenheit an. Von Kaiser Friedrich wurden selbst die Bürger von
Rom aufgefordert, auf Mittel und Wege zu denken, wie man
im Verein den Feind bekämpfe: „es handle sich nicht um

Vertheidigung des römischen Reiches allein, sondern auch um dessen Erweiterung; denn der König von Böhmen habe dem Kaiser die Unterwerfung seines Reiches angeboten, wenn er bei ihm und durch ihn Schutz finde". Dennoch kam die Kreuzfahrt nicht zu Stande; anfangs wurde sie zum Jacobitage (25. Juli) verschoben, sodann gänzlich aufgegeben.

Auch der König von Böhmen ließ von dem Vorhaben, in Ungarn einzufallen, plötzlich ab, angeblich, weil ihm Bela rieth, sich nicht jenen Gefahren auszusetzen, denen er selbst erlegen. Gleichwohl blieb Wenzel mit seinem Heere beobachtend an der Grenze stehen. Vorläufig hielten sich die Tataren ruhig und ließen von einem Zuge nach Deutschland nichts mehr hören. Herzog Friedrich war am 31. Juli wieder in Wiener-Neustadt, jedoch nur auf kurze Zeit; denn am 12. August treffen wir ihn schon zu Tobel bei Grätz. Diese seine Abwesenheit im Lande benützten die Tataren zu Einfällen in Oesterreich. Plötzlich erschien ein Schwarm bei Korneuburg, kehrte jedoch, nachdem viele Bewohner der Donaugegend dem Schwert erlegen, ohne eigenen Schaden wieder zurück. Desto gefährlicher war der Einbruch in die Gegend von Wiener-Neustadt; zahllose Schaaren waren aus Ungarn herangekommen und machten Anstalt, die genannte Stadt zu belagern. Unglücklicherweise hatte Friedrich nur 50 Streiter mit 20 Wurfschützen zum Schutze von Neustadt zurückgelassen, so daß die äußerste Gefahr drohte, wenn nicht bald von auswärts Hilfe herbeieilte. Diese kam jedoch bei Zeiten und zwar in so ausgiebigem Maße, daß die Tataren sogleich jeden Gedanken an die Bezwingung der wichtigen Stadt aufgaben. Friedrich erschien, aber nicht allein: es begleiteten ihn Kriegerschaaren des Patriarchen von Aquileja, des Herzogs von Kärnten und des Markgrafen von Baden; eben so hatte sich der König von Böhmen eingefunden. Die tatarischen Späher sahen von dem Gipfel eines nahen Berges, wie das in der Ebene versammelte Heer der Verbündeten sich bereits in Schlachtordnung stellte, um über die Belagerer her- zufallen. Auf diese Nachricht verschwanden die Feinde plötzlich, nur dem Fürsten von Dalmatien gelang es, acht Feinde ge- fangen zu nehmen, darunter einen Engländer, der, aus seinem Vaterlande verbannt, den Tataren als Gesandter und Dol- metscher Dienste leistete.

Inzwischen dachten die Mongolen daran, sich in Ungarn wohnlich einzurichten. Um die mangelnden Arbeitskräfte für das Einheimsen der Feldfrüchte zu erlangen, ließen sie verkünden, daß jedermann, der zu seinem Herde innerhalb einer bestimm- ten Frist zurückkäme, ohne alle Behelligung verbleiben solle. Wirklich kehrten die armen Verfolgten aus ihren Schlupfwin- keln, wo ohnedies der Hungertod ihrer wartete, in ihre Dörfer zurück und brachten die Feldfrüchte ein. Jedes Dorf erhielt durch eigene Wahl einen Dorfvorstand aus den Reihen ihrer Bezwinger, hundert Ortschaften zusammen wurde ein Kurs vor- gesetzt, der einerseits als Richter des Volkes andererseits als Ver- pflegungsbeamter der Mongolen fungiren sollte. Solcher Kurse gab es nahezu hundert. Wohl herrschte Ruhe unter der Ver- waltung dieser Leute, die Märkte wurden besucht, Recht wurde gesprochen; doch Sicherheit des Lebens, Sicherheit des Eigen- thums gab es für die Einheimischen keine. Bald sah man zahllose Fuhren beladen mit Früchten und begleitet von ganzen Heerden allerhand Viehes; als man frug, was dies zu bedeuten habe, erhielt man zur Antwort, dies sei aus den Dörfern, deren Be- wohner man in der Nacht plötzlich überfallen und gemordet hatte, eingebracht worden. Oder man berief die Dorfleute mit dem Auftrage, den Zehnten auf einen bestimmten Platz zu

bringen; nachdem dies geschehen, wurden die Angekommenen in
irgend ein Seitenthal gebracht und dort hingeschlachtet. Scheuern
und Wohnhäuser wurden jedoch geschont, ein Zeichen, daß die
Mongolen die Absicht hatten, in Ungarn zu überwintern.

Auf den für Ungarn und Siebenbürgen so schrecklichen
Sommer folgte ein überaus strenger Winter; die Donau bedeckte sich mit festem Eis, was seit Jahren nicht vorgekommen
war. Nun glaubten die Mongolen den Augenblick gekommen,
um das jenseits der Donau gelegene Landgebiet zur Gänze zu
bewältigen. Vor allem handelte es sich um den Schlüssel dieses
Gebietes, die herrliche Hauptburg Ungarns, Gran. Die zuge-
frorene Donau sollte den Zugang ermöglichen. Doch die Vertheidiger des Platzes, Ungarn, Franken und Wälsche, waren auf
ihrer Hut und bewachten argwöhnisch die Eisdecke des Stromes. Tag für Tag wurde das Eis an den wichtigeren Stellen
aufgehackt, wobei es nicht an Scharmützeln fehlte. Endlich
nahmen die Tataren ihre Zuflucht zur List. Eines Morgens sah
man von Gran aus eine Menge Pferde und Rinder auf dem
andern Ufer ohne alle Hut; als dies drei Tage anhielt, wähnten die Graner, der Feind habe sich zurückgezogen und wagten
sich hinüber, um das Vieh als gute Beute heimzuführen. Da
brachen aber die Feinde aus ihren Verstecken hervor, jagten über
die gefrorene Donaufläche den erschrockenen Granern nach und
gelangten so auf das jenseitige Ufer.

Beide Theile machten Anstalten zum Kampfe; die Tataren, indem sie nahezu 30 Wurfmaschinen bauten, die Graner,
indem sie die Stadt mit neuen Gräben, Mauern und hölzernen
Vertheidigungsthürmen befestigten. Um die Wurfmaschinen
passend aufzustellen, führten die Tatarensclaven aus Bündeln
von Reisig und Baumästen einen Hügel auf; von da aus
wurden nun wuchtige Steine Tag und Nacht gegen die Stadt

geschleudert. Dies brachte bei den Insassen, die in dem Wahne lebten, Gran könne der ganzen Welt widerstehen, eine solche Bestürzung hervor, daß sie wie wahnsinnig durch die Gassen rannten und keiner sich auf die Mauern hinauswagte, die mit Wurfsteinen und Pfeilen förmlich überschüttet wurden. Nachdem die hölzernen Blockhäuser zusammengesunken waren, warf der Feind mit Erdreich angefüllte Säcke in die Stadtgräben, um dieselben auszufüllen und sodann leichter zum Sturme schreiten zu können. Als die Graner sahen, daß die Stadt nicht zu halten sei, brannten sie die Vorstädte und die zahlreichen hölzernen Häuser nieder, tödteten die Pferde, vergruben Gold und Silber, und was sonst werthvoll war, und zogen sich zur weiteren Vertheidigung in die steinernen Stadthäuser. Jetzt suchten die Belagerer alle Ausgänge aus der Stadt mit Balken zu verrammeln, damit ja niemand entweiche, griffen die Häuser an und stürmten sie nach der Reihe. An 300 Edelfrauen glaubten ihr Leben zu retten, wenn sie sich ergäben; nachdem sie sich in einem Hause versammelt und ihre schönsten Gewande angethan, baten sie vor den Befehlshaber der Tataren gebracht zu werden. Umsonst; der Wütherich befahl, die Gewänder ihnen vom Leibe zu reißen und sie ohne Ausnahme zu köpfen. Die Stadt fiel; doch die obere Burgveste, die ein tapferer Spanier, Graf Simeon, mit einer Schaar tüchtiger Wurfschützen mannhaft vertheidigte, ergab sich nicht und wurde auch nicht bezwungen.

Die Tataren versuchten es nun mit Stuhlweißenburg; allein die Sümpfe, welche die Stadt umgaben, waren bereits im Aufthauen und machten den Zutritt unmöglich. Von da rückten die Schaaren vor das berühmte Kloster Martinsberg, doch der Abt widerstand dem Feinde. Da kam plötzlich der Befehl, Halt zu machen.

24.

Die Mongolen in Dalmatien und Siebenbürgen — Ende der Mongolennoth — Tod Friedrich's des Streitbaren.

Während Batu das Land am Plattensee heimsuchte, drang Kaydan, welcher die Weisung erhalten hatte, den König von Ungarn in seine Gewalt zu bekommen, aus den Ebenen des Banats bei Kamenic über die festgefrorene Donau nach Sirmien, um von da aus das Gebiet von Agram, den Aufenthalt Bela's IV., zu erreichen. Dieser floh bereits Ende Februar 1242 nach Spalato, während die Königin mit den Kindern und den Schätzen auf der stark befestigten Burg Klis bei Salona eine sichere Zufluchtstätte fand. Von Spalato ging Bela nach Traù, doch auch hier war seines Bleibens nicht.

Anfangs März 1242 langte Kaydan's Vortrab, nachdem sein Reiterheer Kamenic, den Sitz des Bischofs von Sirmien, Orljava, ja selbst Agram verwüstet hatte, vor den Thoren Spalatos an. Anfangs glaubten die Bewohner dieser Stadt croatische Hilfstruppen vor sich zu sehen: namenlos war der Schrecken, als sie ihren Irrthum erkannten. Doch bald ermannten sich die Bürger und begannen an die Vertheidigung ihrer mit guten Mauern versehenen Stadt zu denken; auf den Höhepuncten der Stadt wurden Wurfmaschinen aufgestellt, die Mauern besetzt. Wenige Tage darauf kam Kaydan selbst und schritt, indem er Spalato unbeachtet ließ, zur Belagerung von Klis, wo sich nach seiner Meinung der König befand. Die Besatzung hielt wacker Stand. Als die Tataren ihre Wurfgeschosse wirkungslos an den felsigen Abhängen und den starken Mauern der Veste abprallen sahen, saßen sie ab von ihren Rossen und verſuchten einen Sturm. Mit Händen und Füßen ſuchten ſie die Abhänge zu erklimmen, viele gelangten auch wirklich bis auf die Mauern, von wo ſie aber durch die Vertheidiger in die Tiefe hinuntergeworfen wurden. Hier, vor der unbezwinglichen Veſte am Geſtade des Adriameeres war es, wo Kaydan die aus dem fernen Aſien gebrachte Trauerbotſchaft vernahm, der Groß-Chan Ügetaj ſei im vorigen Jahre an Gift geſtorben.

Der Tatarenführer wandte ſich, da er erfuhr, daß der Kö-nig nicht in Klis, ſondern in Trau ſich befinde, gegen die letz-tere Stadt. Hier führte der Župan Stephan Subić von Bribir den Befehl, ein Ahne des Nikolaus Subić von Zrinj (Zrinyi), der drei Jahrhunderte nachher ſeinen Namen als Held von Szigeth verewigen ſollte. Da ein großer mit Waſſer angefüllter Stadt-graben einen Sturm auf den Platz unmöglich machte, kam Kay-dan auf den Gedanken, Güte und Drohung zu verſuchen. Ein Herold trat vor die Stadt und rief der Beſatzung in croatiſcher Sprache zu: „Kaydan, der Führer des unüberwindlichen Hee-res läßt euch ſagen, ihr ſollet den fremden König nicht ſchützen, ſondern ihn, den Feind, unſeren Händen ausliefern; ſo werdet ihr Kaydan's Rache entgehen und nicht vernichtet werden". Aber die Wächter auf den Mauern gaben keine Antwort auf dieſen Aufruf. Da mittlerweile Bela ſich ſammt ſeiner Familie auf einigen kleinen Schiffen auf die weiter nördlich im quarneriſchen Golf gelegenen Inſeln geflüchtet hatte (zweite Hälfte März), ſo zog ihm Kaydan, der ihn um jeden Preis in ſeine Hände be-kommen wollte, auf dem Feſtlande nach. Noch heute heißt ein Berg und eine Straße jener Gegend der Tatarenberg und die Tatarenſtraße.

Schon war es Kaydan gelungen, eine Anzahl kleiner Schiffe zu ſammeln, und Bela, der ſich auf der Inſel Pag be-fand, zu erreichen; doch die tapferen Inſelbewohner vertheidigten den König mit allen Aufopferungen, schlugen den Angriff zur See zurück und verfolgten die des Seekampfes ungewohnten Tataren auf offenem Meere, wobei letztere beinahe alle umkamen; ja noch am Gestade des Meeres wurde der Kampf fortgesetzt.

Der tapferen Haltung der Küsten- und Inselbewohner, welche auch große Geldopfer dargebracht hatten, verdankte Bela IV. seine Rettung. Als Kaydan die Hoffnung aufgeben mußte, den König von Ungarn in seine Gewalt zu bekommen, trat er den Rückzug an. Durch ganz Dalmatien zog er, an dem stark befestigten Ragusa vorbei, in das südliche Bosnien, bis er über Alt-Serbien oder Rascien an die Donau gelangte und den Boden Bulgariens betrat. Ueberall, wo die Horde zog, bezeichneten Verheerungen ihren Weg. Unter stetem Kampfe mit dem Kaiser Balduin lenkten sie durch das moldauische Kumanien nach Rußland ihre weiteren Schritte.

Die in Ungarn befindlichen Schaaren verließen das Land in zwei Richtungen. Die einen schlugen den Weg über Siebenbürgen, wo Burondaj gekommen war, ein, die anderen kehrten durch das russische Landesthor zurück, wo im vorigen Jahre Batu den Zugang erzwungen. Ungeheuer war die Beute an Gold, Silber, Gewändern, Vieh und anderen Sachen, welche der Feind mit sich führte, ohne Zahl der Troß von Sclaven, die mitgeschleppt wurden.

In dem Gefolge jener Abtheilung, welche Siebenbürgen passirte, befand sich auch der Domherr Roger von Großwardein als Sclave; diesem gelang es, seinen Drängern auf dem Marsche zu entspringen, sein treuer Knecht mit ihm. Zuerst verbargen sie sich in Wasserrissen und deckten sich mit Laub zu, einer fern von dem andern, damit, wenn einer entdeckt würde,

wenigstens der andere gerettet bliebe. So lagen sie zwei Tage
lang, wie lebend begraben. Endlich zwang sie der Hunger, ihr
Versteck zu verlassen. Schrecken fuhr in sie, als sie einen Mann
in der Nähe erblickten; sie flohen vor ihm, er vor ihnen. Es
war kein Tatar, sondern auch einer von den Glücklichen, der
den Feinden entkommen war. Vereint wanderten die drei heim-
wärts. „Kirchthürme waren unsere Wegweiser; schrecklich die
Pfade, die sie uns wiesen, Straßen und Pfade verwildert, Gras
und Gesträuch wucherte darauf. Knoblauch oder Meerrettig in
den verlassenen Gärten, Wurzeln und Kräuter waren Lecker-
bissen für uns", sagt Roger. Am achten Tage ihrer Wanderung
durch das öde Land kamen die drei Wanderer in Weißenburg an.
Noch klebte Blut an den Wänden der zerstörten Kirchen und
Häuser; seit Jahr und Tag lagen die Gebeine der Erschlagenen
unbestattet da. Zehn Meilen weiter, bei dem Orte Fratta, trafen sie zuerst Menschen, die auf dem Gipfel eines tief im Walde
gelegenen Berges eine Veste bauten; von diesen wurden sie mit
Brod aus Eichenrindenmehl bewirthet. Roger preist es als die
köstlichste Speise, die er je genossen. Dort blieb er einen ganzen Monat; man fürchtete noch immer, daß die Mongolen plötzlich wieder Kehrt machen, wie sie es häufig zu so großem Verderben Vieler gethan. Aber diesmal täuschten sich die Furcht-
samen; der gräßliche Feind hatte die Grenzen des verwüsteten
Landes auf immer verlassen. Dafür hatten Galizien, Vladimirien
und die polnischen Länder noch durch lange Zeit von den Mongolen, die sich in Rußland festsetzten, zu leiden.

König Bela kehrte nun zurück, um seine ganze Sorgfalt
auf die Heilung der dem Lande geschlagenen Wunden zu verwenden und diejenigen, welche sich um ihn und das Vaterland
verdient gemacht hatten, nach Gebühr zu belohnen. —

Die gemeinsame Noth, mit welcher der Mongolensturm fast alle Länder des heutigen Kaiserstaates heimsuchte, bildet in der langen Kette von Thatsachen, die zwischen den mannigfaltigen Theilen unseres Staates allmälig gemeinsame Interessen erweckten, ein nicht zu unterschätzendes Glied. Wohl schwand mit der Gefahr die wechselseitige Annäherung wieder, und es bedurfte späterhin neuer durch den Halbmond bereiteter Bedrängnisse, um wieder bei Fürsten und Völkern die Einsicht und mit ihr den Willen zur engeren Vereinigung wachzurufen. Für den Augenblick kehrte man vielmehr zu den Fehden zurück, die wenige Jahre zuvor Oesterreich, Böhmen und Ungarn einander feindlich gegenüber gestellt.

Noch im Jahre 1242 gerieth Herzog Friedrich mit Böhmen in neue Kämpfe, zumal seit sich der König Wenzel I. immer mehr den Hohenstaufen ab-, Friedrich aber denselben zuwandte. Der Kaiser wünschte noch inniger den Babenberger an sich zu fesseln und dessen Nichte, die schöne Gertrude, die Wenzel's Sohne Vladislav verlobt war, zu ehelichen, wofür er ihm die Königskrone in Aussicht stellte. Schon hatte der streitbare Herzog durch den Bamberger Bischof zu Wien den königlichen Ring empfangen, schon hatte der Kanzler Peter von Weingarten die Urkunde ausgefertigt und Friedrich fuhr zu Pfingsten des Jahres 1245 nach Verona, wo sich der Kaiser aufhielt und wo die Krönung vor sich gehen sollte. Aber Gertrude, heißt es, war nicht zu bewegen, ihre Hand dem alternden Kaiser zu reichen und Friedrich kehrte, obgleich königlich beschenkt, als Herzog wieder in sein Land zurück. Im Kriege mit Böhmen war Friedrich glücklich und es wird besonders die Gefangennehmung des Herzogs Ulrich von Kärnten und 230 anderer Ritter bei einem Zusammentreffen unsern Laa erwähnt (1246).

Unglücklich dagegen endete der neuerdings mit Ungarn entbrennende Kampf, zu welchem die Keime wohl schon in der Zeit vor und während des Mongolensturmes lagen. Bela IV. brach, unterstützt von einem Fürsten der Ruthenen und dem König der Kumanen, 1246 in Oesterreich ein. Es war am 16. Juni, einem Freitag, als Friedrich dem Feinde, der bereits die Leitha überschritten, aus der Neustadt mit einer herrlichen Schaar entgegenzog. Aber schon der Anfang des Kampfes war entscheidend. Gegen die Reußen rückten die Schaaren Friedrich's vor, Heinrich von Liechtenstein als Bannerträger an ihrer Spitze. Der Herzog sprengt herbei und ermahnt die Seinigen, als die Reußen ihm in den Rücken fallen und im Getümmel Friedrich erschlagen wird. Wer ihn getödtet, war schon unter den Zeitgenossen zweifelhaft; bezeichnend aber ist es, daß man vielfach behauptete, Friedrich sei von seinen eigenen Leuten meuchlings getroffen worden. Ein Schriftsteller des vierzehnten Jahrhunderts nennt als Thäter bereits eine bestimmte Person, den Schenken von Habesbach, und wie so oft, je ferner man der Zeit stand und je weniger die Phantasie durch bestimmte Ueberlieferung gefesselt war, desto mehr gefiel man sich in willkürlicher Entstellung und Erweiterung der Berichte über Friedrich's Tod. Noch währte der Kampf, als Heinrich der „Schreiber" den Fürsten todt, der Rüstung beraubt, in leinenem Unterkleide liegen fand. Aeußerlich sah er nur die Wange wund und ein Bein durch einen Tritt gequetscht. Er lud ihn auf sein Pferd, warf einen Mantel darüber und brachte ihn heimlich in die Kirche der Neustadt, indeß die Ungarn, welche von dem Tode ihres Gegners keine Ahnung hatten, wichen und in großer Menge den Tod in den Wellen der Leitha fanden. Erst nach errungenem Siege wurden die Oesterreicher den Tod ihres Herzogs gewahr, und der Jubel der Sieger machte der tiefsten Trauer Platz.

Im Capitelhause des Klosters Heiligenkreuz befindet sich ein Stein, der einen liegenden Ritter im Waffenrock, an der Rechten sein Schwert, in der Linken den österreichischen Bindenschild, darstellt. So weit sich noch erkennen läßt, sind am Kopfende zwei kniende Engel, zu den Füßen zwei auf Stühlen sitzende Mönchs-gestalten angebracht, welche für das Seelenheil des Abgeschiedenen aus den auf ihrem Schooße ruhenden heiligen Büchern beten. Unter diesem Steine ruhet Friedrich II. der Streitbare, Herzog von Oesterreich und Steiermark, der letzte vom Mannsstamme der Babenberger, von manchem harten Strauße für immer aus.

V.

Erster Versuch, an der Ostgrenze des deutschen Reiches eine deutsch=slavische Macht zu begründen.

25.

Das österreichische Zwischenreich — Přemysl Otakar II. von Böhmen und Bela IV. von Ungarn.

„Das Land ist verwaist", so lautete der Klageruf allent= halben bei dem Tode des streitbaren Friedrich. Zwar hatte noch vor kurzem der Kaiser zu Verona die Urkunde von 1156 be· stätigt, in welcher Oesterreich als Weiberlehen erklärt ward; aber nach dem damals geltenden Rechte waren nur Töchter, nicht weibliche Seitenverwandte gemeint. Nur von billiger Berück· sichtigung, nicht von Ansprüchen durften die Verwandten des Herzogs sprechen. Es waren dies seine Schwester Marga· retha, Witwe Heinrich's VII., des römischen Königs, deren zwei Söhne sich bei Kaiser Friedrich II., ihrem Oheim, in Ge· wahrsam befanden, und seine Nichte Gertrude, mit dem jungen Markgrafen Vladislav von Mähren vermält. Als dieser frühzeitigen Todes starb (3. Januar 1247), nahm Gertrude ihren Witwensitz zu Mödling, dem alten Gute ihres Hauses, während die römische Königin zu Haimburg sich aufhielt. Eine jüngere Schwester des Herzogs, Constanze, war nicht mehr am Leben; aber sie hatte ihrem Gemal, dem Markgrafen Heinrich von Meissen, zwei Söhne, Albrecht und Dietrich, geboren.

Kaiser und Papst wandten dem Gang der Ereignisse ihre Aufmerksamkeit zu. Der Kaiser übertrug die dem Reiche erledigten österreichischen Lande dem Grafen Otto von Eberstein zur Verwaltung, während Papst Innocenz IV. sich auf die babenbergischen Frauen stützte und den Deutschordensrittern zu Starhemberg befahl, ihnen die Urkunden, auf welche sie ihr Erbrecht stützten, auszuliefern, wobei er daran dachte, sie mit Anhängern der Kirche zu vermälen. Aber Margaretha schlug den ihr zugedachten Grafen von Henneberg aus; willfähriger reichte Gertrude dem Markgrafen Hermann von Baden die Hand. Der Papst entschied nun auf Grund der vorgelegten Urkunden zu Gunsten Gertrudens und ließ an den König Wilhelm von Holland die Weisung ergehen, der Besitzergreifung Oesterreichs durch Hermann kein Hinderniß in den Weg zu legen. Doch in Oesterreich selbst vermochte dieser nicht feste Wurzel zu fassen, selbst in Klöstern wurde er als Usurpator bezeichnet. Was ihn zu einem Einfall nach Ungarn bewog, wissen wir nicht. Bela IV. hat ihm furchtbar vergolten. Feuersäulen und Leichen bezeichneten den Weg, als die Ungarn zur Erntezeit 1250 das Land überfielen. Mitten in diesen Wirren starb Hermann plötzlich (2. October 1250), angeblich durch Gift.

Noch ehe Hermann nach Oesterreich gekommen war, hatten sich mehrere von den staufisch gesinnten Herren des Landes auf den Weg nach Verona gemacht, um den Kaiser zu einer endgiltigen Lösung der österreichischen Frage zu bewegen. Auf dem Wege dahin wurden einige von dem Salzburger Erzbischof, Philipp von Kärnten, gefangen, die übrigen harrten vergeblich den ganzen Sommer über auf die Ankunft des Kaisers und erlangten nur so viel von ihm, daß er Otto von Eberstein durch den Herzog von Bayern für Oesterreich und Meinhard von Görz für Steiermark ersetzte, die endgiltige Lösung aber von neuem hinausschob. Graf Meinhard von Görz war ein bedeutender Fürst und zeigte dies sogleich in seinen Kämpfen mit dem Erzbischof von Salzburg. Philipp, ein Sohn des Herzogs Bernhard von Kärnten, 1246 zum Erzbischof von Salzburg erhoben, war nur wenig zum geistlichen Stande geeignet. Ehevor hatte er sich's zu Wien wohl sein lassen und daselbst seine Reichthümer verpraßt; auch nunmehr setzte er sein üppiges Leben fort und wollte die sich ihm darbietende Gelegenheit zur Eroberung eines Theiles von Steiermark benützen. Verschiedene Herren, auch der Minnesänger Ulrich von Lichtenstein, standen ihm hierin bei; in kurzem befand sich das schöne Ennsthal und alles Land bis hin zu den Rottenmanner Tauern in seinem Besitze. Dem weiteren Umsichgreifen trat aber Meinhard von Görz entgegen. Die salzburgischen Aemter wurden überfallen; um Windisch-Matrai, in den engen Schluchten des Kaiser- und Virgenthales entbrannte der Kampf. Die Lehen des Hochstiftes wurden allenthalben an Laien vergeben, und statt der Zehenten und Gerichtsgelder an die Salzburger Kirche wurden nun von den eroberten Orten den Görzer Grafen durch manches Jahr Steuern entrichtet.

Da rief der Tod des Kaisers eine unerwartete Wendung hervor. Friedrich II. war am 13. December 1250 zu Palermo gestorben und hatte in seinem Testamente seinen Enkel Friedrich, den Sohn Heinrich's VII., zum Herzog von Oesterreich und Steiermark bestimmt. Aber ein Unstern waltete über den beiden Ländern. Der Knabe verblich, ehe er noch sein Erbe erreichte (1251). Und als nun gar Friedrich's II. Sohn, König Kon-

rab IV., nach Italien zog, schwanden den Gibellinen in Oesterreich die letzten Hoffnungen dahin. Um so entschiedener traten
jetzt die Welfen, an ihrer Spitze Přemyſl Otakar, der junge
Markgraf von Mähren, König Wenzel's I. Sohn, hervor.

Přemyſl Otakar wird zum ersten Male erwähnt, als sein Vater im Auftrage des Papstes den 22jährigen König Wilhelm
von Holland zum Ritter schlug, indem es Otakar war, mit welchem Wilhelm nach erlangter Ritterwürde dreimal die Lanze
brach. Otakar's Mutter war Kunigunde, die Tochter Philipp's
von Staufen, und in Deutschland wurde späterhin seine Abstam-
mung von deutscher Mutter besonders betont. Die Sage erzählt,
Kunigunde habe, da sie den Knaben empfangen, geträumt, sie
werde einen Wolf gebären, der die benachbarten Länder sich
unterwerfen, aber von der Tatze eines Löwen endlich würde
überwunnen werden.

Als Wenzel, durch seine Schwester bestimmt, dem Kaiser
abtrünnig wurde, war das ſtaufiſche Kind, das die Natur mit
ihren reichſten Angebinden beschenkt, den Gibellinen in Böhmen
ein mächtiger Trost. Der Jüngling trat an die Spitze der Großen, als diese im Juli 1248 sich gegen Wenzel erhoben und die
Stadt und das Schloß Prag besetzten. Otakar trieb mit mäh-
riſchen und böhmiſchen Truppen seinen Vater in das nördliche
Böhmen, wo indeſſen Wenzel's Anhang und ohne Zweifel auch
deutſche Truppen, von König Wilhelm zu Hilfe gesandt, bei
Brüx über die Empörer die Oberhand behielten. Ein Vertrag,
der im November zu Prag abgeschloſſen wurde, beſtimmte, daß
Vater und Sohn gemeinschaftlich regieren sollten. Aber Innocenz IV. sprach den König von allen übernommenen Verpflich-
tungen los und verhängte über den ungehorsamen Sohn den
Bann. Wenzel rüstete neuerdings, indem er sich zu Anfang des
Jahres 1249 nach Mähren begab und sich daselbst mit Bruno,

dem Bischof von Olmütz, und den welfisch gesinnten Herren
Oesterreichs verband. Während diese Znaim eroberten, zog
Wenzel gegen Prag. Entscheidend war der Uebertritt des Bischofs Nicolaus von Prag zum König. In Folge dessen trat
ein Waffenstillstand ein. Wenzel hielt in Prag unter dem Geläute der Glocken, von den beiden Landesbischöfen und dem
Clerus festlich empfangen, seinen Einzug und nahm die erneuerte
Huldigung der abgefallenen Barone entgegen. Als aber nicht
lange darnach Otakar den Vater auf seinem Jagdschlosse Teyřov
besuchte, erwachte in Wenzel's Gemüthe der schwer verhaltene
Ingrimm von neuem, so daß er den Sohn auf die Veste Přimda
in Verwahr bringen und dessen Anhänger hinrichten ließ.

Hier, im engen Gewahrsam, der schon manchen Prinzen
umschlossen, trat in Otakar's Seele der entscheidende Umschwung
ein. Er sah, daß die Sonne der Gibellinen sich zum Nieder-
gang neigte; er wußte, daß nur im Bund mit der Kirche das
Ziel seines Strebens, die Erwerbung der österreichischen Länder, erreichbar wäre; er versöhnte sich aufrichtig und dauernd mit
seinem Vater. Otakar hatte damals schon mehrere einflußreiche
Geschlechter, besonders die Kuenringer und Liechtensteiner, welche
letzteren eben damals Nikolsburg als mährisches Lehen bekamen,
gewonnen. Ein Feldzug, den Vater und Sohn 1251 gegen
den mit dem Banne beladenen Herzog Otto von Bayern unternahmen, gewann ihnen die hartbedrängten Kirchenfürsten zu
Freunden. Alles war auf das beste vorbereitet, als Otakar mit
einem Theile des böhmischen Heeres nach Oesterreich rückte.
Schon an der südlichen Grenze von Böhmen erklärte er sich als
Herzog von Oesterreich und ließ sich sofort huldigen (21. November 1251).

Der neue Herzog zog über Netolic nach Enns, wo ihn
die österreichischen Edlen empfingen. Auch Wien öffnete (6. Dec.)

die Thore; die Stadt glaubte die Rückkehr der Sicherheit und Ordnung durch den Verzicht auf ihre Reichsunmittelbarkeit nicht allzu theuer erkauft zu haben. Und nun folgten endlose Vergabungen an die beschädigten Kirchen, während der gibellinische Adel nur kurze Zeit noch Otakar's Hof vermied. Selbst die Neustadt, welche Anerkennung der babenbergischen Erbrechte verlangte, wurde durch die Bestätigung eines (wahrscheinlich falschen) Privilegs Kaiser Friedrich's II. beschwichtigt. „Bald war", sagen die Jahrbücher von Garsten, „kein Winkel mehr, der sich gegen seine Herrschaft gesträubt hätte". Dennoch war sich Otakar der Gefahren deutlich bewußt, die ihm aus der Erhebung babenbergischer Erbansprüche erwachsen konnten. Er reichte also der alternden Margaretha die Hand und erhielt, da er mit derselben verwandt war, nach vollzogener Ehe die päpstliche Dispens. Die Hochzeit wurde (1252) zu Haimburg, dem bisherigen Witwensitze Margarethens, gefeiert, wobei die Braut ihrem Gemal eine „goldene Handveste" und damit ihr vermeintliches Recht auf das Land übertrug. Nun vermälte sich auch Gertrude dem dritten Manne, Roman, einem Sohne des Fürsten Daniel von Haliez und Enkel Bela's IV., und übertrug ihre Ansprüche dem König von Ungarn. Bela zeigte sich entschlossen, dieselben wenigstens bezüglich Steiermarks zu verfechten, wo ihm die Parteien, in welche das Land zerrissen war, förderlich wurden.

Auch in Steiermark waren viele der Vereinigung mit Oesterreich und dem Fürsten Otakar nicht abgeneigt; aber die Mehrzahl wünschte einen besonderen Landesherzog. An der Spitze jener stand der Erzbischof Philipp von Salzburg, die Treuensteiner, der Dichter Ulrich von Lichtenstein und mehrere andere. Die zweite Partei, an ihrer Spitze Dietmar von Weißeneck, blickte auf Heinrich, den Sohn Otto's von Bayern und Eidam des Königs von Ungarn. Scheinbar, um den

Schwiegersohn zu unterstützen und von den Steiermärkern freudig begrüßt, brach Bela mit drei Heeren aus seinem Reiche hervor (1252). Das eine, von einem gewissen Achilles geführt, drang bis Tuln unter schrecklichen Verheerungen vor, ein zweites kumanisches durchstreifte Mähren. An der Spitze des dritten zog Bela IV. selbst (1253) nach Steiermark und besetzte Grätz. Zwischen Bela und Otakar dauerte der Kampf noch das ganze Jahr. Otakar wurde mit seinen Truppen auf das nördliche Donauufer zurückgeworfen und ein Gerücht ließ sich vernehmen, Bela beabsichtige mit 80.000 Mann Wien zu belagern. Günstiger war das Kriegsglück den böhmischen Waffen in Schlesien, wo Bela's Bundesgenossen, Daniel von Halicz mit seinem Sohne Leo und Boleslav der Schamhafte eingefallen waren und Troppau belagerten, hier aber an Otakar's Feldherrn Beneš einen Gegner fanden, dem sie nicht gewachsen waren.

Da starb am 22. September 1253 König Wenzel I. zu Počapel nach der Jagd, die er mit Leidenschaft trieb und die ihm schon einmal ein Auge gekostet. Die böhmischen Großen verbargen die königliche Leiche in einem Thurme der Prager Burg, beriefen unter königlichem Siegel alle Lehens- oder Pfandinhaber der Krone nach Prag und führten sie einzeln zur königlichen Leiche, wo man sie verbindlich machte, die königlichen Güter sofort dem Sohn und Erben des Königs auszuantworten. Nun erst wurde des Königs Tod verkündet und seine Leiche in der Prager Kirche zu St. Franz, wo Wenzel's eigene Schwester Agnes Aebtissin war, feierlich beigesetzt.

26.

Přemyſl Otakar's ſteigende Macht.

Faſt gleichzeitig mit Přemyſl Otakar's II. Thronbeſteigung trat der Papſt vermittelnd zwiſchen die beiden Könige von Un-garn und Böhmen. Die Verhandlungen wurden durch den von Otakar nach Oſen geſandten Biſchof Bruno von Olmüß ſo glücklich geführt, daß Otakar einen Theil von Steiermark bekam. Die Präliminarien zu Oſen wurden in Preßburg, wo Otakar und Bela zuſammenkamen, bekräftigt. Die Grenze zwi-ſchen den beiderſeitigen Beſißungen, ſo beſtimmte der Frieden bildet die Waſſerſcheide der Mur, der Semmering und die weſt-lich von dieſem gelegenen Berge. Von nun an gewöhnte man ſich das Land von Neuſtadt bis Altenmark und von da bis Steier, ferner das Land nördlich vom Pyrn zu Oeſterreich zu rechnen. Otakar entſagte dem Titel „Herzog von Steier". Ger-trude erhielt, was ſie zu Oeſterreich an freiem Eigen beſaß, und wurde von Bela in Steiermark verſorgt. Ihr Gemal Roman Danilovicz, den Bela als Landeshauptmann in Steiermark eingeſeßt hatte, verließ bald das Land, daraus vertrieben; ſeine Gemalin Gertrude, die er im Lande ſchwanger zurückließ, ſah ihn nicht wieder. „Wie vor dem wilden Aar das Huhn der Küchlein hütet, wenn ſie dieſelben ausgebrütet", ſo hütete Ger-trude der beiden Kinder, die ſie von Hermann hatte. Der Jüngling wuchs heran, klug an Iugend und herrlich an Leib. Die Maid nahm der junge und edle Herzog Ulrich von Kärn ten zum Weibe (1263).

Während Otakar zur Erwerbung von Oeſterreich auszog, war der deutſche Orden mit der Eroberung von Samland beſchäftigt, fand aber bei dieſem Unternehmen unerwartet

den größten Widerstand. Otakar hatte sich dem Orden, der in
Böhmen und Oesterreich ausgedehnte Güter besaß, sehr günstig
gezeigt; nunmehr (1254) nahm er das Kreuz, um selbst nach
Samland zu ziehen. Aus Böhmen, Mähren, Oesterreich ver=
sammelten sich im Spätherbst die Ritter. Um Weihnachten zog
Otakar nach Breslau, wartete daselbst einige Tage, um sich mit
den aus dem mittleren Deutschland kommenden Streitern zu
vereinigen, und setzte die Fahrt über Elbing nach Samland fort.
Das ganze christliche Heer betrug 60.000 Mann. Aber die
Erfolge waren gering. Schon im Februar 1255 war Otakar
wieder zu Troppau und die eifrigen Kreuzpredigten des Minoriten Bartholomäus in Böhmen zeigen recht deutlich, wie
erfolglos die Kreuzfahrt gewesen. Otakar war zunächst ferne
davon, wieder nach Samland zu ziehen; denn Dinge von weit
nachhaltigeren Folgen zogen jetzt den Blick des Fürsten auf sich

Konrad IV. war in Italien 1254 gestorben, sein Gegner
Wilhelm von Holland den Streithämmern der Friesen am
28. Januar 1256 erlegen, der deutsche Thron erledigt. Die
staufische Partei wollte nun Konrad's gleichnamigen vierjäh-
rigen Sohn zum König erheben; dem trat aber Papst Ale-
rander IV. hindernd entgegen. Unter den Fürsten, deren Meinung über die künftige Wahl zu erforschen von Wichtigkeit war,
befand sich vor allem der König von Böhmen, zu dem daher
der Erzbischof von Cöln, Graf Konrad von Hochstaden, das
Haupt der Welfen persönlich kam, nicht um ihm selbst die Krone
anzubieten, sondern um, wie es scheint, ihn für Richard von
Cornwallis, den Bruder des englischen Königs Heinrich III.,
zu gewinnen. Aber ehe noch Richard nach Deutschland kam,
wurde durch den Erzbischof von Trier ein Gegenkönig gewählt.
Arnold nemlich, indem er behauptete, von dem König von
Böhmen, dem Herzog von Sachsen und dem Markgrafen von

Brandenburg dazu bevollmächtigt zu sein, erklärte am 1. April zu Frankfurt Alphons den Weisen von Castilien für den recht-mäßig gewählten römischen König. Somit wurde das deutsche Reich durch die Schuld seiner Fürsten abermals von einem unseli-gen Zwiespalt zerrissen; Otakar aber, der sich 1262 von Richard mit Oesterreich und Steiermark belehnen ließ, trieb mit dem Reiche ein verwegenes Spiel und dachte daran, an dessen östlicher Schwelle eine unabhängige deutsch-slavische Macht zu begrün-den. Ob sich Otakar dessen von Anfang an bewußt gewesen? Es scheint, daß wie so oft im Laufe der menschlichen Geschicke erst durch den Erfolg sein Plan gereift. Die Erwerbung Oester-reichs war der erste Erfolg und fast unmerklich drängte der zweite, der Gewinn Steiermarks, sich aus Otakar's Kriegen mit Bayern und in Salzburg hervor.

In Bayern waren dem Herzoge Otto seine beiden Söhne Ludwig und Heinrich gefolgt, welche sich (1255) in die wittels-bachischen Länder theilten, so daß Heinrich Niederbayern, Lud-wig Oberbayern und die Rheinpfalz erhielt. Die Brüder sahen sich nach auswärtigen Verbindungen um. Bela, obgleich er Heinrich um den Besitz Steiermarks gebracht, war nicht abge-neigt, seinen Eidam gegen Otakar zu unterstützen. Der Graf Meinhard von Görz heiratete Elisabeth, die Schwester der Her-zoge, des unglücklichen Konradin Mutter. Otakar bangte bei dem plötzlichen Aufschwunge der wittelsbachischen Macht um den jüngst errungenen Besitz. Es fand sich aber bis zur Erhe-bung des Bischofs von Passau, Otto von Lonsdorf (1257), kein passender Anlaß mit Bayern zu brechen. In ihm, dem Heinrich seine Vogtei und Gerichtsbarkeit aufdrängen wollte, erblickte Otakar seinen natürlichen Bundesgenossen, mit welchem er zu Linz ein Bündniß abschloß. Otakar drang in dem Augen-

blicke, da Ludwig in der Pfalz beschäftigt war, von Passau aus
bis Frauenhofen, zwei Stunden von Landshut, vor. Aber
hier traf er den Herzog Heinrich gerüstet und wurde zum Rückzug gezwungen. Als er über den Inn bei Mühldorf setzte, brach
die Brücke unter der Last der Pferde und Menschen zusammen.
Viele ertranken, andere wurden von Otakar, der bereits glücklich
den Fluß überschritten, getrennt und flohen in einen nahe gelegenen Thurm oder nach Mühldorf. Der Thurm wurde in Brand
gesteckt und die in Mühldorf eingeschlossene Schaar mußte sich
auf freien Abzug ergeben. Das Unternehmen Otakar's war
gänzlich gescheitert.

Auch in Salzburg treffen wir zu dieser Zeit heftige
Kämpfe. Der Erzbischof Philipp hatte im Einverständniß mit
seinem Domcapitel zum Behufe seiner Bestätigung einen Gesandten nach Rom gesendet. Seine Rückkehr erwartete man
durch fünf Jahre vergeblich. Das Domcapitel, besorgt hierüber,
sendete endlich Boten nach; da zeigte es sich, daß Philipp die
vom Domcapitel dem Gesandten mitgegebenen Gelder und
Taxen unterschlagen und für sich verwendet habe. Die Bestätigung Philipp's erfolgte nicht, und das Capitel postulirte nun
den Bischof Ulrich von Seckau zum Erzbischof. Dieser hatte
sich aus sehr schlichten Verhältnissen emporgerungen; 1239 noch
Pfarrer zu Kirchberg, 1240 „Schreiber" in der herzoglichen
Kanzlei, wird er 1241 Protonotar des Herzogs Friedrich,* dann
Domherr von Passau, Propst von St. Jacob zu Bamberg,
1242 Erzdiakon Oesterreichs, 1244 Bischof von Seckau. Ohne
die nöthigsten Geldmittel entschloß er sich jetzt mit dem Propst
Otto und dem Scholasticus Heidenreich zur Reise nach Rom.
Papst Alexander IV. zeigte sich zwar bereit auf sein Verlangen
zu achten, nicht aber auf die hiebei zu entrichtenden Gelder zu
verzichten. Es war für die Deutschen in der fremden Stadt

ſehr ſchwer, ſich die nöthigen Summen zu verſchaffen. Erſt
am 7. Auguſt 1257 fanden ſie einen römiſchen Bürger, Bona-
ventura, der ihnen eine bedeutende Summe vorſtreckte. Aber der
Proceß verſchlang noch andere Gelder, die ſie bei einem floren-
tiniſchen Handelshauſe und an anderen Orten borgten. Dadurch
kamen ſie immer mehr ins Gedränge. Endlich traten ſie über
Venedig 1258 die Heimkehr an, fanden aber zu Hauſe Philipp
noch immer nicht gänzlich verdrängt. Unter ſolchen Verhältniſſen
wurde auch die Rückzahlung der geborgten Summen unmöglich.
Da griff Ulrich zu verzweifelten Mitteln. Er übergab ſein
Pallium wohl verſiegelt ſeinen Gläubigern als Pfand. Der
heimkehrende Ulrich fand den König von Ungarn mit der Belagerung Pettau's, das ein ſalzburgiſches Lehen war, beſchäftigt.
Ulrich hatte ein Empfehlungsſchreiben des Papſtes an Bela bei
ſich, und da Pettau doch nicht mehr zu retten, Ulrich aber geld-
bedürftig war, überließ er die Stadt dem König, der ihm dafür
3000 Mark ſogleich auszahlte und ihn mit 500 Reiſigen gegen
Philipp zu unterſtützen verſprach. Otakar, durch Bela's Umſich-
greifen beunruhigt, verband ſich mit Philipp, ſeinem Verwandten.
Bei Radſtadt geſchlagen, floh Ulrich verkleidet auf das Schloß
Piber, wurde aber, als er dieſen Sicherheitsplatz verließ und
über Admont nach Bayern ging, von Heinrich von Rottenmann,
einem Anhänger Otakar's, im Einverſtändniß mit den Mönchen
von Admont ereilt und auf dem Schloß Wolkenſtein gefangen
gehalten (1260). Dort blieb er, bis der Kampf um Steiermark
entſchieden war, hat aber auch ſpäter in der Verwaltung ſeines
Fürſtenthums keinen Segen gehabt.

Bela's IV. erſtgeborner Sohn Stephan, den jener als
jüngeren König zu Stuhlweißenburg hatte krönen laſſen und
den er mit der Kumanin Eliſabeth aus der Familie des ermordeten Kotjan verlobte, führte dem Namen nach die Verwaltung

des Herzogthums Steier, während Bela sich selbst Einfluß und Titel wahrte und die thatsächliche Regierung des Landes einem ihm ganz ergebenen Diener, dem Herzoge Stephan Subić von Agram, Ban von Slavonien, Croatien und Dalmatien als Landeshauptmann anvertraute. Daneben werden wohl auch einheimische Herren in der Zeit dieser ungarischen Invasion im Besitz höherer Aemter genannt. Landrichter war Gottfried von Marchburg, später Wulfing von Stubenberg, Marschall Friedrich der Jüngere von Pettau. Aber die Steiermärker waren mit der ungarischen Herrschaft unzufrieden. Der steirische Dichter Ottokar sagt überdies, die Ungarn hätten Hoffahrt gezeigt und Muthwillen getrieben mit der Landleute Gut. Da verschwor sich heimlich der Adel von Steiermark, vor allem Seifried von Merenberg und Hardneid von Pettau, und überfiel Stephan Subić bei Marburg in den Bädern; kaum daß er Zeit fand, sich auf ein Roß zu schwingen und über die Drau im Angesicht seiner Feinde zu schwimmen. Um sich zu rächen, sandte Bela seinen Sohn Stephan nach Steiermark, der Hartneid in Pettau belagerte und endlich die Stadt vom Erzbischof Ulrich kaufte. Vergeblich suchte Prinz Stephan, der nun selbst zu Pettau seinen Sitz aufschlug, durch Milde die Gemüther zu gewinnen. Es war zu spät. Der Winter 1259—60 ging unter häufigen Berathungen und Zusammenkünften der steirischen Landesherren dahin. Sie blickten auf Otakar, der schon längere Zeit die Möglichkeit eines Krieges mit Ungarn im Auge hatte.

Um Mähren vor einem Ueberfall zu schützen, ersah er einen inselartig von der March umgebenen Platz, wo nur eine Capelle gestanden, siedelte an der Stelle, Marchegg, die Bewohner von Konic und Velehrad an, bewidmete ihn mit Stadtrecht und stellte ihn unter die Herrschaft des Bischofs Bruno von Olmütz, des Heinrich von Liechtenstein und mehrerer

anderer Herren. Während Otakar selbst noch mit dem Angriffe
zögerte, befreiten, von mehreren in Oesterreich begüterten reichs-
unmittelbaren Herren, wie dem Grafen Konrad von Hardeck, der
„ein freier Mann von allen seinen vier Ahnen" war, unterstützt,
die Steirer ihr Land binnen eilf Tagen. Nun brach auch Otakar
auf, mußte aber, da die böhmischen Großen Schwierigkeiten
machten und erklärten, dem König nur innerhalb der Landes-
grenzen dienen zu müssen, den Krieg mit einem Waffenstillstand
beginnen, den er bis 24. Juni einging. Eben damals hatte der
Chan der Tataren dem Bela einen verlockenden Antrag gemacht:
ein Familienbündniß sollte Bela und den Chan näher befreun-
den; von allen eroberten Ländern sollte ein Fünftel an Ungarn
fallen. Bela wies den Antrag der Mongolen von sich und
machte sich dadurch Rußland und Polen zu befreundeten Mächten.
Darum nahmen Daniel von Haliez, Herzog Boleslav von
Krakau und Herzog Leszko von Lucicin persönlich Antheil an dem
Kriege Bela's gegen Otakar, welcher letztere von dem Herzog
Ulrich von Kärnten, dem Erzbischof Philipp von Salzburg, dem
Herzog Heinrich von Breslau, Vladislav von Oppeln und
dem Markgrafen Otto von Brandenburg unterstützt wurde.

Die Ungarn brachen über die Donau ein; im Amasthal
bei Staaz lagerten viele Tausend Ungarn und „Falben". Diese
schickten am frühen Morgen etwa hundert Bogenschützen aus,
um über die „Fütterer" aus der Stadt Laa herzufallen. Es
gelang. Da machten sich aus dem Städtchen mehr Streiter auf,
darunter der Graf Otto von Hardeck und Konrad von Pleien,
wurden aber von den in verstellte Flucht aufgelösten Feinden
erschlagen. Otakar empfing, eben im Bade, die böse Mähre. Er
eilte hinaus, doch er kam nur noch zurecht, um die Gefallenen
zu beweinen. „Oheim", rief der König, indeß ihm die Thränen
flossen, dem ihn tröstenden Markgrafen von Brandenburg zu,

„Oheim, das trag ich nicht! Ich muß sie rächen, die hier todt vor uns liegen, und gälte es die Ehre von zehn Königen!" Die Leichen wurden zu Laa ritterlich bestattet. Der Anblick der Steirer und Kärntner, welche nun heranrückten, tröstete den König einigermaßen. Alles zog an die March. Jenseits waren Bela und Stephan. Vierzehn Tage lagen sich beide Heere gegenüber. Da wurden die Deutschen unmuthig: „Der Ungar habe leicht warten; er brauche blos Gras für die Pferde, für sich selbst nur wenig und schlechtes. Beim Ungar sehe man nur selten Rauch aus der Küche aufsteigen. Ein Wagen von Knoblauch befriedige die Ungarn mehr als die Deutschen Bachen". Otakar ging nun mit seinen Vertrauten zu Rathe. Der alte Otto von Haßlau meinte, man solle die Ungarn zu ritterlichem Zweikampfe laden, daß sie sich entweder von der March zurückziehen oder sie übersetzen sollten, um die offene Feldschlacht einzugehen. Mit diesem Auftrag ging der alte Meissauer hinüber zu Bela. Er fand ihn auf dem Gras vor seinem Zelte sitzen. Der König hörte ihn an, und erwiderte lebhaft: „Ich komme schon, ich komme schon und weiß gar wohl, was ich zu thun habe!" Indeß wuchs die Noth in Otakar's Heer; er war nahe daran, aus Mangel an Lebensmitteln aufzubrechen. Da sandte er nach Wien an den Bürgermeister Paltram, der ließ ihm vermelden: die Stadt werde das äußerste thun, Fleisch, Wein, Brod und was es sonst noch bedürfe, solle das Heer im Ueberfluß haben, zwei Monate lang, und müßte er sein letztes Gut daran setzen. Wenn ihn der Winter nicht aus dem Felde treibe, der Hunger werde es wahrlich nicht". Der Brief wurde im Gezelt Otakar's der Ritterschaft kundgethan; jubelnd riefen die Anwesenden aus: „Ja wohl ist Oesterreich alles Guts und aller Ehren voll und diesem Manne gebührt von Euch ewiger Dank!" Endlich währte dem Bela das Warten zu lange. Er ließ über die March herüber rufen, der alte Meissauer sollte noch einmal kommen. Es geschah und er schlug ihm vor, es sollte vier Tage Waffenstillstand sein; die Deutschen sollten sich zurückziehen, damit die Ungarn nach zwei Tagen die March übersetzen und sich zum Streite schaaren könnten. Dies gefiel auch Otakar. Jeder Marschall zog die Seinen zurück, der Herzog von Kärnten die Nachhut. Niemand durfte sich entpanzern.

Der Aufbruch geschah früh. Aber die Ungarn fielen verrätherisch sogleich über die Nachhut, worauf Otakar sofort auch seinerseits das Treffen einging, der junge Bannerträger von Falkenberg voran. Bela selbst hielt sich fern vom Kampfe; von einem Hügel jenseits der March sah er mit etwa zehn Knechten und einem Herrn, Heinrich dem Preißler, der in seine Gefangenschaft gerathen, dem Kampfe zu. „Seht König dort“, so sprach der Preißler, „die Oesterreicher; sie reiten den Steierern zu Hilfe. Die dort sind die Brandenburger. Die aber dort so schnell hertraben, das sind die Sachsen, die werden heute noch manches Fell ausklopfen“. „„Und wer sind jene dort?““ fragte Bela. „Das sind die Polen auf ihren kleinen Rossen. Seht ihr das kohlschwarze Banner mit weißem Adler flattern? Aber welch neuer Lärm der Heerpauken? Ha, das ist König Otakar, der den Staub aufwirbelt. Das ist ein Glanz von Decken und Helmen, wie das Eis auf dem Semmering, wenn vier Sonnen sich in ihm spiegelten! Dort ist der König selbst. Ich erkenne die Fahnen, die Prachtdecken seiner Leibrosse Dietrich Sperzmann schwingt das Banner des weißen in breitrothen Sammet gewirkten böhmischen Löwen. Dort flattert auch der weißrothe mährische Adler“.

Die Schlacht begann, von dem Dorfe Kressenbrunn wird sie benannt. Der Himmel war anfangs umdüstert; plötzlich aber brach der Sonnenstrahl hervor und es erglänzte die

St. Wenzelsfahne der Böhmen, die voll freudigen Vorgefühls das alte Volkslied: Gospodine pomilujny' anstimmten. Kräftig schlugen sie unter Jaroslav's von Sternberg und Vok's von Rosenberg Führung die Ungarn zurück, die, den Königssohn Bela an ihrer Spitze, auf sie losstürmten. Mit den Böhmen um die Wette eiferten die anderen Kriegsvölker in Otakar's Heere. Die Steiermärker schlugen sich tapfer, wie der Hagel auf dürre Zweige schlägt, vor allen der alte Wildon mit dem blanken Panther im grünen Feld. Die Kärntner meinten es auch ernstlich und nahmen „ungefügen Zoll" von Bela's Gefolge. Die Brüder Ulrich und Philipp thaten geschwinde Schläge und die Oesterreicher folgten hart dem weißen Strich ihres Banners. Manchen Falben nahmen sie beim Bart und würgten ihn zu todt. Mancher bot wohl dreißig Hengste für sein Leben und hätte es wohl erkauft, wenn man sein falbisch Bitten verstanden hätte. Dichter als die Schneeflocken im Winter flogen die kumanischen Pfeile. Nicht aus tausend Ziegenhäuten möchte man die Pfeilschnüre wieder machen, die da krachten! Ein solches Heer von Ungarn, Walachen und Szeklern, Serben, Reußen und Chorvaten besaß Bela seither nicht wieder, doch ward alles zersprengt. „„Sag' mir"", fragte Bela den Preißler: „„was ist denn die ungeheure Staubwolke, die sich heranwälzt über alles Gras und Laub?"" „Das ist euer Volk, Herr, ihr habt den Sieg verloren!" Da entflohen Bela und Stephan auf schnellen Rossen gegen den Plattensee, jeder in einer andern Richtung, so daß Vater und Sohn viele Tage hindurch keine Kunde von einander hatten. In dem gewaltigen Staub des heißen Sommertages verfehlte das Heer die Furten, 14.000 versanken im Strom. Ein gefangener Tatarenfürst bot durch einen Dolmetsch zum Lösegeld so viele Rosse, als Haare auf seinem Haupte. Aber Otakar, des Treubruches bei Laa eingedenk, ließ ihn an einen Baum hängen. Die Sieger lagerten auf der Wahlstatt. Am frühesten Morgen wurde die Verfolgung gegen Preßburg fortgesetzt.

Bela bat um Frieden. Otakar bewies als Sieger Mäßigung. Er überließ seinen Verbündeten, dem Herzog Ulrich von Kärnten und dem Markgrafen Otto von Brandenburg, das Geschäft, mit dem Palatin Ruland zu Preßburg die Bedingungen des Friedens zu entwerfen. Es waren folgende: König Bela und sein Sohn Stephan treten ganz Steiermark an Otakar ab, und um den Frieden dauernd zu befestigen, soll Bela's gleichnamiger zweitgeborner Sohn Kunigunden, die Tochter des Markgrafen von Brandenburg und einer Schwester Otakar's, zum Weibe nehmen. Otakar hatte in der Schlacht ein Gelübde gethan, dem er nun durch Gründung eines neuen Cistercienserklosters in Böhmen nachkam. Er wollte es nach einer Reliquie, die ihm der König von Frankreich zugesendet, „zur Dornenkrone" nennen; doch hieß man das Stift, in welches Mönche von Heiligenkreuz in Nieder-Oesterreich ihren Einzug hielten, Goldenkron. Mit Schrecken wurde seit dem Siege von Kressenbrunn Otakar's Name im Osten und Westen genannt. Die Tataren nannten ihn „den Eisernen", das Abendland ob seines Reichthums den „goldenen König". Vom Chan der Tataren erschienen in Prag Gesandte, um ihn zu versichern, daß ihr Herr den König wie seinen Bruder liebe. Otakar empfing die seltsamen Gesandten huldvoll und erwiederte ihre Geschenke.

Aber zu vollem Glücke fehlte ein Leibeserbe, auf den Otakar das mühsam errungene Reich hätte dereinst übertragen mögen. Drei uneheliche Kinder, darunter einen hoffnungsvollen Sohn, Nicolaus, deren Mutter, wie verlautet, eine Edle aus dem Hause der Kuenringer war, hatte der Papst legitimirt, doch mit dem Vorbehalt, daß hieraus dem Knaben kein Recht auf die Nachfolge erwachsen sollte. Da entschloß sich Otakar zu einem verhängnißvollen Schritte, den er schon im Jahre 1256 in Aussicht genommen. Er beschloß das Band mit Margaretha zu lösen, wobei als Vorwand diente, daß sie vor vielen Jahren zu Trier ein Gelübde der Ehelosigkeit abgelegt habe. Es scheint, daß Otakar dabei nicht ohne ihre Zustimmung vorgegangen. Im October 1261 verließ sie den Gemal und zog sich still, ohne Widerrede, nach Krems zurück, wo ihr ein Hofhalt eingerichtet wurde.

„Die Königin der Thränen", wie sie so schön ein neuerer Dichter nannte, nimmt unser Mitgefühl durch ihr Unglück und die Fassung, mit der sie es trug, in Anspruch. In zarter Jugend ward sie dem römischen König als Gattin zugeführt, gekrönt und gebar ihm zwei Söhne. Sie folgte dem Gatten, als ihn der Vater in das Gefängniß nach Italien abführen ließ. Nach seinem Tode ging sie, von ihren Kindern, welche der Kaiser am Hofe festhielt, getrennt, wieder nach Deutschland zurück und weinte sich in einem Kloster schier die Augen roth. Als sie die Trauer-kunde von dem Tode ihres Bruders vernahm, brach sie nach Oesterreich auf, die stille Hoffnung im Herzen, daß der Kaiser ihren Sohn zum Herzog erheben werde. Die Hoffnung trügte sie nicht; aber da raffte der Tod den zarten Knaben hinweg. Sie ging wieder ins Kloster. Was hatte nach solchen Erlebnissen die Welt der unglücklichen Frau noch zu bieten? Wenn sie dennoch die stillen Klosterräume wieder verließ, um Otakar mit ihrer Hand ein vermeintliches Recht, dem Lande die ersehnte Ruhe zu schenken, so schloß dies eine nicht geringere Selbstverläugnung in sich, als die edle Entsagung, mit der sie sich in die verlassene Stille wieder zurückzog. Sie lebte noch sechs Jahre, als Wohl-thäterin und Mutter der Armen verehrt; als sie am 28. Oc-tober 1267 starb und zu Lilienfeld in die ewige Ruh einging,

Da war sie schon allenthalben vergessen und nur zu Zwettl hat nachmals ein Mönch bei ihrem Todesjahr die Bemerkung gemacht, daß mit ihr die wahre Erbin des Landes gestorben.

Otakar warb erst um die Hand Margarethens, der Tochter Bela's; allein diese hatte sich bereits dem Himmel verlobt und wies die Werbung von sich. Otakar hielt daher um die Hand Kunigundens an, einer Tochter des mit seinem Vater Michael von Kyjev vor den Tataren geflohenen russischen Fürsten Rostislav, dem Bela das Mačvaner Banat (im heutigen Serbien) und einen Theil Bosniens zu Lehen und seine Tochter Anna zur Frau gegeben. Die Vermälung erfolgte am 25. October zu Preßburg; dann folgte die Krönung, welche Otakar sammt seiner Gemalin durch den neugewählten Mainzer Erzbischof Werner von Eppstein nach altem Herkommen empfing. Von nun an legte sich Otakar, der sich in Urkunden bis dahin blos „Erbe und Herr des Königreichs Böhmen" genannt, den Titel „König" bei. Bald darauf, 1262, wurde er von König Richard mit allen seinen Ländern belehnt und 1266 zum Reichsvicar für die diesseits des Rheins gelegenen Lande ernannt. Gertruden, die Babenbergerin, ließ aber Otakar auch jetzt in ungekränktem Besitze ihres Wittthums zu Feistritz und der ihr aus den Einkünften Steiermarks zufließenden Jahresrente. Dagegen verwies er ihren Sohn Friedrich, der sich noch immer „Herzog von Oesterreich und Steiermark" nannte, des Landes. Später begab auch die Mutter sich zu ihren Verwandten nach Meißen.

Im Jahre 1264 wurde die bei Abschluß des letzten Friedens verabredete Vermälung Bela's und Kunigundens vollzogen. Hatte schon Otakar's Krönung mit vielem Gepränge stattgefunden, so beschloß derselbe die Hochzeit seiner Nichte zu einem Fest sondergleichen zu machen. Noch lange darnach hat man in Oesterreich von diesem Feste erzählt und damals schwuren alte Männer, daß sie zu keiner Hochzeit eines Kaisers oder Königs gleiche Vorbereitungen gesehen. Gold, Silber, Schar-lach, Hermelin und andere kostbare Stoffe, 20.000 Pfund an Werth, wurden auf Befehl Otakar's gekauft. Nach Breslau und Polen, nach Sachsen, Meißen und Thüringen gingen Boten ab, um die Hochzeitgäste zu laden. An die Stelle, wo das Fest abgehalten werden sollte, bei Fischament, wurden Wein und Lebensmittel geschafft; wenn die Bewohner von zwei Län-dern sich satt getrunken hätten, erzählt ein Dichter jener Zeit, sie hätten die Fülle nicht bezwungen. Fünf Haufen Futter wa-ren geschobert, höher jeder als ein Kirchthurm; Haide und Au waren voll feister Rinder, Schweine und Kleinvieh. Brot wurde von 1000 Muth Waizen gebacken, und „Hühner gab es so viel, daß auch dann nicht mehr hätten sein können, wenn alle Meisen und Sperlinge in Oesterreich und Mähren Hühner gewesen wären". Als nun das Fest herannahte, wurde über die Donau eine Brücke gezimmert, so breit, daß zehn Reiter be-quem neben einander reiten mochten. Da kam nun zuerst Ota-kar mit seiner Nichte heran, von großem Gefolge umgeben. Viele tausend Neugierige waren herbeigeströmt von fern und nah; Klee und Gras waren bei der Straße wohl eine Meile sammt den Blumen vertreten. Auf der Wiese sah man Tische, vierzehn für die Fürsten allein, mit Sammt, Paltekin und Pliat gedeckt und mit köstlichen Speisen besetzt. Des Markgrafen Tochter überstrahlte alles an Pracht. Sie trug ein Kleid von Tyrant, mit arabischem Golde geziert, dessen Glanz das Auge erblinden machte. Auf dem blondgelockten Haupte ruhte ein Schapel, kostbarer als die Krone des Königs von England; eine Spange schmückte den Busen so reich, daß, wäre in Ungarn es Sitte ge-wesen, um Kleinod Land zu erkaufen, man um sie zwei Länder so groß wie Oesterreich und Steiermark hätte bekommen können.

Ueber das Kleid wallte ein Mantel herab, mit Gold geschmückt, mit Hermelin gefüttert, mit Perlen und Edelsteinen besetzt, am Halse mit Zobel verbrämt. Jetzt sah man die Ungarn heran- kommen. Sie waren in Scharlach und Hermelin gekleidet; viele trugen Kragen von Marderpelz über dem Koller. Den Deutschen fielen besonders die Bärte auf, in welche die Ungarn nach tatarischer Sitte Perlen und Edelsteine flochten. „Hätten sie", meint der Dichter, „diesen Schmuck am Marchfelde gehabt, ihnen wären wohl die Kinnladen mitsammt den Bärten aus- gezogen worden". Auch die weißen Hemden, die aus den engen Röcken wie Rehböcke hervorsprangen, wurden von den Deutschen angegafft. Nach der Messe wurde die Ehe von den Bischöfen geweiht. Nun hoben Pauken und Posaunenschall an; so laut, daß man die Neunster Glocke, wie groß und schön sie auch war, nicht vernahm. Dann gingen die Ungarn zum Mahle, mit dem sie der Böhmenkönig bewirthete. Da saßen sechs Könige fröhlich: Bela, umgeben von seinen zwei gekrönten Söhnen Stephan und Bela, der König von Rascien, jener der Macva, sein Eidam, und der König von Serbien. Die drei trugen ihre Krone von Bela zu Lehen. Auch fünf mächtige Herzoge, die ihm dienten, umgaben ihn. Während die Ungarn beim Mahle waren, began- nen Otakar's Ritter den Buchurd, zu welchem dieser nur eine auserlesene Schaar zuließ. Da nun die Ritter mit den Speeren an einander rannten, so daß mancher am Antlitz ein Mal davon trug, wurden die Ungarn zaghaft, und einer von ihnen kam eiligst zum König: „Herr, ihr sollt euer Essen fürbaß sparen! Diese Freundschaft ist gemessen so wie Chriemhilden's Hochzeit. Die Bayern haben unter sich einen Streit angefangen; ich glaube aber, der Ungewinn ist uns Ungarn nahe". Da hörte man in den ungarischen Schaaren zum Aufbruch rufen. Der König und der Sohn flohen, die übrigen Ungarn eilten mit der Braut ihnen

nach. Otakar war über diese Störung des Festes sehr verdrieß-
lich. 10.000 Mark hätte er gegeben, wäre das nicht geschehen. Nun war freilich nicht abzuhelfen. Otakar entließ die
von ihm reichlich bedachten fahrenden Ritter und die übrigen Gäste.

Unter denen, welche Otakar zu dem Fest entboten, war der
Bischof Leo von Regensburg nicht erschienen. was übel vermerkt
wurde. Es trat der verhaltene Groll bei der neuen Fehde mit
Bayern an den Tag, welche in dem noch immer unausgeglichenen
Salzburger Kirchenstreite ihre Wurzeln hatte. Als nemlich Erz-
bischof Ulrich der Haft ledig geworden, nahm er seinen Weg
nach Bayern, wurde aber, da er die zu Rom eingegangenen
Schulden nicht zahlen konnte, von Papst Alexander IV. excom-
municirt (1260). Vergeblich reiste Ulrich noch einmal nach
Rom; der Papst übertrug vielmehr dem König Otakar die Untersuchung, deren Ergebniß sich zu Gunsten Philipp's wandte.
Dagegen nahm der Herzog Heinrich von Bayern, der sich
als Vogt des Erzstiftes betrachtete, Ulrich's Partei. Noch vor
Ablauf des Winters 1262 stand Heinrich vor Salzburg, wurde
aber von Otakar gezwungen, die Belagerung aufzugeben. Dennoch konnte Philipp in Salzburg nicht zur ungekränkten Aus-
übung seines Amtes gelangen. Ein Aufstand setzte Ulrich (1264)
wieder in den Besitz der Stadt, doch nur auf kurze Zeit. Ulrich
erlag der Bürde seiner Stellung; vier Monate darnach dankte
er ab und zog sich nach seinem früheren Stifte Seckau zurück.
Der Papst erklärte nun den Salzburger Stuhl für erledigt und
ernannte den Herzog Vladislav von Schlesien, Otakar's
Vetter, am 9. April 1265 zum Erzbischof, der bis dahin zu
Padua unter der Leitung des Domherrn Peter von Breslau den
Studien obgelegen. Ja noch mehr: da eben damals der Bischof

von Passau, Otto von Lonsdorf, am 2. April 1265 gestorben
war, wurde von dem Papste eben jener Peter von Breslau auf
den erledigten Bischofstuhl erhoben; auch dieser war entschiedener
Anhänger Otakar's.

Zu dem Kampfe, der über diese Verhältnisse in Bayern
bevorstand, rüstete sich Otakar diesmal dadurch, daß er einlei-
tende Schritte zur Erwerbung von Eger that. Eger war damals reichsunmittelbar; denn es war von dem Markgrafen von
Vohburg durch Heirat an den Kaiser Friedrich Barbarossa, der
es zur Reichsstadt erhob (1179), gekommen. Richard von Corn-
wallis übertrug dem böhmischen Könige kurz zuvor die Ver=
waltung dieses Reichsgutes; Otakar bestätigte den Bürgern ihre
Reichsfreiheit, eröffnete ihnen die Handelswege durch sein ganzes
Reich und verlieh ihnen volle Befreiung von Mauth und Zoll.
Aber eben dadurch wurde die Einverleibung Egers in Böhmen
vorbereitet. Im Jahre 1266 endlich brach Otakar von seinem
Lager bei Tauß gegen Regensburg auf, während gleichzeitig der
Bischof von Olmütz über Hallein dem niederbayrischen Lande
sich näherte. Otakar wandte sich zunächst gegen Chamb, dessen
feste Mauern und günstige Lage der Belagerungskunst trotzten,
und zog dann weiter nach Regensburg. Aber ein allgemeiner
Abfall von seiner Sache zwang den König, dem es auch an Lebensmitteln gebrach, das Land zu verlassen. Auch Bruno trat
jetzt, da der Hauptzug vereitelt war, den Rückzug nach Steiermark an, immer vom Herzoge gedrängt, der Passau so schnell
verlor als gewann.

Von beiden Seiten war der Feldzug als gescheitert zu betrachten, und keiner von beiden Fürsten dachte daran, den
Kampf fortzusetzen. Doch zu einem förmlichen Friedensschlusse
kam es nicht; und es dauerten die Feindseligkeiten zwischen den
Höfen von Prag und von Landshut noch in den folgenden

Jahren fort. Der Papst wünschte sie zu versöhnen und beide zu einem gegen die heidnischen Preußen gerichteten Kreuzzuge neuerdings zu bewegen. Aber nur Otakar leistete noch einmal diesem Rufe Folge, nahm bei der durch den Bischof Bruno von Olmütz veranstalteten Erhebung der Gebeine Hedwig's das Kreuz und zog Anfangs December 1267 durch Schlesien und Polen in das Ordensland. Allein auch dieser Kreuzzug des Böhmenkönigs schlug gleich dem ersten fehl. Während sein Heer, Böhmen, Oesterreicher und Steiermärker, bei Thorn die Weichsel passirte, ging Otakar selbst nach Kulm, wo er eine Fehde zwischen dem Orden und Mestuin, Herzog von Pommern, beilegte. Mehr gelang ihm indessen nicht. Der Winter war regnerisch und warm, das Eis auf der Weichsel fing zu schmelzen an und brachte die am rechten Ufer stehenden Böhmen in die Gefahr, abgeschnitten zu werden. Otakar gab den Befehl zu schleuniger Rückkehr; aber viele ertranken im Flusse.

27.

Das Land Tyrol und die Grafen von Görz — Přemysl Otakar erwirbt Kärnten — Das Ende des letzten Babenbergers.

Es dauerte lange Zeit, bis man das Land vom Bodensee bis zum Gardasee und vom „Ende der Welt" bis zum Großglockner als ein politisches Ganzes zusammenfassen konnte. Als das abendländische Reich eine Beute germanischer Stämme wurde, drangen Deutsche auch in die abgeschiedenen Thäler der Alpen ein. Die Langobarden gründeten das Herzogthum Trient, während den Norden die Bayern besetzten. Bei Metz verlief sich

die Grenze der beiden Stammesgebiete. Im Jahre 976 verei-
nigte Kaiser Otto der Große Trient mit der Mark Verona,
worunter man damals eben jenen Theil Italiens verstand, der
gegenwärtig zu Oesterreich gehört. Das änderte sich im eilften
Jahrhundert. Bei der engen Verbindung Italiens mit Deutschland waren die deutschen Kaiser darauf bedacht, die wichtigen
Alpenpässe Tyrols an treuergebene Anhänger zu bringen und
diese erblickten sie in den geistlichen Fürsten, denen sie nicht blos
die ausgedehntesten Güter, sondern auch ganze Grafschaften
verliehen. Kaiser Konrad II. belehnte den Bischof Ulrich II.
mit drei Grafschaften, jener, die von Trient den Namen des
Bisthums trug, der Grafschaft Bozen längs der Eisak bis
Klausen und längs der Etsch bis zum Gargazoner Bache und
der Grafschaft Vintschgau, die sich von jenem Bache bis
Pontalt in Engadein erstreckte. In demselben Jahre verlieh
der Kaiser dem Bischof Hartwig von Brixen die Grafschaft, die sich das Eisakthal entlang bis in das Innthal
erstreckte, wozu 1091 Heinrich IV. noch die Grafschaft im
Pustertale fügte.

Rasch erblühte Trient, die eifrige Nachahmerin der eben
damals in den lombardischen Städten erwachenden Bestrebungen.
Vergebens erhob Kaiser Friedrich I. den Bischof Konrad von
Beseno zum Reichsfürsten, um ihn im Kampfe gegen die eindrin-
genden Ideen der lombardischen Ebene zu waffnen. Konrad war
schwach, der Adel auf Selbsthilfe bedacht, der friedliche Kaufmann, der mit seinen Saumthieren von Venedig her des Weges
zog, bedroht. Am 10. März 1205 entsagte zu Innsbruck der
Bischof und trat als Mönch in das Benedictinerstift Georgen-
berg ein. Zu seinem Nachfolger wurde Friedrich von Wangen
erwählt und im Jahre 1213 von Kaiser Friedrich II. auch zum
Reichsvicar für die Lombardei, Tuscien und die Romagna

ernannt. Er sorgte für Urbarmachung des Landes, erließ, in richtiger Erkenntniß des Tyroler Bergsegens, die älteste deutsche Bergwerksordnung und hinterließ in dem nach ihm benannten Verzeichniß der Rechte und Einkünfte ein schönes Denkmal seines ordnenden Sinnes. Noch erinnert der Wangathurm an der Lorenzobrücke in Trient und die Domkirche, neben jener zu Innichen, der einzige namhafte romanische Bau des Landes, an ihren Erbauer. Der Bischof Wangen starb auf einer Wallfahrt in das heilige Land zu Accon (6. November 1218).

Daß es bei der Macht Trients und Brixens, neben denen das im westlichen Tyrol begüterte BisthumChur kaum in Betracht fiel, nicht zu einer nachhaltigen Zweitheilung des Landes kam, haben die Bischöfe durch Verleihung der Grafschaften an mächtige weltliche Große veranlaßt. Die Bischöfe von Trient verwalteten nemlich nur die Grafschaft gleichen Namens unmittelbar; jene im Vintschgau übertrugen sie den Grafen von Tyrol, die zugleich Schirmvögte des Bisthums waren, die Grafschaft Bozen verliehen sie zur Hälfte den Grafen von Eppan, zur andern versahen sie dieselbe in Gemeinschaft mit den Grafen von Tyrol. Die Bischöfe von Brixen verliehen gar alle Grafschaften einem Hause, das in zwei Linien, die Grafen von Wolfrathshausen und Ambras und die von uns schon früher erwähnten Grafen von Andechs, getheilt war.

Die eigentliche Einheit des Landes begründet zu haben, ist das Verdienst des Grafen Albrecht von Tyrol, nach dessen Stammsitze daher mit Recht das ganze Land genannt worden ist. Die Stammburg Tyrol wird im Jahre 1140 zum ersten Male genannt; sie stand oberhalb Meran, dort, wo das Passeierthal in das Etschthal ausmündet und der sogenannte Vintschgau schließt. Die Heldensage versetzt auf diesen Boden den lieblichen

in einem wilden Tanne verborgenen Rosengarten, dessen Wäch-
ter Quarin war. Zwar die Rosen der Sage sind längst verblüht,
aber der fruchtbare Winkel von Gratsch am Fuße des Schlosses
Throl, noch jetzt vom Volk der Rosengarten genannt, ist, wie es
von diesem in der Sage heißt, ein Ort, dessen Schönheit jede
Trauer benimmt. Dort also hauste Albrecht, der, um die Ver-
einigung aller Güter Throls zu erreichen, mit Waffen und
Worten sich mühte. Er starb 1253 als der letzte männliche
Sprößling seines Hauses. Die Lehen wurden zwischen seinen
Schwiegersöhnen, den Grafen Meinhard II. von Görz und
Gebhard von Hirschberg getheilt. Gebhard's Gemalin Elisabeth
starb ohne Kinder zu hinterlassen, und nun beanspruchten die
Söhne des Grafen Meinhard, Meinhard III. und Albrecht, als
Abkömmlinge der einzigen noch lebenden Tochter Albrecht's von
Throl, das gesammte Erbe. Gebhard mußte 1263 auf seine
Ansprüche verzichten.

Der Ursprung des görzischen Hauses selbst ist in un-
durchdringliches Dunkel gehüllt. Die Grafen von Görz erscheinen zuerst 1122 als Vögte von Aquileja und trugen fast alles,
was sie besaßen, von diesem Hochstifte zu Lehen. Die Stadt
Görz besaßen sie zur Hälfte; die andere trat ihnen der Patriarch 1202 ab. Sie waren ferner Pfalzgrafen der Herzoge von
Kärnten und hatten als solche dort Güter mit dem Hauptsitze zu
Moosburg, den sie, um unabhängig zu sein, 1253 nach Lienz
übertrugen. Meinhard III. wurde von Kaiser Friedrich II.
nach dem Tode Friedrich's des Streitbaren zum Reichsverweser
in Steiermark ausersehen. Von ihm und seinen Kämpfen mit
dem Salzburger Erzbischof Philipp war bereits die Rede.
Der ältere Meinhard besaß ein bedeutendes Gebiet. Es um-
faßte außer Görz und Throl auch das Erbe der Grafen von
Andechs. In dem Streben, dies Gebiet noch mehr zu vergrö-

ßern, gerieth Meinhard in Streit mit dem Bischof Egeno von
Trient, der aus dem Hause der Grafen von Eppan stammte.
Egeno hatte in Trient vollauf mit den Gibellinen zu thun. Vor
allem gefürchtet als Feind der Kirche war jener Ezzelin da
Romano, der, nachdem er im Bunde mit den Montechi den
Grafen von San Bonifazio und dessen Partei aus Verona vertrieben, sich selbst der Herrschaft in dieser Stadt bemächtigt und
dem Kaiser, der ihm seine natürliche Tochter Selvaggia vermälte, die Alpenpässe eröffnet hatte. Das war jener Ezzelino,
von dem Salimbene sagt: „Wie sich Gott einen besonderen
Freund unter den Menschen, den er sich gleichmachen wollte, in
Franz von Assisi auserkoren hat, so der Teufel in Ezzelin". Ezzelin unterhielt stete Verbindung mit Trient. Auch Meinhard, so
wenig er sonst mit jenem gemeinsame Sache machte, verschmähte
es nicht, die Verlegenheit, worin sich der Bischof befand, für
sich auszubeuten. Er erlangte von Egeno die Belehnung mit
allen Lehen der Grafen von Eppan und Ulten, überdies mit
jenen, die der Graf Albrecht von Tyrol von der Trienter Kirche
besessen. Zwar nach Meinhard's Tod (1258) widerrief Egeno
die Verleihung. Aber Meinhard III. erzwang die Belehnung
mit Waffengewalt. Die wechselseitige Erbitterung wuchs und
Meinhard benützte einen Aufstand der Bürger gegen den Bischof, um sich Trients zu bemächtigen. Der von dem Papste
Clemens IV. über ihn ausgesprochene Bannfluch bewog ihn die
Stadt zurückzugeben (1267), ohne indeß mit Egeno sich ernstlich zu versöhnen.

Aehnlich war die Stellung von Meinhard's III. Bruder
Albrecht, der Görz verwaltete, zu dem Patriarchen von Aquileja, Gregor von Montelongo. Albrecht hob den Prälaten zu
Villannova bei Rosazzo im Bette auf (19. Juli 1267) und brachte
ihn auf einem Esel, das Antlitz gegen den Hintertheil des Thieres

gekehrt, nach Görz. Gregor fand Hilfe beim Papste, bei dem Erzbischof von Salzburg und bei König Otakar. Bereits am 27. August wurde er der Haft entlassen und verglich sich mit Albrecht, freilich nicht auf die Dauer; der Kampf entbrannte von neuem und währte bis an Gregor's Tod (8. September 1269), nachdem er Pordenone, das einst die Babenberger besessen, an sein Stift gebracht. Bei der neuen Wahl trat der gewaltige Einfluß Otakar's deutlich zu Tage. Das Capitel wählte am 23. September den Prinzen Philipp von Kärnten, den bisherigen Erzbischof von Salzburg, indessen der Papst den Raimund della Torre zum Patriarchen ernannte. Es hängt dies innig mit der Geschichte von der Erwerbung Kärntens durch Otakar zusammen.

Von Kärnten und dessen Fürsten war im Laufe dieser Geschichte schon vielmal die Rede; doch dürfte ein kurzer Rückblick hier nicht ohne Nutzen sein.

Kärnten, von Bayern in Folge der Empörung Heinrich's des Zänkers getrennt und sammt den seit dieser Zeit einverleibten beiden Marken Verona und Aquileja zum Herzogthum erhoben (976), wurde nachmals auf kurze Zeit mit Bayern wieder vereinigt, bis nach Heinrich's Tode (995) die Vereinigung der beiden Herzogthümer für alle Zukunft aufhörte: Bayern erhielt sein gleichnamiger Sohn, der spätere Kaiser, Kärnten der Graf Otto im Wormsfelde, der das Land früher besessen, von neuem. Ihm folgte (um 1005) sein Sohn Kuono oder Konrad, der sich gegen den Willen des Kaisers Heinrich mit Mathilden, einer Tochter des Herzogs Hermann II. von Schwaben, vermälte, worauf das Herzogthum Kärnten mit Uebergehung des dieser Ehe entsprossenen, noch im Knabenalter befindlichen Sohnes an Adalbero aus dem

Hause Eppenstein (das Stammschloß in Steiermark im Judenburger Kreise) überging. Adalbero wurde im Jahre 1035 abgesetzt.

Das herzogliche Banner erhielt (Februar 1036) Konrad, Kaiser Konrad's III. jüngerer Vetter und einst Mitbewerber um die Krone. Aber Adalbero erschlug, ehe er das Land verließ, aus Rache den Grafen Wilhelm von Soune und starb 1039 fast gleichzeitig mit Herzog Konrad und dem Kaiser. Die Witwe des Grafen aber, die heilige Emma, wandte, was sie im Gurkthal an der Sann und Save besaß, der Errichtung eines Frauenklosters und eines Chorherrnstiftes in Gurk zu. Sie selbst nahm in dem Kloster den Schleier, während sie den Schutz ihrer Stiftung dem Erzbischof von Salzburg übertrug. Die Stiftung wurde später von Salzburg aus in ein Bisthum verwandelt (1070) und bald erhob sich an der Stelle einer der herrlichsten Dome, in welchem sich deutsche und italienische Formen vermälen.

Kaiser Heinrich III. ließ Kärnten einige Jahre (1039 bis 1047, dann wieder 1057) unbesetzt. Er hatte einst die Anwartschaft auf das Herzogthum Schwaben, und als Unterpfand des Versprechens seinen Ring, dem schwäbischen Grafen Berthold aus dem Hause Zähringen gegeben. Nach Heinrich's Tode trat Berthold mit dem Ringe vor die Kaiserin-Witwe Agnes, welche das Herzogthum Schwaben ihrem Schwiegersohn Rudolf von Rheinfelden gab, den Grafen Berthold aber durch die Verleihung Kärntens beschwichtigte. Im Jahre 1073 sprach König Heinrich IV. auf dem Reichstag zu Bamberg dem Herzog Berthold Kärnten ab und verlieh dasselbe seinem Verwandten Marquard von Eppenstein, dem Sohne jenes Adalbero, dem Kärnten früher war genommen worden, und Bruder des bekannten Bischofs Adalbero von Würzburg. Marquard waltete

bis 1076, nach ihm Liutold, dessen älterer (bis 1090), dann
Heinrich II., dessen jüngerer Sohn, mit welchem das Haus
der Eppensteiner erlosch (1122), neben deren sinkenden
Macht sich freilich der Pfalzgraf der Moosburg zur Wahrung
der königlichen Rechte befunden hatte und eine Menge geistlicher Immunitäten, wie Salzburg, Bamberg, Aquileja, und
weltlicher Herrschaften angetroffen wurden. Die mächtigsten
unter den mächtigen aber waren die Sponheimer, an
welche nun die Herzogswürde überging. Ihre Reihe eröffnet
Heinrich III., Sohn des Markgrafen von Istrien; ihm folgte
1130 sein Bruder Engelbert, der Kärnten mit Istrien verband, aber 1135 in ein Kloster trat, worauf dessen Sohn
Ulrich I. (bis 1144), dann Heinrich IV., welcher auf einer
Sendung an den griechischen Kaiser Manuel durch Schiffbruch das Leben einbüßte, und dessen Bruder Hermann an
die Reihe kamen. Hermann's Sohn Ulrich II. (seit 1181)
überließ, von Aussatz ergriffen, Kärnten seinem Bruder
Bernhard (1201), dem Gründer des Cistercienserklosters
Landestrost in Krain (1231), wie er denn gleich seinen Nachfolgern auch den Titel „Herr von Krain" führte. Er scheint
ein lustiger Herr gewesen zu sein, von dem noch hundert Jahre
später manche Erzählungen im Schwunge waren. Seine Brautfahrt erinnert an jene des Langobardenfürsten Autharis. In
Prag stellt er sich in die Schaar der Bettler, welchen die
Königstochter die Hände zu waschen und milde Gaben aus-
zuspenden pflegt. Sie tritt auch zu ihm heran, er aber zieht
ihr den Ring vom Finger und das Mädchen läßt den ver-
wegenen Jüngling gern gewähren. In Wirklichkeit war er
mit der Přemyslidin Juta, der Tochter Přemysl Otakar's I.,
vermält, eine Verbindung, welche für Kärnten von großer
Bedeutung wurde.

Bernhard starb 1256 und wurde im Kloster St. Paul im Lavantthale, einer Stiftung des Grafen Engelbert II. von Sponheim (1083), zu seinen Vätern versammelt. Ulrich III., Bernhard's Sohn, nannte sich „von Gottes Gnaden Herzog von Kärnten, Herr von Krain und der windischen Mark" und führte außerdem von mütterlicher Seite her den Titel „Herzog von Lundenburg" (Břeclav). Er vermälte sich in zweiter Ehe mit Agnes, Tochter Gertrudens von Babenberg. Die Verbindung blieb kinderlos, Bernhard's Bruder Philipp war der schon oft genannte Erzbischof von Salzburg, — Umstände, an welche Přemysl Otakar II., ihr Verwandter, seine weiteren Plane knüpfte. Ulrich war schon früh auf den Fall seines Todes bedacht, stiftete an dieser oder jener Kirche ein Seelgeräth und trat endlich zu Podiebrad am 4. December 1268 für den Fall seines kinderlosen Todes sein Land an den Böhmenkönig ab. Philipp wurde in dem Vertrage gar nicht erwähnt; ihn hatte Otakar im Sinne anderweitig zu entschädigen, wozu ihm, wie früher erzählt wurde, der Tod des Patriarchen von Aquileja Gelegenheit bot. Aber Philipp wurde auch dieser neuen Würde nicht froh. Denn in der Kirche trat mit dem am 29. November 1268 erfolgten Tode des Papstes Clemens IV. ein Zwischenzustand ein und die Cardinäle erklärten, den Patriarchenstuhl nicht vor dem päpstlichen besetzen zu können. Da griff Philipp seine Ansprüche auf Kärnten auf, um jedoch bei dem Haschen nach beiden Würden beider verlustig zu gehen.

Ulrich starb am 27. October 1269 zu Cividale; sofort nahm Otakar von Kärnten Besitz. Aber nun trat Philipp mit seinen Ansprüchen hervor und fand in Krain, soweit es zu Kärnten gehörte, einigen Anhang. Die Mehrzahl jedoch, darunter die beiden Grafen von Görz und der von Otakar zum Hauptmann in Kärnten ernannte Graf Ulrich von Heunburg, standen zum König, und als Otakar selbst nach Kärnten kam, wurde er bald der Bewegung Meister. Philipp erschien vor dem gewaltigen Gegner, überlieferte alle Burgen, die er besetzt, und mußte auf alle Länder verzichten, deren er sich unterwunden. Otakar wies ihm, da inzwischen Papst Gregor X. Philipp's Wahl zum Patriarchen für nichtig erklärt hatte, ein Leibgedinge zu Krems an. Die Wittwe Ulrich's aber, die ihm als Babenbergerin doppelt gefährlich schien, zwang Otakar allen ihren Ansprüchen auf Kärnten zu entsagen und ihre Hand'seinem treuen Diener, dem Grafen Ulrich von Heunburg, zu reichen. Auch Pordenone brachte damals Otakar an Oesterreich zurück.

Der Werth dieser schönen Erwerbung wurde durch den, wie es scheint, blühenden Zustand des Landes erhöht. Von der Straße, welche Wien und Venedig verband, durchschnitten, nahm es Theil an dem gewinnreichen Handel. Welcher Art die Erzeugnisse Kärntens dürften gewesen sein, läßt sich aus einer Schenkung entnehmen, die Herzog Ulrich 1263 dem Kloster Kremsmünster gemacht. Er schenkt dem Kloster alljährlich zwei Formen Oel, 40 Aalfische und 40 Feigenkränze. Um 1128 werden die Salzpfannen erwähnt, welche das Kloster Admont in Kärnten besitzt; um 1130 die Erzgruben und Salinen des Bisthums Gurk. Salz und Eisen, vielleicht auch Gold — wenigstens führte der Lieser Goldsand — wurden ausgeführt.

Ein Jahr früher, als Přemysl Otakar II. Kärnten erwarb, hatte der letzte Abstämmling von der weiblichen Linie der Babenberger in beklagenswerther Weise sein Schicksal erfüllt.

Friedrich von Baden, der Sohn Hermann's und Gertrudens, war mit seinem Jugendfreunde Konradin von Schwaben nach Italien aufgebrochen, um diesem gegen Karl von Anjou die sicilische Krone erringen zu helfen. In einem Schreiben vom 2. März 1268 bezeichnet Papst Clemens IV. den Gefährten Konradin's als einen Edlen, „der sich Herzog von Oesterreich nennt, obgleich er keinen Schuh breit Land besitze". Am Lago di Cenano geschlagen, flohen beide an das Meer, um von Sicilien aus den Kampf zu erneuern, wurden aber bei Astura, wo sie sich einschiffen wollten, gefangen genommen. Der Papst mahnte Karl zu Milde. Aber dieser erklärte, dem Rechte freien Lauf lassen zu wollen. Die Richter, welchen Karl die Frage vorlegte, waren bis auf einen für Freilassung Konradin's. Da sprach Karl aus eigener Machtvollkommenheit das Todesurtheil aus. Konradin, der eben mit seinem Freunde am Schachbrette saß, empfing die Nachricht gefaßt; er bat nur um eine Frist, um sich zum Tode vorbereiten zu können. Auf dem Marktplatz zu Neapel, gegen das Meer hin, wurde das Schaffot errichtet; dorthin wurde am bestimmten Tage Konradin mit zwölf Gefährten geleitet. Der König sah von der benachbarten Burg herab zu. Friedrich und Konradin umarmten sich, weinten und baten sich um Vergebung. Dann hob Konradin die Hände zum Himmel und empfahl Gott seine Seele. Im letzten Augenblicke rief er noch: „O, Mutter, welch' Leid bereite ich Dir!" Friedrich von Oester= reich schrie laut auf, als er das Haupt des Königssohnes fallen sah; auch er und die anderen Mitgefangenen wurden ent= hauptet.

So endeten an einem Tage, in einer Stunde, der letzte Staufe, der letzte Babenberger. An Otakar von Böhmen erging eben damals eine päpstliche Mahnung, sich durch Anknüpfung verwandtschaftlicher Bande Karl von Anjou zu nähern. Otakar erklärte, seine Tochter sei bereits ver= geben.

Im Ober-Innthal nicht weit von dem alten hohenstaufi-
schen Schlosse Petersberg stand neben armseligen Hütten eine
Capelle Johannes des Täufers von Holz. Dort errichtete Elisa-
beth mit Hilfe ihres zweiten Gemals, Meinhard's von Görz-
Tyrol, zum Andenken ihres unglücklichen Kindes Konradin das
Cistercienserkloster Stams, wohin die ersten Mönche aus dem
Kloster Kaiserheim gerufen wurden (1272). Elisabeth selbst fand
da (1273) ihre Ruhestätte.

28.

Premysl Otakar's Sorge für sein Reich — Bela IV. und Stephan V. — Neue Fehden zwischen Böhmen und Ungarn.

Otakar stand auf dem Höhepunct seiner Macht und seines Glückes. Das Reich, über das er gebot, erstreckte sich vom
dunklen Waldrand des Erz- und Riesengebirges bis zum blauen
Spiegel der Adria und machte ihn unter den deutschen Fürsten
zum gefürchtetsten, mächtigsten. Dies Reich nun sollte aber auch
alle Wohlthaten des Friedens genießen. Mit richtiger Erkenntniß suchte er den Bürgerstand durch Berufung zahlreicher ge-
werbkundiger Deutschen zu heben. „Städte" im deutsch-rechtlichen
Sinne dieses Wortes gab es in Böhmen und Mähren vor dem
dreizehnten Jahrhundert nicht; man dachte bei dem Ausdrucke
überhaupt nur an befestigte Orte mit mehr oder minder dichter
Bevölkerung, doch ohne staatliche Scheidung ihrer Rechte von
jenen des offenen Landes. Sie wuchsen entweder allmälig aus den
die Burg umgebenden Ansiedelungen, aus den an Handels-
straßen gelegenen Marktorten hervor, oder sie wurden planmäßig

von dem Fürsten oder von weltlichen und geistlichen Großen des Landes gestiftet. Eine Commission ging im letzteren Falle an die fragliche Stelle; der Stifter wies der künftigen Stadt eine Anzahl von Hufen zu und ein Unternehmer verpflichtete sich gegen Zusicherung des königlichen Schutzes, die Stadt innerhalb einer bestimmten Zeit zu ummauern und die Ansiedler herbeizuziehen, wofür er einen vertragsmäßigen Antheil an den Gebühren des Gerichtes, der Kramstellen, des Mühlrechtes u. s. w. bezog. Auch neue Dörfer entstanden in ähnlicher Weise, und die geistlichen Orden erhielten von nun an auch das Recht, Dorf- und Stadtanlagen zu machen. In schon bestehenden Orten beschränkte sich die Anlage auf die Erweiterung des Gebietes der Stadt und die Heranziehung von Fremden.

In den Städten lebte man nun nach deutschem Rechte. Da die Ansiedler in einem guten Theile Böhmens und im nördlichen Mähren aus den Niederlanden und Norddeutschland gekommen waren, fand das Magdeburgische Recht große Verbreitung. Man pflegt diese Gruppe die mährisch-sächsische zu nennen. Die älteste der hieher gehörigen Städte scheint Freudenthal in Schlesien gewesen zu sein (1213), mit dessen Rechten, wie es scheint, auch Olmütz bewidmet wurde, welch' letztere Stadt ihre Rechte wieder auf Littau (1243), Prerau (1256) und andere Orte übertrug. Zur Blüthe von Olmütz trug die Sorgfalt des Bischofs Bruno vieles bei, wie denn die Stadt bereits ein Kaufhaus und das wichtige Recht, ein eigenes Siegel zu führen, besaß. Eine andere Gruppe, die fränkische oder wie man sie wegen ihrer Verwandtschaft mit den Rechten der Städte Enns, Wien, Neustadt nennen könnte, die mährisch-österreichische, umfaßt die Städte Lundenburg, Brünn (1243), das die Mutterstadt von Hradisch wurde (1258), bald auch vieler anderer Städte, Znaim und Iglau (1247). Iglau selbst aber wurde durch sein Bergrecht der Mittelpunct einer weitausgrei-fenden gesetzgeberischen Thätigkeit: Troppau, Kuttenberg, Kolin, Bergreichenstein, Eule, Deutschbrod und andere holen von Iglau das Bergrecht ein. Eine dritte eigenthümliche Gruppe bilden die Städte, welche Leobschütz, eine nunmehr schle-sische, damals mährische Stadt, als ihren Oberhof ehrten. Von Leobschütz aus wurden Ungarisch-Brod (1272), Weißkirchen (1276), Freiberg (1292) und Neutitschein bewidmet. Aber in Mähren wird dies Recht bald durch das auf Magde-burger Grundsätzen beruhende Stadtrecht von Olmütz ver-drängt.

Bezüglich der Städte Böhmens sind wir nur unvollständig unterrichtet. Prag genoß sicher bereits früh jene an die säch-sische und fränkische Gruppe erinnernden Rechte, deren Ausfluß das im Laufe der folgenden Jahrhunderte entstandene Stadt-buch wurde. Sonst bildeten Königgrätz, dessen Schöffen den Städten Chrudim, Hohenmaut, Polička, Leutomischl, Glatz und Leitmeritz Recht wiesen, und späterhin Leitmeritz selbst die besuchtesten Oberhöfe des Landes. Auf Eger, das in jener Zeit noch nicht zu Böhmen gehörte, scheint das nahe Nürnberg Einfluß genommen zu haben.

Der Einfluß dieser theils neu gegründeten, theils nun erst aufblühenden Städte und Dörfer auf die Geistesbildung, den Handel, den Gewerbfleiß und die tüchtige Bestellung des Lan-des war ungemein groß. Aus dem Süden kam sogar der Win-zer nach Mähren, pflanzte Reben auf die sonnigen Hügel Krem-siers und wir lesen, daß es hier selbst eine Weinbaugesetzgebung gibt. Der böhmische Hopfen ist in Deutschland bereits im eilften Jahrhundert berühmt; zu Göding in Mähren sind Bierbraue-reien in Thätigkeit. Was der Bergbau zu Tage gefördert, schafft ein lebhafter Handelsverkehr nach Flandern, von wo aus Mähren seine feinen Wollen- und Leinengewebe, sein Tuch, Leder und Farbstoffe bezieht, um bald selbst mit Erfolg in deren Bereitung zu wetteifern. Otakar begünstigt den Handel; er steht mit den ersten Häusern in Florenz und Venedig in directer Verbindung. Auch sonst ist er auf das Wohl seiner Unterthanen bedacht. Prag umgibt eine starke Mauer mit bedeckten Gängen von Thurm zu Thurm; 10 Castellane vom Ritterstand, dreihundert Mann sind beständig zur Bewachung dieser Werke bestellt. In Prag blüht noch unter Otakar eine vielbesuchte Schule heran, eine nicht unwürdige, wenn auch minder bekannt gewordene Vorläuferin der Universität. Der Domdechant Veit († 1271) wendet große Summen auf Bücher und speist täglich an seinem Tische drei oder vier Studenten. Bald ist der Ruf dieser Schule weiter gedrungen; der bekannte Mönch von Fürstenfeld empfängt hier seine Bildung.

Und Otakar's Sorgfalt blieb nicht blos auf die ererbten Länder beschränkt. Wie streng er z. B. in Steiermark Rechnung hielt, lehrt uns ein 1267 angelegtes Rentenbuch, mit dessen Abfassung der Bischof Bruno von Olmütz, aus dem Geschlechte der holsteinischen Grafen von Schaumburg, Otakar's weiser Rathgeber, als Landeshauptmann von Steiermark seinen Notar, den Thüringer Helwig, beauftragt hat. Es werden hier die jährlichen Einkünfte des Landes auf 7794 Mark 90 Talente, die Ausgaben auf 1957 Mark veranschlagt; es kamen aber zu jener Summe noch an Naturallieferungen 434 österreichische Mut Weizen, Korn, Erbsen, 933 Mut Hafer, 1990 Stück Schweine, 646 Stück Lämmer, 363 Stück Schafe und Widder, und 80 Fuder Wein hinzu. Diese Angaben gewinnen an Bestimmtheit erst dann, wenn man damit die fast gleichzeitigen Aufzeichnungen über das Land Oesterreich vergleicht, dessen Einkünfte

sich jährlich auf 19.115 Pfund Denare — 229.380 Gulden
österreichischer Währung — beliefen. Die Einkünfte des Königs
von Böhmen, ohne die neu hinzugekommenen Länder, werden in
einem gleichzeitigen Berichte auf 100.000 Mark Silber bestimmt, während nach Angaben desselben Berichtes der Herzog
von Bayern 20.000, der Markgraf von Brandenburg 50.000,
Mainz 7000, Salzburg 20.000 Mark jährlicher Einkünfte bezogen. Kein Wunder, wenn an Otakar's glänzendem Hofe gleichsam ein Nachspiel des deutschen Minnesanges gefeiert wurde,
wenn die aus der Heimat verbannte Dichtkunst nach langen Irrfahrten hier ihre Zufluchtstätte suchte und fand. Meister
Friedrich von Sonnenburg rühmt begeistert die Milde
des Königs: „Wenn er des Kosdras goldenen Thronhimmel
und silberne Burg hätte, würde er doch nicht eher ruhen, als
bis seine milde Hand alles vertheilt hätte, wie der edle Saladin
den Stein von Bagdad".

Aber auch schwere Elementarereignisse trafen die von
Otakar beherrschten Länder, die sich bei den mangelhaften Ver-
kehrsmitteln noch fühlbarer machten als jetzt. 1262 war Miß-
ernte; in Folge dessen 1263 Theuerung, desgleichen im Jahre
1270. Im Jahre 1254 wurden die Weinberge in Oesterreich
überall durch Reif verdorben, so daß 100 Morgen Landes nicht
einen Fuder lieferten. 1258 wurde ein großer Theil Wiens ein
Raub der Flammen, 1262 brannte die Stadt „größtentheils"
nieder, doch am schrecklichsten wurde sie im Jahre 1276 heimgesucht. Damals wurde Wien bis auf hundert Häuser am
Kärntner Thore in Asche gelegt. Otakar war bemüht, die
Wunden zu heilen; dafür bewahrte ihm die Stadt in den Tagen
seines Unglücks rührende Treue. Auch der Kirche zeigte der
Böhmenkönig sich hold.

In jüngeren Jahren war Otakar ein schöner Mann, von mäßiger Größe, von ausgebildetem Bau der Brust und vollem dunkelgefärbten Antlitz. Ein später Lebender bemerkt: „Ein gewisser Eifer der Frömmigkeit beseelte ihn durch seine ganze Regierung; darum vergab er Beleidigungen, sobald man sie erkannte, gnädig, und erhörte gern der Witwen Bitten. Während der vierzigtägigen Fasten verfügte er sich zur Nachtzeit, von einem einzigen Diener begleitet und ohne von jemanden bemerkt zu werden, täglich in die Kirche, wo er am Boden liegend sein Gebet mit so viel Inbrunst verrichtete, daß er ganz in Thränen zerfloß. Noch vor Tagesanbruch ließ er jenen aus seinen Hofleuten rufen, dem er die Sorge für die Armen aufgetragen hatte, um ihn zu fragen, ob er auch für dieselben alles veranstaltet habe; denn der König pflegte durch die ganze Fastenzeit täglich 800 Arme zu speisen, die er auch durch den edlen Gregor von Dražic am Charfreitag kleiden ließ. Am Gründonnerstag wusch er zwölf Armen die Füße und beschenkte jeden mit einer Münze. Oft sprach er in der Prager Hauptkirche die Priester persönlich an und bat sie für das Heil der Lebenden, für die Ruhe der Abgestorbenen, zu Ehren der böhmischen Schutzheiligen Messe zu lesen und drückte jedem dieser Priester zwei Gold- oder zwölf Silbermünzen in die Hand. Ueberhaupt kann seine Freigebigkeit gegen Hohe und Niedrige nicht genugsam beschrieben werden".

Obgleich aber Otakar im Ganzen mild in seinen Ländern waltete, tauchten doch schon damals, besonders in Steiermark, einzelne trübe Vorboten künftiger Stürme auf. Der Anstoß scheint in den schon im österreichischen Landrechte erwähnten Verboten gegen den Burgenbau gelegen zu haben. Otakar bestrafte, um der mit der Erbauung dieser Burgen verbundenen Rechtsunsicherheit erfolgreich entgegen zu treten, die zuwider Handelnden auf das strengste. 1265 nahm er den Meissauer gefangen, der in der Haft starb. Dann wurden eine Menge Burgen gebrochen, ihre Herren der Freiheit beraubt. So erging es nach dem Preußenzuge unter andern den beiden Minnesängern Ulrich von Lichtenstein und Herrand von Wildon, die so lange gefangen gehalten würden, bis sie mehrere ihrer Vesten an den König ausgeliefert hatten. Tiefer gehende Bedeutung hatte die Gefangennahme des Siffrid von Mehrenberg, der nach Otakar's glücklicher Erwerbung von Kärnten vergeblich den Vorwand einer Krankheit benützen wollte, um sich von dem heimkehrenden Sieger fern zu halten. Mehrenberg starb im Gefängniß, zu Tode gefoltert.

Das Walten des mächtigen Böhmenkönigs blieb sicher nicht ohne Eindruck und Einfluß auf dessen königlichen Nach-bar in Ungarn. Die Theilnahme, mit der die Nachwelt Bela IV. betrachtet, knüpft sich vorzüglich an sein erfolgreiches Streben, die durch den Mongolensturm dem Lande geschlagenen Wunden zu heilen. Er suchte durch massenhafte Ansiedlung der deutschen „Gäste" das verödete Reich zu bevölkern und gewerb-thätige handeltreibende Städte zu schaffen. Hauptstadt des Landes war Stuhlweißenburg: „da ja", wie eine Königsurkunde sagt, „hier Thron und Krone aufbewahrt wurden, da es der Könige Krönungs- und Todtenstadt war". Kein Wunder daher, daß auch ihr Recht durch Bewidmung von Seiten des Königs auf andere Orte überging, so auf Gran, Tyrnau (1238), Neu-tra (1248), Szathmár (1264), Raab (1271) und Eisenburg (1279). Bezüglich der übrigen Gegenden Ungarns tritt aber seit dem Ende des dreizehnten Jahrhunderts Ofen-Pest bedeutsam hervor. Auf die Gesetzgebung in den Bergstädten Ungarns hat jene Mährens und Böhmens beeinflußend gewirkt. Die Rechte der Stadt Schemnitz führen auf Iglau, jene von Kremnitz

auf Kuttenberg zurück; sie selbst sind wieder für andere Orte Ungarns maßgebend geworden.

Der Aufschwung von Ofen-Pest ist gewiß seiner günstigen
Lage und seinem blühenden Handel zu danken. Neben Pest wird
besonders Raab in den Zolltarifen genannt. Selbst in flämischen Handelsrollen wird Ungarn erwähnt, von wo man Metall
und das in Frankreich geschätzte feine Pelzwerk bezog, an dem
das Land so großen Ueberfluß hatte, daß als Gerichtsstrafe eine
bestimmte Anzahl von Marderbälgen angesetzt war. Bärenfelle
und Büffelhorn werden besonders in Siebenbürgen erwähnt.
Der Handelszug von Polen nach Ungarn führte, da die Weichsel wegen ihres gewaltigen Zuges aufwärts schwer zu befahren
ist, über Thorn, Gnesen, Posen, Breslau, dann durch die Ja-
blunka nach Trentschin an der Waag. Hier mündete zugleich der
Handel Wiens und Polens ein.

Wie so ganz anders aber dachte Stephan, Bela's älterer
Sohn, der sich bald als Haupt einer altmagyarischen Partei dem
alternden Vater entgegenstellte und den deutschen Einfluß, welchem Bela seine größten Erfolge verdankte, bekämpfte. Vergeblich traf Bela die Anstalt, daß Stephan Siebenbürgen und Kumanien, sein Lieblingssohn Bela Slavonien zur Verwaltung
erhielt. Stephan beraubte 1264 seine Schwester Agnes, die
Witwe des Herzogs von Halicz, und deren Kinder des väterlichen Erbes und bedrohte auch seine Mutter im Besitze des dal-
matischen Schlosses Possega, ohne daß Bela, der sich vergeblich mit Klagen an den Papst wandte, dies zu hindern vermochte. Wiederholte Kriege zwischen Vater und Sohn (1262
und 1267) führten nur zu noch größerer Schwächung der
königlichen Gewalt, zu noch maßloseren Ansprüchen des für
und gegen Bela streitenden Adels. Als nun im Jahre 1269
der jugendliche Königssohn Bela starb, brach auch dem

Vater das Herz († 5. Mai 1270). Er wurde zu Gran in der von ihm erbauten Franciscanerkirche begraben. Die Gemalin folgte ihm bald.

Bela hatte noch den Abschluß einer Familienverbindung gesehen, deren tiefe Bedeutung das menschliche Auge damals freilich nicht ermaß. Im Jahre 1269 fand sich bei König Stephan eine neapolitanische Gesandtschaft ein, den Abt von Montecassino und zwei Barone jenes Reiches an der Spitze. Sie schlossen mit Stephan ein gegen dessen innere Feinde, namentlich gegen die „Deutschen" in Ungarn, gerichtetes Bündniß. An den Vertrag schloß sich ein Eheversprechen zwischen Karl's von Anjou gleichnamigem Sohne und der Tochter Stephan's Maria, dann zwischen dessen Sohne Ladislaus und Isabella von Neapel. Noch in demselben Jahre wurde Stephan's Tochter zur Erziehung nach Neapel gesandt.

Stephan's V. erster Gedanke nach Erlangung des Thrones war die Wiedereroberung Steiermarks. Der Zeitpunct schien geeignet hiezu, da eben Philipp, der einstige Erzbischof von Salzburg, seine Ansprüche auf Kärnten geltend zu machen suchte; auch an einem Vorwand zum Kriege mangelte es dem Könige nicht, dessen Schwester Agnes mit dem entwendeten Krönungsschatze zu ihrem Eidam Otakar geflohen war. Da zeigte sich, wie wohl Otakar gehandelt, als er die Festung und Stadt Marchegg zum Schutze des bisher den Angriffen Ungarns wehrlos preisgegebenen Oesterreich angelegt hatte. Das Heer, mit welchem Otakar nach Kärnten ziehen wollte, lagerte nun an beiden Seiten der Donau, wohlgerüstet und des Feindes gewärtig. Dennoch bot Otakar dem kurzsichtigen Gegner einen Waffenstillstand auf zwei Jahre an, welchen er benützte, den Herzog Philipp aus Kärnten zu verdrängen.

Aber während Otakar noch dort weilte, brach Stephan den Waffenstillstand. Die Kumanen, 50.000 an der Zahl, fielen unter schrecklichen Verheerungen in Oesterreich ein und schleppten 20.000 Männer, Weiber und Kinder in die Gefangenschaft. Ja Stephan dachte dem in das bedrängte Land zurückeilenden Böhmenkönig den Semmeringpaß zu verlegen. Da faßte Otakar einen kühnen Entschluß. Mitten im Winter schlug er mit dem Heere den Weg über Bruck und Mariazell nach Lilienfeld ein, eilte nach Mähren und stand im Frühjahr 1271 an der March mit einem Heere, in welchem sich der Herzog von Braunschweig, schlesische und brandenburgische Ritter und ein ganzer Belagerungspark von „Katzen“, „Mangen“, „Ruthen“, „Trümmerern“, und wie sie alle hießen, auf 400 Wagen befand. Und nun begann jener glänzende Feldzug, den Meister Friedrich von Sonnenburg mit begeisterten Worten als Augenzeuge beschreibt, wie Otakar siegreich in Ungarn eindrang, die Donau überbrückte, Preßburg, Altenburg, Thyrnau und viele andere feste Plätze einnahm, endlich den Ungarn eine entscheidende Niederlage beibrachte, wobei viele in den Wellen der Rabnitz ihren Tod fanden. Da brach plötzlich der Herzog von Bayern, ein Verwandter des Königs von Ungarn, in Oberösterreich ein. Otakar zog sich hinter die Leitha zurück und schloß mit Stephan Frieden zu Preßburg. Stephan gab Philipp von Kärnten preis und entsagte seinen eigenen Ansprüchen auf Kärnten; seine Schwester Agnes sollte die Kleinode behalten, nur ihre Güter bekam sie nicht mehr zurück. Der Herzog von Bayern sah sich auf einmal verlassen; er änderte von nun ab gründlich seine Politik und schloß mit Otakar 1273 unter Vermittlung der beiden Gemalinen „gegen alle Welt“ einen Bund.

König Stephan V. war inzwischen im August 1273 unerwartet gestorben; sein Sohn Ladislaus IV., erst zehn Jahre

alt, von seiner Mutter Elisabeth, der Kumanin, und von dem
Ban Joachim geleitet. Ihm stellte sich Bela, der Bruder der
Königin Kunigunde von Böhmen, begünstigt von Otakar und
dem Adel, in den westlichen Comitaten feindlich entgegen. Der
Graf Heinrich von Güssing und bald nach ihm der Graf Aegi-
dius von Preßburg flohen zu Otakar; aber die freundliche
Aufnahme, die Aegidius fand, verletzte den erstern, der nach
Ungarn zurückkehrte und den Bela auf der Haseninsel bei Ofen
ermordete. Da brach der Krieg von neuem in helle Flammen
aus. Um Jacobi 1273 stand Otakar mit 60.000 Mann an
der March. Graf Heinrich überschritt sie und griff den tapfern
Landeshauptmann Ulrich von Dürrenholz an, der mit seinen
Kärntnern die Vorhut bildete. Dürrenholz fiel, aber Otakar
hatte Zeit gewonnen, sich vollends zu rüsten. Er drang bis an
die Waag, überbrückte — es war, wie die Quellen bemerken,
zum vierten Male und „seit alters unerhört" — die Donau bei
Röthenstein und setzte den Krieg am rechten Ufer derselben fort.
Oedenburg, Raab, Theben unterwarfen sich ihm. Die Wiener
Bürger und jene der Neustadt erboten sich, die Besetzung der
festen Plätze zu übernehmen. Die Ungarn hielten sich hinter der
Raab und Waag, wochenlang zogen die böhmisch-österreichischen
Truppen umher, ohne einen Feind gesehen zu haben, bis das
ausgeplünderte Land die nöthigen Lebensmittel versagte; auch
waren seit dem Beginne des Krieges neun Wochen verstrichen,
und die beschränkte Heerpflicht einzelner Herren in Otakar's
Heere lief zu Ende.

Otakar verabschiedete also seine Mannen und der Krieg
nahm, wie es scheint, ohne Friedensschluß ein Ende. Dennoch
war Ungarn, wie nimmer seit der Heinriche Tagen, gedemüthigt
worden, als die Blicke des Siegers, durch ein unerwartetes Ereigniß gezwungen, nach dem Westen sich wandten.

29.

Wahl Rudolf's von Habsburg zum römischen König.

Denn am 2. April 1272 war Richard von Corn-wallis gestorben, nach dessen Tode, unterstützt von den drei rheinischen Erzbischöfen, Ludwig von Bayern nach der Krone strebte. Um über die bevorstehende Wahl mit Otakar zu unterhandeln, reiste der Erzbischof Engelbert von Cöln per-sönlich nach Prag. Unzweifelhaft strebte der Böhmenkönig auch nach der Krone Karl's des Großen und am päpstlichen Hofe war man diesem Vorhaben nicht abgeneigt; schwer-lich aber dachte man in Deutschland daran. Die drei Erz-bischöfe kamen mit Ludwig überein, für den Fall, daß die Wahl des letzteren nicht durchdringe, die Stimmen ent-weder auf Siegfried von Anhalt oder auf Rudolf von Habs-burg lenken zu wollen. An dem anberaumten Tage aber, wahrscheinlich 29. September 1273, fiel die Wahl ein-müthig auf Rudolf von Habsburg. Die Gesandten des Herzogs von Bayern stimmten bei, nur jene Otakar's erho-ben nicht beachteten Widerspruch. Im Auftrage der Wähler erhob sich Ludwig von der Pfalz: „Im Namen der heiligen und ungetheilten Dreifaltigkeit, und durch Uebertragung sämmtlicher Kurstimmen auf mich, ernenne und verkünde ich den Grafen Rudolf von· Habsburg als König und Schutzherr der Römer".

Rudolf war am 1. Mai 1218 geboren, Sohn des Grafen Albrecht, dessen Haus sich nach der am rechten Ufer der Aar ge-legenen Habsburg benannte. Im ersten Drittheil des dreizehnten Jahrhunderts waren die Grafen zwischen Rhein und Alpen und in den Waldstätten unter verschiedenen Titeln die mächtigsten Fürsten. Aber bei dem Tode Rudolf's (1232) wurden diese Güter unter dessen Söhne zersplittert, indem Albrecht die Stammburg, die Grafschaft Aargau und andere Besitzungen, Rudolf, der Stifter der Laufenburgischen Linie, außer andern auch die Besitzungen um den Vierwaldstättersee bekam, während die Grafschaft im Zürichgau wahrscheinlich ungetheilt blieb. Bei den Kämpfen zwischen Kaiser und Papst trat Rudolf von Laufenburg auf die Seite des letzteren, Rudolf hingegen, der Sohn des 1239 gestorbenen Habsburgischen Albrecht, blieb der Politik seines Hauses und dem Kaiser getreu. Rudolf von Habsburg brachte durch Kauf viele Güter der Laufenburgischen Linie an sich, und da das Haus außerdem die Landgrafschaft im Elsaß und Güter in Schwaben besaß, so war er gleichsam der natürliche Nachfolger und Erbe der Hohenstaufen geworden und hätte bei einer Wiederherstellung des erledigten Herzogthums Schwaben nicht übergangen werden können.

Rudolf war nun 55 Jahre alt, groß und schlank; wenig Haare bedeckten den Scheitel, aber sein feines Gesicht, sein stechender Blick, seine Adlernase machten ihn jedermann kenntlich. In seiner Kleidung schlicht, trug er stets ein einfaches Wamms, das er sich wohl einmal selbst ausbesserte, war aber wegen seiner Sparsamkeit bei den Dichterlingen, denen er nicht genug geben mochte, verhaßt. Rechtzeitigen Prunk liebte er, „nicht um zu scheinen, sondern um zu werden". Er ist fromm, hat an Sonnabenden aus Ehrfurcht vor der Jungfrau Maria nie etwas unternommen. Er ist ein guter Hausvater, von einem blühenden Geschlechte umgeben. Die eheliche Verbindung seiner Töchter dient jedoch stets zugleich politischen Zwecken; erst jüngst hat er zwei Kurfürsten auf diese Weise gewonnen, wie sich überhaupt schlichter Sinn und erstaunliche Klugheit in seinem Wesen begegnet.

Vor seiner Erwählung war Rudolf in mancherlei Fehden mit den Nachbarn begriffen. In Basel stritten die „Psittiche" und die „Sterner" (nach ihren Abzeichen, Papagei und Stern, genannt) um die Vogtei. Die Sterner wurden aus der Stadt vertrieben und belagerten, unterstützt von Rudolf, ihre Gegner und den Bischof Heinrich, als die Kunde von der Erwählung des Grafen zum König erscholl. Sogleich ließ Rudolf ab von der Fehde, der Bischof aber rief aus: „Herr Gott sitz' fest auf Deinem Throne, sonst wirft Rudolf Dich herunter!" und starb nicht lange darnach aus Verdruß. Mit Jubel wurde der Erwählte allenthalben begrüßt, als er den Rhein abwärts zur Krönung nach Aachen zog. Er bezeichnete mit Wohlthaten seinen ersten Gang durch das Reich. Eine allgemeine Amnestie wurde verkündet, die Kerker allenthalben aufgethan. Von allen Seiten strömte die Menge herbei, um den Mann zu sehen, von dem es hieß, er habe unter den Fürsten allein die Krone zu heben vermocht. Nach Aachen ließ Rudolf auch seine Gemalin Gertrude kommen. Sie war des Burkhard von Hohenberg Tochter und weilte, als der König um sie sandte, in ihrem Hause zu Bruck. Die Städte wetteiferten, der neuen Königin hochachtungsvoll zu begegnen. Die Bürger von Rheinfelden brachten ihr Geschenke, als Zeichen ihrer Huldigung dar; desgleichen jene von Basel, von wo sie den Rhein abwärts fuhr. Die Colmarer widmeten 12 Fässer Wein, Straßburg 60 und ein großes Schiff Getreide. In Aachen selbst wurde große Pracht entfaltet und Rudolf sammt seiner Gemalin am Vorabend Allerheiligen, 31. October, gekrönt. Gertrude nahm als Königin den Namen Anna an. Als bei der nach der Krönung stattfindenden Belehnung zufällig das Scepter fehlte, nahm Rudolf schnell gefaßt das Crucifix:

„Seht das Zeichen, in dem wir und die ganze Welt erlöst wurden, dies Zeichen soll uns zum Scepter dienen!" Er küßte es,
sodann die Fürsten alle, sie huldigten ihm und empfingen die
Belehnung. Der Krönung folgte die Vermälung zweier seiner
Töchter, Mathildens mit dem Pfalzgrafen Ludwig und Agnes,
mit Albrecht von Sachsen.

Otakar von Böhmen aber machte seinem Unmuthe in
einem an Papst Gregor IX. gerichteten Schreiben Luft: „Die
Fürsten Deutschlands, denen die Macht zusteht, den Kaiser
zu wählen, haben die Wahl einstimmig auf einen minder
mächtigen Grafen, unter feierlichem Widerspruch unserer nach
Frankfurt gesendeten Boten, gelenkt und ihn zum Schaden
des Reichs und zu unserer Beeinträchtigung, nachdem wir
feierlichst an den apostolischen Stuhl appellirt, mit dem
Diadem geschmückt!" Auch Rudolf machte dem Papste seine
Erhebung zu wissen.

Eben damals berief Gregor IX. nach Lyon ein allgemeines
Concil, das neben der Vereinigung der morgen- und abendländischen Kirche die Errettung des schwer bedrängten heiligen
Landes berathen sollte. Zwar scheiterte der Zweck des Concils;
aber Otakar, um den Papst sich zu verpflichten, erbot sich das
Kreuz zu nehmen und binnen vier Jahren auszuziehen, wenn er
inzwischen von keinem Feinde bedroht und die Fehde mit Rudolf
erst nach seiner Rückkehr entschieden würde. Rudolf ließ es nicht
an Gegenanerbietungen mangeln: „Die in Palästina ruhenden
Gebeine meines Vaters, die um der Ehre des Gekreuzigten willen so fern dem Grabe seiner Ahnen bestattet worden, liegen
mir Tag und Nacht im Sinn. Nichts wird mich abhalten, daß
ich nicht auch ein Fremdling am Grabe meines Vaters für jenen
werde, der für das Menschengeschlecht allem Elende auf Erden
sich preisgegeben hat!" Durch seinen Bevollmächtigten, den

Kanzler Otto, Probst von Speier, ließ er ferner dem Papst alle von seinen Vorgängern im Reiche gemachten Schenkungen neu bestätigen, sodann allen Ansprüchen auf die Städte und Gebiete von Bologna, Ravenna, Ancona ꝛc. entsagen, und geloben, daß er die Papstwahl freilassen und auf das sogenannte Spolien- und Regalienrecht der Kaiser verzichten werde. Damit zufrieden begrüßte Gregor IX. am 26. September 1274 Rudolf als römischen König und empfing von ihm bei einer persönlichen Zusammenkunft zu Lausanne im October 1275 nicht blos die Bestätigung alles dessen, was der Gesandte Rudolf's gelobt, sondern auch das Versprechen des Königs, einen Kreuzzug zu unternehmen und nach Rom zum Empfang der Kaiserkrone zu ziehen. Durch Gregor's vorzeitigen Tod wurden indeß diese Plane vereitelt.

Inzwischen hatte Rudolf in seiner Sorge um Frieden und Ordnung des Reiches bereits auf seinem ersten Reichstage zu Nürnberg feststellen lassen (19. November 1274), daß der König von allen Reichsgütern, welche Kaiser Friedrich II. vor seiner Excommunication besessen, Besitz ergreifen möge, sowie daß jeder Vasall, der binnen Jahr und Tag seine Lehen nicht muthe, d. i. durch den König bestätigen lasse, derselben verlustig sei. Der letztere Beschluß war gegen Otakar gerichtet und es wurde der Pfalzgraf Ludwig beauftragt, den König von Böhmen, der über Jahr und Tag seit Rudolf's Krönung die Belehnung nicht angesucht, auf den 23. Januar 1275 nach Würzburg vor sein Gericht zu laden.

Aber Otakar erschien nicht; auch auf dem Reichstage, den Rudolf am 15. Mai 1275 zu Augsburg versammelte, ließ er gleich dem Herzog Heinrich von Bayern sich nur durch einen Gesandten, den Bischof Bernhard von Seckau, vertreten. Hier kam es nun zwischen Böhmens Gesandten und jenen von Bayern,

wie es scheint, über die Berechtigung des Herzogs die Kur-
stimme zu führen und in Folge dessen über die Rechtmäßigkeit
der Wahl Rudolf's, zu heftigen Reden. Der Bischof bediente
sich dabei der lateinischen Sprache. Da fiel ihm der König ins
Wort: „er möge lateinisch reden unter Priestern, hier vor und
mit ihm aber deutsch, so daß es jeder verstehen könne". Auch die
übrigen anwesenden Fürsten waren erbittert; der jähzornige
Pfalzgraf war nahe daran, Hand an den Bischof zu legen.
Aber Rudolf wehrte dies und ließ ihn sicher an die Grenze
Böhmens geleiten.

Die Hoffnung auf ein friedliches Uebereinkommen war damit verschwunden. Auch in Oesterreich begann nun die Treue
vieler gegen Otakar zu wanken. Der Erzbischof von Salzburg,
die Bischöfe von Passau und Regensburg, welche in Oesterreich
und Steiermark viele Vasallen zählten, waren nach Hagenau
gezogen, um Rudolf über den Böhmenkönig zu klagen, der ihnen
viele ihrer Güter entzogen. Sie kehrten mit guten Hoffnungen
wieder. Den Steierern, deren Treue Otakar mißtraute, gab er
den Milota von Dědic zum Landeshauptmann, brach die
Burgen der Anhänger Rudolf's und verheerte das ihm feindliche Erzbisthum. Philipp von Kärnten trat nun wieder mit
seinen freilich ohnmächtigen Ansprüchen hervor. Den König
von Ungarn, den minderjährigen König Ladislaus und dessen
Bruder, den Herzog Andreas von Slavonien, nahm Rudolf
als Söhne auf, eine damals häufige Form enger Verbindung, und verlobte mit dem letzteren eine seiner Töchter. So
sah sich denn Otakar rings von Feinden umgeben; die
wenigen Freunde lähmte die Furcht, als Rudolf an Otakar
einen Herold abgehen, ihn durch diesen seiner Länder verlustig
erklären und die Reichsacht über ihn aussprechen ließ. Der
Herzog von Bayern, die Markgrafen von Meißen und Bran-

denburg wagten blos, sich im bevorstehenden Kampfe neutral
zu halten; die in der Lombardei für Otakar gestimmte Partei
erwartete, bevor sie auftrat, von dem Könige von Böhmen
kriegerische Erfolge zu sehen; nur einige Herzoge Schlesiens
versprachen Hilfstruppen.

30.

Přemysl Otakar's II. Ende.

Unter solchen Umständen begann Rudolf den Krieg. Der
Burggraf von Nürnberg sollte die Grenzburgen und Pässe Böhmens besetzen; der König selbst und der Pfalzgraf Ludwig wollten vom Rhein her mit der Hauptmacht über Eger in Böhmen
einbrechen; Kärnten, Krain und Steiermark sollte der Graf
Meinhard von Tyrol besetzen, Rudolf's ältester Sohn Albrecht
aber zu der Heermacht des Erzbischofs von Salzburg stoßen
und von dort aus in Oberösterreich vordringen. Der Ungarnkönig Ladislaus hatte sich verpflichtet, Niederösterreich mit einem
Heere zu überschwemmen und leichtes Kriegsvolk durch Mähren
nach Böhmen vorrücken zu lassen. Rudolf führte, wie es
heißt, auch Belagerungsschiffe mit sich, um die freie Fahrt die
Donau hinab, welche Herzog Heinrich verlegt hatte, zu erzwingen. Rudolf gelangte bis Nürnberg; da wandte er sich
plötzlich nach Arnberg und bewog durch diese Schwenkung den
wankelmüthigen Herzog von Bayern auf seine Seite zu treten,
wobei Rudolf seine Tochter Katharina mit dessen Sohn Otto
verlobte und als Unterpfand für den Brautschatz einen Theil
Oesterreichs versprach. Rudolf zog nun an die Donau,
stand bereits am 15. September 1276 an der Isar, am 24.
zu Passau.

20

Diese überraschende Wendung verrückte Otakar's Kriegs-
plan mit einem Male. Er hatte der Treue des bayrischen Herzogs vertraut, ihm die Deckung des oberen Donauthales
überlassen und war selbst gegen Taus und Eger gezogen, um
dort an den Pässen Böhmens das Eindringen Rudolf's zu hindern. Nun aber lag das ganze Land Oesterreich, lag die Straße
nach Wien dem Feinde offen. Böhmen war dem Kriegsschauplatze fern. Von Süden drang Meinhard vor. Die Edlen
in Steiermark und Kärnten traten zu Rudolf über. Nur in
Grätz behauptete sich Milota. Die Reichsacht, der Kirchenbann,
womit der Erzbischof von Salzburg alle bedrohte, welche dem
Böhmenkönige Beistand und Gehorsam leisten würden, schüch-
terte die übrigen Anhänger Otakar's ein. Die festen Plätze in
Oesterreich ergaben sich ohne Schwertstreich. Am 17. October
stand Rudolf vor Wien. Aber diese Stadt, geführt von
ihrem Bürgermeister Paltram, leistete ihm kräftig Widerstand. Denn erst vor kurzem, nach dem letzten großen Brande,
hatte sich Otakar der Stadt ungemein gnädig erwiesen. Er
hatte den Bürgern auf volle fünf Jahre alle Steuern und
Strafgelder erlassen, ihnen einen Wald geschenkt und einen
öffentlichen Jahrmarkt auf sechs Monate ausgeschrieben, auf
dem alles, je nach der Bürger Nutz und Frommen, verkauft
werden durfte.

Inzwischen hatte Otakar seine Stellung verlassen, war
durch Wald und unwegsame Gegend nach dem Kriegsschauplatze
geeilt und stand nun am linken Ufer der Donau bei Drosen-
dorf. Seine Hoffnung beruhte auf Wien und auf dem nicht
minder festen und mit allen Vorräthen wohl versehenen Klosterneuburg, aus dessen Nähe Wien je nach Umständen unterstützt
oder befeindet und der Uebergang über die Donau gesichert werden
konnte. Ueberdies entsandte Otakar den Bischof Bruno von

Olmütz, um zur Verstärkung der Bürger eine böhmische Besatzung hineinzulegen. Wien hielt sich, obgleich der römische König die Weinberge, Gärten und Felder ringsum verheerte, bereits die fünfte Woche. Als aber Milota Grätz räumen mußte und die von Otakar gedemüthigten rachbegierigen Ungarn an der Grenze sich zeigten, als der Abfall in seinen eigenen Schaaren eintrat und endlich Klosterneuburg durch List in die Gewalt des Pfalzgrafen kam, da beugte sich Otakar's hochfahrender Sinn und ordnete den Bischof Bruno von Olmütz an seinen Gegner ab, zu dem sich noch der Markgraf Otto von Brandenburg gesellte. Diese kamen nun mit des römischen Königs Bevollmächtigten, dem Bischof Berchthold von Würzburg und dem Pfalzgrafen Ludwig, über folgenden Schiedsspruch überein: Acht und Bann seien von Otakar's Haupte gelöst; zwischen den beiden Königen bestehe fortan Eintracht und Friede, und alle Diener der beiden Fürsten seien eingeschlossen in ihn und in die ihnen entrissenen Burgen und Güter wieder einzusetzen; Otakar entsage allen Ansprüchen auf Oesterreich, Steiermark, Kärnten und Krain, die windische Mark, Eger und Portenau; beiderseits sollen alle Gefangenen, Geiseln und Bürgen freigegeben werden; vom römischen König erhält Otakar für sich und seine Kinder die Belehnung mit Böhmen, Mähren und allen Lehen, welche seine Vorfahren und er bisher vom Reich besessen; König Rudolf's Sohn, Graf Hartmann von Habsburg, heiratet Otakar's Tochter Kunigunde, als deren Heiratsgut der König von Böhmen alles abtritt, was er in Oesterreich an Eigen oder Lehen an sich gebracht; Otakar's Sohn Wenzel vermält sich mit einer Tochter Rudolf's und als Heiratsgut derselben wird das Land Oesterreich im Norden der Donau, mit Ausnahme der Städte Krems und Stein, der Krone Böhmens pfandweise überlassen. Die Stadt Wien mit ihrem Bürger-

meister Paltram und Meister Kunrad dem Schreiber sollten
von Rudolf zu Gnaden aufgenommen, die Freiheiten der Stadt
bestätigt werden. Endlich sollte in diesen Vertrag auch der
König von Ungarn mit inbegriffen sein.

Der Schiedsspruch wurde von beiden Seiten genehmigt.
König Otakar aber erschien im Lager vor Wien, beugte sein
Knie vor dem römischen Könige Rudolf und empfing, nachdem
er als Fürst und Vasall demselben in Gegenwart vieler geistlicher
und weltlicher Herren die Hulde geleistet, die Belehnung mit
Böhmen und Mähren. Nun öffnete auch Wien dem römischen
Könige die Thore. Otakar rückte aus dem Felde. An seine Gemalin soll Otakar damals geschrieben haben: „Es ziemt sich
uns nicht, uns der Trauer und ohnmächtigen Klagen hinzu-
geben, sondern mit Gleichmuth unser Schicksal zu ertragen, damit die königliche Majestät nicht Unfällen zu erliegen scheine
und schadenfrohen Feinden keine Blöße zeige“.

Der Friedensschluß hatte noch manche Fragen offen gelassen. Um auch diese zu ordnen, waren weitere Verhandlungen
nöthig; sie wurden durch den Bischof Bruno von Olmütz,
Emil von Vjelkov, Burggrafen von Vöttau, und Meister
Ulrich, Otakar's Schreiber, im Namen des Königs von
Böhmen, und durch den von Rudolf bevollmächtigten Burggrafen Friedrich von Nürnberg fortgeführt. Diesmal war
nicht mehr von einer Verpfändung des nördlichen Oesterreich die Rede, auch nicht von der Verlobung des Grafen
Hartmann mit Kunigunden von Böhmen. Wohl sollte die
Otakar's Sohne zu vermälende Tochter Rudolf's das Egerland
als Pfand für die Mitgift, die man nun auf 10,000, nicht wie
früher auf 40.000 Mark Silber anschlug, an Böhmen bringen;
dagegen sollten die Grenzen zwischen Böhmen, Mähren und
Oesterreich auf jenen Bestand zurückgeführt werden, der zur

Zeit der Herzoge Leopold und Friedrich von Oesterreich galt. Endlich sollten in diesen Vertrag auch alle einstigen Helfer und Diener des einen wie des andern Königs aufgenommen werden.

Abermals that Otakar annähernde Schritte, als der römische König seine Gemalin und seine Kinder nach Oesterreich kommen ließ. Er beglückwünschte die hohe Frau und bat sie um Fürsprache bei ihrem Gemal. Am 12. September 1277 wurde nun Rudolf's Erstgeborner, Albrecht, nach Prag gesandt, der jüngste Vertrag beiderseits bestätigt und ein neues Zugeständniß Otakar's hinzugefügt, wodurch sich dieser bereit erklärte, die Pflichten eines Reichsfürsten künftighin zu erfüllen, den König Rudolf auf dem Römerzuge persönlich zu begleiten oder durch ein ansehnliches Gefolge zu unterstützen, und in Zukunft auf Reichstagen zu erscheinen.

Plötzlich aber widerrief Otakar seine Zugeständnisse. Die Vitkovice, deren Abfall ihn im letzten Kriege geschädigt, behauptete er, seien in den Frieden nicht aufgenommen worden. Da Rudolf hinwieder den Schirm seiner Anhänger in Böhmen nicht zurückziehen wollte, so fanden sich die beiden Könige nach Verlauf eines Jahres auf den ersten Vergleich an der Donau zurückverwiesen. Doch war die Lage des römischen Königs angesichts eines etwa ausbrechenden Krieges minder günstig, als jene Otakar's. Zwar hatte er, da Otakar's Tochter Kunigunde selbst in das St. Claren Schwesterhaus zu Prag eintrat, seinen Sohn Hartmann mit Johanna, Tochter des Königs Eduard von England, verlobt und ein Freundschaftsbündniß mit Ungarn eingegangen; aber sein Heer hatte er nach dem Friedensschluß entlassen und befand sich nur mit einer kleinen Schaar zu Wien. Im Reiche sahen bereits manche Fürsten die an Rudolf's Wahl geknüpften Wünsche und

Erwartungen getäuscht. Der Herzog Heinrich von Bayern, welcher bei der allmälig durchschimmernden Absicht Rudolf's, Oesterreich seinem Hause zuzuwenden, seine eigenen Hoffnungen scheitern sah, wandte sich von Rudolf wieder ab, zu welchem Schritte noch ein Fäßchen Silber, womit der Böhmenkönig ihn bedachte, den Ausschlag gab. Auch in Oesterreich gab es Unzufriedene. Zwar hatte Rudolf sogleich nach seinem Einzuge in Wien einen Landfrieden verkündet, die alten Landesprivile- gien bestätigt. Aber um die Kriegskosten zu bestreiten, mußte er zu einem Mittel greifen, das einer neu zu begründenden Herrschaft zu allen Zeiten gefährlich ist. Er erhob von jeder Pflugschaar 5 Schillinge, von jedem Hofe 60, von jedem Weinberg 20, von jedem Mühlrad 30 Pfennige. Man fand die Leistung unerschwinglich.

Dagegen knüpfte man an die glorreichen Tage Otakar's an. Paltram und seine Genossen zettelten eine Verschwörung an, die jedoch entdeckt wurde, worauf die Schuldigen zu dem Herzog von Bayern entflohen. Einwik, der Probst von St. Florian und Biograph der wunderlichen Klausnerin Willibirgis, forderte dieses sein Beichtkind auf, für das Wohl des Königs von Böhmen zu beten; denn freilich hatte Rudolf es nicht zu hindern vermocht, daß das Kloster bei seinem Zuge nach Oesterreich theilweise verbrannte. Kein Wunder daher, wenn einer der Minnesänger, die als tapfere, zum Theile sogar blutsverwandte Ritter bei Rudolf zu Wien weil- ten, ihm zur Nachgiebigkeit gegen Otakar rieth. Die deutschen Verbündeten zögerten, auch sperrte der Abfall des Herzogs von Bayern, welcher den Paß von Straubing bewachte, den Zutritt ab. So trafen denn auf Rudolf's Hilferuf nur 100 schwäbische Ritter unter dem Burggrafen von Nürnberg und 100 unter dem Bischof Heinrich von Basel ein. Außer diesen kamen nur Meinhard von Tyrol, der Markgraf von Baden, die Grafen von Katzenellenbogen, Leiningen, Fürstenberg und Ortenburg. Die Bischöfe von Passau, Regensburg, Salzburg, Trient und Freisingen sandten dagegen ihre Mannschaften, denn es galt jetzt ihrer eigenen Existenz. Aber so gering auch diese Schaar war, so war sie doch ebenso beherzt als klug. Da der König an jene zweihundert schwäbischen Ritter die Frage richtete: „Warum ist mein Sohn nicht mit euch?" erwiderten sie laut: „Er kommt mit fünfhundert Rittern und auch der Graf von Pfirt mit vielen wohlgerüsteten Truppen!" Heimlich aber erklärten sie: „Ihr dürft niemand mehr erwarten, und müßt nun sehen, was ihr thun wollt!" Der König erwiderte: „Wohlan, ruht einen Tag und dann ziehen wir zur Schlacht. Gottes Gnade, die mich an das römische Reich gerufen, wird mich wundersam auch aus diesem Kampfe führen".

Bei einer ihm eben so günstigen als unerwarteten Wendung der Dinge bedurfte Otakar kaum erst der Vorwürfe seiner Gemalin, daß er dem König Rudolf „um das eitle Schenkenamt des römischen Reiches vier herrliche Lande hingegeben habe". Er rüstete also von neuem, gewann Zusagen von dem Fürsten Leo, Daniel's Sohne und Nachfolger, dem Gründer der jetzigen Hauptstadt Galiziens (Lwow, Löwenberg, Lemberg), ferner von dem Markgrafen von Meißen, von Schlesiens Herzogen, von Polen, von Sachsen, von Brandenburg. Am 5. Brachmonat, d. i. am Pfingstfeste 1278, verließ Otakar Prag, um es nie wieder zu sehen; weinend gab ihm der Clerus und alles Volk das Geleite. Er zog nach Mähren, um in Brünn den Zuzug aus Polen zu erwarten. Da dieser zögerte, brach er auf, überschritt die Grenze und belagerte die Stadt Laa, versäumte aber durch längeres Verweilen vor diesem Orte den günstigen

Zeitpunct, als sein Gegner noch nicht vollständig gerüstet und die von Rudolf eiligst zu Hilfe gerufenen Ungarn noch nicht erschienen waren. Weil es Otakar an Lebensbedarf gebrach, zog er weiter hinauf an der Thaya bis vor Drosen-dorf, das sich ihm ergab, wandte sich, als er von einer Be-wegung Rudolf's Kunde erhalten, der March zu, erreichte Zistersdorf und rückte bis Dröfing vor, wo ihn eine waldige Anhöhe deckte. Auch Rudolf war auf die Kunde von dem Her-annahen der Ungarn bei Haimburg über die Donau, dann die March hinaufgezogen und schlug ein Lager bei Marchegg. Die Ungarn setzten ebenfalls über die Donau, dann über die March und stießen zu Rudolf's Heere. Vereinigt zogen die beiden Könige von Marchegg am folgenden Tage, am 23. August, den böhmischen Schaaren entgegen; zwischen Stilfried und Dürren-krut nahm Rudolf seine Stellung. Darnach am dritten Tage, als alle Vorbereitungen zur Schlacht getroffen waren, rückten die Heere so weit vor, daß sie der böhmischen Zelte deutlich ansichtig wurden. Ungarische Reiter wurden beauftragt, den König Otakar aus seiner Stellung hervorzulocken und dieser, obwohl er noch Zuzug erwartete, folgte der Herausforderung zum Kampfe; denn er brannte vor Begierde, die erlittene Schmach zu tilgen, er war stärker als Rudolf und vor Verrath gewarnt.

Der Morgen des nächsten Freitags nach dem St. Bar-tholomäusfeste, der 26 August 1278, brach an. Otakar trat unbewaffnet aus seinem Zelt unter die ihn umringenden Fürsten und forderte jeden Verräther auf, ihn lieber jetzt zu ermorden, damit er allein und nicht ein tapferes Heer mit ihm vernichtet werde. Ein lauter und allgemeiner Schwur der Treue antwortete. Nun ordnete Otakar sein Heer in drei Haufen, übernahm selbst die Führung des gegen Rudolf bestimmten und übertrug die Nachhut dem Milota von Děbič. Alle hatten auf ihrem Kleide ein weißes Kreuz und „Praha" (Prag) war ihre Losung; vor dem König ward der böhmische Löwe als Feldzeichen hergetragen.

Auch Rudolf ordnete sein Heer in drei Treffen; Ulrich der Kapeller führte die Nachhut. Der junge König von Ungarn sollte nach Rudolf's Wunsche fern vom Kampfe bleiben. Rudolf ermuthigte die Seinigen durch die Erzählung: er habe geträumt, wie ein Adler mit einem Löwen gekämpft und nach langem Ringen jener gesiegt. Man bezog das Gesicht auf den böhmischen Löwen. Sodann legte er die Rüstung eines gewöhnlichen Ritters an und brach die Brücke über die Donau ab, zum Zeichen, daß es hier keine Flucht gebe, sondern nur Sieg oder Tod. „Christus!" war das Feldgeschrei, in das auch die heidnischen Kumanen einstimmten. Ein Minorite verkündete allen, die für Ihn fallen würden, die Märtyrerkrone, den Feinden stünde das höllische Feuer bevor. Rudolf's Krieger hatten gebeichtet und sich durch Empfang des heiligen Abendmahls gestärkt. Auch sie trugen das Zeichen des Kreuzes.

So nahten sich, langsam und in guter Ordnung vorrückend, auf dem Marchfelde bei Jedenspeugen die beiden Heere. Der schwäbische Ritter Heinrich Schorlin sprengte zuerst gegen die Böhmen an. „Auf, helft ihm!" rief Rudolf mit lauter Stimme. Rudolf zu Rhein, ein Ritter von Basel, stimmte den Schlachtgesang an:

Sanct Maria, Mutter und Magd,
All unsere Noth sei Dir geklagt.

Die Schlacht war eröffnet. Unentschieden wogte der Kampf von Morgen bis Mittag. Da gelang es dem Könige Otakar in plötzlichem Anprall des römischen Königs Schlacht-

21

haufen zu durchbrechen. Als dies Rudolf ersieht, führt er rasch
300 seiner besten Reiter herbei, geräth aber selbst in die größte
Gefahr. Ein böhmischer Ritter drängt sich hervor, sucht und
erkennt Rudolf's hohe Gestalt und wirft dessen Streithengst zu
Boden. Heinrich Walther von Ramsweg, ein Ritter aus dem
Thurgau, deckt den gefallenen König, Rudolf wird auf ein
frisches Pferd gehoben und ruft: „Vorwärts!" Eben jetzt erscheint
Ulrich der Kapeller mit der Nachhut. Das böhmische Heer wird
durch die zu einem Keil verbundenen Deutschen und Ungarn gesprengt, Rudolf treibt einen Theil in die Flucht, die Böhmen
werden durch den Ruf der Deutschen: „Sie fliehen!" noch mehr
geschreckt, weichen schneller und finden unter den Schwerthieben
oder in den Wellen der March den Tod.

Inzwischen stritt im Vordertreffen König Otakar mit un-
übertroffenem Heldenmuthe und hielt den Kampf so lang auf-
recht, bis sich die Wirkung der Flucht auf dem anderen Flügel
auch hier fühlbar machte und der König genöthigt wurde, zu
eigener Unterstützung die Nachhut anzurufen. Aber Milota hatte
mit den Seinigen den Kampfplatz verlassen. Die Niederlage der
Böhmen war entschieden. Nun fiel auch das böhmische Lager
in die Hände der Deutschen. Otakar war damit die Rückkehr
abgeschnitten. Da warf er sich, um einen ehrenvollen Tod zu
finden, mitten in die Feinde. Doch er stürzte, durch österreichische Krieger, unter welchen sich Herr Berchtold der Truchseß
von Emerberg befand, schwer verwundet vom Pferde. In dieser
Lage erkannt und seiner nicht mächtig, von einem Edlen, der
ihn gern gerettet hätte, gefangen genommen und abgeführt,
bald aber, da er vor Ermattung nicht weiter konnte, auf das
Erdreich gesetzt und, um frei athmen zu können, des Helmes
entblößt, wird er von einigen Landherren aus den Herzogthümern, die gegen ihn Privathaß hegten, überfallen und stirbt

unter den Streichen derselben. Aus siebenzehn Wunden blutend wird er von gemeinen Soldaten der Waffen und Kleider beraubt, schamentblößt liegen gelassen.

Als Rudolf von dem Fall seines Gegners erfuhr, entfaltete er seine schlichte schwäbische Seele. Er freute sich des Sieges, den ihm Gott in die Hand gegeben, aber er verbarg auch den Schmerz über Otakar's Ende nicht, da er ihn nackt, des königlichen Schmuckes beraubt, mit Blut bedeckt, vor sich sah. Er gab den Befehl, ihn zu waschen und zur Schau auszustellen, damit ein jeder durch den Augenschein von seinem Tode sich überzeugen könne und nicht späterhin der Glaube erwache, er sei noch, gleich Kaiser Friedrich II., am Leben. Die Leiche wurde dann auf einen Wagen gehoben und über Marchegg, seiner Stiftung, nach Wien gebracht, das dem Lebenden so treu ergeben gewesen. Aus dem Schottenkloster, wo man die Leiche zuerst niedergesetzt, ward sie des folgenden Tages unter Begleitung der Priester, doch ohne Sang und Klang, zu den Minoriten gebracht, einbalsamirt, in Linnen und Purpur, welche die römische Königin sandte, eingehüllt und auf einer Bahre im Capitelhause beigesetzt, nach dreißig Wochen aber von den böhmischen Herren abgeholt und über Znaim nach Prag gebracht. Dort hatte die Schwester des Königs Wenceslaus, die Aebtissin Agnes bei St. Clara, seinen Untergang und die Niederlage des Heeres vorhergesehen; feierliches Geläute der nahezu hundert Kirchen von Prag bedeuteten dem Lande den Tod des unglücklichen, aber mannhaften Königs. Er wurde in der St. Veitkirche bestattet. Sein Sohn hat ihm hier ein Marmordenkmal gesetzt.

Eine Geschichte der Jahre 1264—79, deren Verfasser Zeitgenosse war, nennt den König Otakar „den Schirm und Ruhm der Böhmen, den Schild und Schrecken der Oesterreicher,

und so lange er lebte, die feste Schußwehr seines ganzen Reiches".
Auch ein deutsches Gedicht auf seinen Tod hat sich erhalten, das
ihn einen Löwen an Muth und ein Schild der Christenheit nennt.
„Otakar's Glück und Ende" hat noch späte Geschlechter gerührt. Der gewaltige Dichter der „Göttlichen Comödie" traf,
von seinem erhabenen Führer Virgil geleitet, den unglücklichen König und seinen glücklicheren Gegner an den Pforten
des Purgatorio.